LA SOCIAL-DÉMOCRATIE SOUS BISMARCK

Anne DEFFARGES

LA SOCIAL-DÉMOCRATIE SOUS BISMARCK

Histoire d'un mouvement qui changea l'Allemagne

L'Harmattan

5-7, rue de l'École-Polytechnique ; 75005 Paris
http://www.harmattan.fr
diffusion.harmattan@wanadoo.fr
harmattan1@wanadoo.fr
ISBN : 978-2-343-01761-7
EAN : 9782343017617

Introduction

La représentation des Français en peuple insoumis et contestataire, tandis qu'en Allemagne on serait incapable de ces grands élans collectifs, se perpétue depuis des décennies. Au point que de nos jours, il n'est pas rare en Allemagne, dans les conversations entre collègues ou amis commentant l'actualité, d'entendre dire qu'il faudrait « faire comme les Français » : « Dès que quelque chose ne leur plaît pas, ils descendent dans la rue comme un seul homme ». Certains ont même baptisé cela « apprendre à parler français » ! De ce côté-ci du Rhin, écoles, manuels d'histoire, romans, ont longtemps participé à une approche plutôt positive de la contestation, des barricades et même de la révolution ; comme en un miroir, cette vision a contribué à perpétuer l'image moins romantique d'un peuple allemand enfermé dans le carcan de la discipline et de l'obéissance aux lois. Car l'évocation d'un peuple aimant l'ordre, obéissant aveuglément à ses dirigeants, donc pour ainsi dire viscéralement incapable de contester l'ordre établi, cette évocation est, elle, essentiellement négative.

Il est pourtant des époques pas si lointaines où les personnes éprises de progrès, avides d'émancipation politique et sociale, portaient leurs regards vers l'Allemagne. Le puissant mouvement ouvrier de ce pays incarnait l'espoir d'améliorer le monde. Ce fut le cas dans l'entre-deux-guerres pratiquement jusqu'en 1933, et surtout dans la période précédente, pendant tout le demi-siècle qui court des années 1860 jusqu'à la Première Guerre mondiale, quand le centre de gravité du socialisme international se situait en Allemagne.

C'est une histoire en grande partie oubliée. La social-démocratie souvent associée à la trahison de 1914, à la collaboration à l'effort de guerre, à la répression des spartakistes, n'a pas bonne image. Elle acheva d'être chassée des mémoires, comme tant d'autres pans de l'histoire allemande, par le terrible passé nazi. Sans compter que le lien physique, politique et moral entre les militants ouvriers d'avant et après la Seconde Guerre mondiale avait été irrémédiablement détruit par l'assassinat massif des militants communistes, socialistes et syndicalistes dans les geôles nazies et les camps de concentration ; les militants de l'après-1945 se trouvèrent pratiquement sans passé.

Pendant le dernier quart du XIXe siècle, le parti socialiste se déploya pourtant en un énorme parti de masse, de taille peut-être à ébranler cet Empire allemand qui paraissait si fort, et il incarnait, pour l'ensemble du mouvement socialiste international, le modèle à suivre. Malgré cela, il n'existe pratiquement aucun ouvrage d'ensemble sur cette histoire ; les rares chapitres qui lui sont consacrés passent rapidement sur la naissance et la jeunesse du parti, qui demeurent particulièrement mal connues [1].

---

1 Signalons l'ouvrage de Joseph Rovan, *Histoire de la social-démocratie allemande*, Seuil, 1978, mais seules les pages 30 à 80 concernent les jeunes années de la social-démocratie, celles qui nous occupent ici. Il en va de même pour la volumineuse *Histoire du socialisme* de Jacques Droz (PUF, 1974, en 4 tomes), dont moins de quinze pages (les pages 21 à 34), concernent l'Allemagne et les années précoces. Dans les deux cas, les informations sont nécessairement d'ordre général.
Quelques biographies de dirigeants sociaux-démocrates (notamment de Gilbert Badia, de John Peter Nettl) ont contribué à faire connaître ce parti, mais ce n'est pas leur objet principal et il s'agit là encore, pour l'essentiel, de la période ultérieure (à partir du milieu des années 1890).
Citons enfin les ouvrages d'Aloïs Schumacher, *La social-démocratie allemande et la Troisième République. Regard de la revue* Die Neue Zeit, *1883-1914,* CNRS Ed., 1998, et de Jacques-Pierre Gougeon, *La social-démocratie allemande, 1830-1996. De la révolution au réformisme*, Paris, Aubier, 1996.

La présente étude, qui combine approche politique et socioculturelle, s'intéresse donc à la genèse du mouvement socialiste dès les années 1860, à son développement précoce et à son enracinement dans la société allemande des décennies 1870 et 1880, pour se clore au crépuscule du XIXe siècle. L'ensemble de cette période recouvre à peu près ce qu'on a coutume d'appeler l'ère Bismarck (1862-1890), tant il est vrai que le « chancelier de fer » influença le destin de l'Allemagne durant ces trois décennies. Après l'éviction de Bismarck en 1890, sous la conduite de Guillaume II, le pays entre dans une nouvelle phase de développement, caractérisée par une politique extérieure plus belliqueuse. Les classes dirigeantes, préoccupées de rattraper le retard du pays dans la conquête coloniale, se résignent à reconnaître partiellement certaines exigences du mouvement ouvrier, tandis que la social-démocratie se voit progressivement concéder des formes d'existence légale, à vrai dire d'abord très hypothétiques. La social-démocratie change donc également d'époque, et les années 1890, avec la mort de Friedrich Engels en 1895, voient l'arrivée graduelle aux commandes d'une nouvelle génération de dirigeants, les Karl Kautsky, Eduard Bernstein, Georg von Vollmar venant remplacer la génération des parents et vétérans, parmi lesquels August Bebel, Minna Kautsky ou Wilhelm Liebknecht.

Des débats inédits traversent alors la social-démocratie, concernant notamment la proposition d'Eduard Bernstein, en 1893, de participer aux élections pour le *Landtag* de Prusse (l'abstention avait toujours été la règle des socialistes pour cette élection [2]), la possibilité de constituer des listes électorales en commun avec d'autres partis, le vote du budget dans certains parlements régionaux (dont le *Landtag* de Bavière) ou encore le programme paysan. Avec le révisionnisme, E. Bernstein théorise le renoncement à la révolution et s'attire la fameuse réponse de

2 Le *Landtag* ou parlement de Prusse, le plus important et le plus puissant des parlements régionaux, était élu selon le suffrage des trois classes, un mode de suffrage indirect et surtout très inégal, qui en fermait hermétiquement l'accès aux socialistes. Ces derniers s'abstenaient mais profitaient de l'élection pour faire de l'agitation en faveur de l'extension du suffrage égal, direct et universel (hommes et femmes) à toutes les consultations électorales.

Rosa Luxemburg, qui formule explicitement l'alternative « réforme ou révolution ». Ces controverses se concluent par des compromis apparents, tout en se prolongeant par une séparation de fait, informelle et silencieuse, entre une aile réformiste et une aile révolutionnaire à l'intérieur même de la social-démocratie. Sans que ce soit encore perceptible pour les contemporains, au tournant du siècle toute une époque de la vie du parti est en passe, sous l'apparence de succès inégalés, de céder discrètement la place à une autre, et c'est pourquoi nous avons choisi de limiter cette étude à ce qu'on peut considérer comme la jeunesse du mouvement, période qui va des années 1860 à la décennie 1890 et forme une certaine unité.

Ce parti qui avait été créé à partir de noyaux militants somme toute très restreints, prit rapidement de l'ampleur après 1871, porté aussi par des événements de portée internationale. En juillet 1870, il s'en était fallu de deux voix pour que les crédits de guerre fussent approuvés par l'unanimité du Reichstag, deux petites voix qui faisaient une différence. Les mêmes députés, A. Bebel et W. Liebknecht, membres fondateurs du parti social-démocrate, récidivaient le 5 septembre 1870 en protestant contre la continuation de la guerre, et faisaient cette fois des émules au sein du Reichstag. Dans les grandes villes allemandes, d'imposantes manifestations en faveur de la République française vinrent soutenir leurs prises de position.

Qui se souvient aujourd'hui qu'à l'automne 1870, il s'est trouvé des Allemands et même des Prussiens pour s'opposer à la guerre contre la France, pour s'indigner de sa transformation en guerre de conquêtes, dénonçant ensuite l'annexion de l'Alsace-Lorraine ? Cette attitude fut directement à l'origine de la répression qui s'abattit sur les socialistes. Quand ils organisèrent des démonstrations populaires pour réclamer une paix sans annexion, ils subirent une campagne de calomnies, furent inculpés de tentative de haute trahison et condamnés à des peines de prison. Mais cette attitude courageuse leur valut aussi beaucoup d'estime et de sympathie : ils avaient su rester internationalistes au moment de l'invention de leur nation. Comme l'écrivit Rosa Luxemburg [3], le

---

3 Voir chapitre II.

parti put se nourrir pendant des décennies de la force morale dont ses dirigeants avaient fait preuve lors de l'année terrible.

En 1874, les socialistes remportèrent d'importants succès électoraux et organisationnels, qui conduisirent à une intensification des mesures répressives et à une « diabolisation » accrue par le pouvoir, jusqu'à ce que les lois d'exception (1878-1890) leur retirent pratiquement tous moyens d'exister politiquement. Tandis qu'une partie de l'historiographie allemande tend ces dernières années à minimiser l'ampleur et la portée de cette répression, il nous a paru utile de citer les témoignages de contemporains à ce sujet, y compris d'ailleurs étrangers au socialisme. Dans le même esprit, nous avons choisi de revenir sur les réalités concrètes de cette répression et de les décrire (domiciles perquisitionnés, militants licenciés, emprisonnés ou chassés de leur ville, voire interdits de séjour sur l'ensemble du territoire ; syndicats dissous, collectes de solidarité interdites, publications et caisses d'entraide saisies...), pour permettre au lecteur d'évaluer ses formes et son étendue, et d'imaginer quelles conséquences tangibles cette politique avait dans la vie des sympathisants et militants.

Pour contourner les mesures répressives, l'une des voies empruntées fut la mise en place d'un important tissu associatif. Le parti, multiforme, exista alors au travers de structures très diverses, autant par ses coopératives, caisses d'entraide et de secours, par ses énormes syndicats, sans oublier ses clubs de toute sorte, que par ses structures directement politiques. Les associations culturelles et sportives du SPD, ses Théâtres Populaires, bibliothèques, chorales ou clubs de gymnastique, ses lieux de convivialité et sociétés d'éducation ouvrière, fondés au départ pour aider le parti à survivre aux mesures répressives, finirent par former des réseaux incontournables dans la plupart des villes allemandes. En moins d'une génération, ce parti s'était ainsi frayé un accès à la population laborieuse, prenant part à la vie de millions de petites gens, voire organisant leur quotidien. Après le retour à la légalité, le parti ne renonça pas à cette forme d'existence qui lui avait tant rendu service, servant de points de ralliement et permettant aux mots d'ordre de se transmettre en toutes circonstances avec une redoutable efficacité.

Là encore, prenant la mesure de l'incontestable réussite des associations éducatives et culturelles de la social-démocratie, l'historiographie moderne s'en sert comme argument pour relativiser le rôle et l'action politiques du parti, le considérant comme un mouvement essentiellement culturel et se plaisant à évoquer la création d'une « subculture » propre au mouvement ouvrier. De simple moyen pour trouver l'oreille des masses, le travail de culture et d'éducation populaires devient alors un but en soi, qui finit par se subordonner l'action politique. Là encore, il nous a paru important de revenir aux sources, aux conceptions des dirigeants, pour évaluer les raisons circonstancielles et celles plus profondes qui sous-tendent ce considérable travail d'éducation populaire. Pour élucider comment il s'intégrait dans l'économie générale du parti, notre histoire s'alimente aux sources, tant les discours, articles, témoignages et autres textes des pionniers du mouvement forment une mine inestimable de documents, dont la plupart sont restés inédits en français. Et ce qu'on peut affirmer dès l'abord, c'est que les principaux dirigeants, profondément engagés dans une vaste entreprise visant à offrir aux travailleurs le meilleur de la culture existante, ont par contre farouchement combattu, dès l'origine, l'idée que l'éducation permettrait l'émancipation des ouvriers, de même qu'ils ont rejeté l'hypothèse d'une culture propre au peuple ou d'une littérature de parti. L'analyse des textes des protagonistes de cette histoire permet de mesurer combien le travail culturel était partie prenante des desseins politiques d'un parti qui ne se préoccupait pas que de succès immédiats. Elle permet enfin de commencer à se pencher sur les relations intenses entre socialistes et naturalistes en Allemagne, ce qui n'a jamais été entrepris réellement alors même que le courant littéraire se situait en partie au sein du SPD et se détermina en permanence par rapport à lui. En bref, notre thèse est que l'activité culturelle de la social-démocratie ne permet certainement pas de relativiser son rôle ou son rayonnement politiques, bien au contraire.

Nombre de structures associatives qui ne relevaient pas directement de la politique jouèrent donc un rôle central dans la construction d'un parti éminemment politique, et ce n'est pas la moindre des contradictions dont le SPD était pétri. Ainsi encore, ce parti qui visait au renversement de l'ordre social et épiloguait sur l'inutilité des élections, trouva une large audience justement au travers des élections, gagnant par elles crédit politique et renforts organisationnels. Que penser de ces députés fraîchement élus qui de la tribune du Reichstag niaient l'efficacité des élections et affirmaient crânement que pour obtenir un véritable changement, il faudrait rien moins qu'une révolution ?

En termes d'implantation, cette densité de formes d'existence et de structures diverses signifiait une présence militante dans toute la société, dans les villes bien sûr et plus tard également dans les campagnes, cela jusque dans les couches les plus pauvres de la population laborieuse, avec à la clé la capacité d'influencer par ses mots d'ordre l'ensemble de la vie politique. Des villes comme Leipzig et Dresde comptèrent chacune plus de 100 000 adhérents du SPD, tandis que Berlin, siège d'un gouvernement autoritaire et promue capitale de l'Empire, était devenue en outre, à la fin du XIXe siècle, la ville la plus rouge d'Europe.

Faire revivre un peu ce passé si riche et complexe permet aussi d'observer comment le mouvement socialiste accompagna l'entrée de l'Allemagne dans le monde moderne. Il était un parti d'opposition, et davantage que cela : dans une large mesure, le pays était gouverné directement contre lui. En ce sens, l'intelligence de ce grand parti populaire renouvelle notre vision de ce que fut aussi l'Allemagne impériale, loin des gouvernements, de la diplomatie secrète et des casernes.

Ce parti fut incarné par certains de ses membres fondateurs, en particulier Wilhelm Liebknecht et August Bebel, qui en restèrent des dirigeants jusqu'à leur mort. Ces deux hommes, qui dès 1867 furent régulièrement élus au Reichstag, parlement dominé par les notables, alternèrent alors, destin peu commun, séjours en prison et sessions parlementaires dans la plus haute instance politique du pays, dont A. Bebel au moins, ouvrier tourneur sur bois, fut un orateur réputé et... redouté. Chaque fois qu'il mettait le pied en-dehors du Reichstag, pendant des années A. Bebel fut filé dans le moindre de ses déplacements – par une police un peu dépassée par les événements, ce qui donna lieu à des scènes cocasses. Un soir où ayant réussi à semer les forces de l'ordre, lui et ses amis se firent passer pour une chorale dans la taverne où ils avaient trouvé refuge, chantant à tue-tête avant de s'éclipser pour s'enfoncer dans la forêt au cœur de laquelle ils pouvaient enfin tenir leur réunion. L'action des dirigeants n'aurait toutefois pas été possible sans la foule des anonymes qui contribuèrent à faire vivre le parti, par exemple ceux qui pendant la période des lois d'exception prirent des risques pour faire entrer illégalement sur le territoire allemand l'organe central du parti (le *Sozialdemokrat*[4]) et qui chaque semaine déployèrent des trésors d'inventivité pour le diffuser à plusieurs milliers d'exemplaires jusque dans les régions reculées. Ces femmes et hommes portés par un idéal, prêts à payer cher de leur personne pour faire vivre la solidarité, modifièrent par leur action la physionomie de l'Allemagne en devenir.

Mais pourquoi la social-démocratie connut-elle en Allemagne un tel succès? On pourrait être tenté de penser que cette réussite fut liée aux progrès économiques rapides et au développement numérique de la classe ouvrière. Or le succès premier des partis ouvriers est antérieur en Allemagne au développement de l'industrie et de la classe ouvrière. Il y a même un paradoxe apparent à la création, dès les années 1860, non seulement d'un, mais de deux partis ouvriers justement dans ce pays retardataire, dans lequel l'industrie était encore peu développée et où de surcroît toute vie publique avait été longtemps étouffée, ce qui n'avait guère donné l'occasion à la population de se former à la politique. À une époque où le mode de production capitaliste était loin d'être dominant et où les ouvriers d'industrie ne formaient qu'une petite minorité de la population, certains d'entre eux étaient pourtant venus chercher auprès de Ferdinand Lassalle un programme et une direction pour un parti qui devait être spécifiquement ouvrier. Il y a à cela plusieurs facteurs sur lesquels nous reviendrons, dont l'un tient à la situation intérieure, avec le retard de l'unité nationale, la relative faiblesse de la bourgeoisie et le maintien de la monarchie. La bourgeoisie, peinant à s'imposer face à l'État fort de Bismarck et disposée alors à accepter son idée d'une « révolution par le haut », pourvu qu'elle ait toute latitude

4 Journal interdit, composé et imprimé à Zurich (Suisse) entre 1879 et 1888 puis à Londres de fin 1888 à 1890, dont 12 000 exemplaires étaient diffusés ainsi chaque semaine dès 1882, dans la première phase, la plus dure, de la loi antisocialiste.

pour développer enfin l'économie, eut tendance à ne pas montrer beaucoup de courage politique. Retenons en tout cas que la fondation précoce du parti ouvrier en Allemagne fut antérieure à l'industrialisation rapide et à l'accroissement de la classe ouvrière, et ne fut donc pas causée par ces phénomènes, contrairement à ce qu'on pourrait croire, mais davantage par la situation politique, en particulier l'urgence de l'unification allemande et la nécessité de conquérir, pour toute la population, les droits démocratiques.

Au niveau international, ce qui donna ensuite une formidable impulsion au mouvement ouvrier allemand, ce fut la Commune de Paris en 1871. Après son écrasement, avec ses dizaines de milliers de morts et d'exilés, le mouvement ouvrier en France était durablement décimé, assommé, décapité. Les socialistes allemands, même si leurs dirigeants furent poursuivis une fois encore pour avoir exprimé leur solidarité, n'avaient jamais eu à subir le poids d'un tel échec, et ils purent prendre la relève, tirer les leçons de la Commune sans porter le poids de ce que pareille défaite comporte nécessairement de démoralisation. Dès l'été 1871, le pays connut une vague de grèves d'une ampleur et d'une détermination inconnues jusque-là. C'est ainsi que la Commune qui vit disparaître de la scène politique le mouvement ouvrier français lui donna une forte impulsion en Allemagne.

En même temps, l'unification allemande enfin réalisée leva les dernières entraves au développement économique ; l'industrie prit littéralement son envol. Avec l'expansion économique et les progrès industriels, le nombre d'ouvriers d'industrie s'accrut rapidement, devenant à cette étape des facteurs importants de la réussite sociale-démocrate. Cette classe ouvrière, encore loin d'être numériquement majoritaire, était jeune, concentrée dans de grandes entreprises modernes, et elle fit rapidement la preuve de sa combativité, servie par un parti que rien n'arrêtait. C'est ainsi que dès les années 1870, conjointement au développement économique, industriel et commercial, le parti de Lassalle et celui dit des « Internationaux », bientôt fusionnés, se transformèrent en un parti de masse. Les mesures gouvernementales d'intimidation d'abord, puis l'interdiction, la persécution même, furent impuissantes à le faire disparaître, semblant parfois donner à ses membres et sympathisants un regain d'énergie et de combativité.

Malgré la répression, le SPD connut un développement que rien ne semblait pouvoir interrompre. Vers la fin du siècle, son ascension vertigineuse en avait fait le principal modèle pour les socialistes des pays voisins, en particulier de France.

En Allemagne aussi, il arriva donc que des idées subversives soient en vogue. Pendant près d'un demi-siècle, ce SPD en opposition irréconciliable avec le pouvoir influença des millions de travailleurs et leur inculqua la fierté d'appartenir à la classe ouvrière. Avec ce parti, le plus ancien et le plus puissant des partis socialistes, pour la première fois le programme élaboré depuis la fin des années 1840 par Marx et Engels n'était plus le fait d'une petite minorité, mais allait pouvoir être mis en œuvre. L'union se faisait finalement avec ceux auxquels il était destiné, les prolétaires. Et en s'emparant du programme socialiste, le mouvement ouvrier contribuait à en faire un outil de lutte efficace. À la fin du siècle, la classe ouvrière se sentait massivement habitée par les idées socialistes. En cela ce parti précoce, qui est une spécificité de l'histoire politique allemande, peut en être aussi un élément de compréhension : il peut aider à appréhender certains aspects de ce que fut l'Allemagne de l'Empereur Guillaume et de Bismarck. Car cette jeune nation immédiatement propulsée au rang de grande puissance européenne, redoutée à l'extérieur, ne paraissait menacée que de l'intérieur : par le mouvement socialiste.

Chapitre Premier

Avoir les associations culturelles pour berceau

L'existence précoce de partis ouvriers est l'une des particularités de l'histoire politique allemande. Deux organisations se réclamant explicitement du mouvement ouvrier coexistèrent en Allemagne dès les années 1860, tandis qu'il n'y en avait pas une seule dans les pays voisins. Il peut sembler paradoxal que la création des premiers partis ouvriers de l'histoire moderne, avec d'abord l'A.D.A.V. de Ferdinand Lassalle en 1863 (*Allgemeiner Deutscher Arbeiter-Verein*, Association Générale des Travailleurs Allemands), ait eu lieu justement dans ce pays relativement en retard, qui n'avait pas encore réalisé son unité, dans lequel la bourgeoisie n'était pas aux commandes politiques, et qui ne disposait alors que de quelques îlots d'industrie. D'autant que, son nom l'indique, il se réclamait de l'ensemble de l'Allemagne. Et quelques années plus tard, en 1869, un deuxième parti ouvrier était fondé qui se réclamait explicitement du socialisme, le S.D.A.P. (*Sozial-demokratische Arbeiterpartei*, Parti Ouvrier Social-Démocrate) [5].

---

5 Le parti social-démocrate prit différents noms au cours de son histoire. Pour la lisibilité de notre travail, à partir de 1875 nous adopterons en général le sigle générique de « SPD » pour *Sozialdemokratische Partei Deutschlands* (Parti Social-Démocrate d'Allemagne), indépendamment de la période considérée.

Ces deux partis devaient apparaître à la plupart des contemporains comme très proches, sinon difficiles à distinguer l'un de l'autre.

Le paradoxe semble alors encore plus affirmé entre d'une part l'apparition de ces deux partis modernes, se réclamant d'une classe sociale encore très minoritaire, qui n'était qu'en devenir, et de l'autre une situation politique, économique et sociale marquée par le retard sur ses principaux voisins, avec le morcellement étatique, la grande hétérogénéité des États allemands (sur tous les plans : type d'État, taille, puissance, richesse, degré d'urbanisation et de développement économique...), des souverains souvent enfermés dans leurs particularismes et incapables de manifester une volonté politique commune, sans parler de la persistance de forts résidus de féodalité.

Les diverses catégories sociales en présence avaient des intérêts fort divergents, et la société allemande était alors particulièrement complexe. D'instinct, depuis près d'un demi-siècle nombre de comtes, ducs, rois, princes et autres monarques sentaient que l'industrie moderne risquait de leur être fatale. Ils étaient restés attachés après 1849 au maintien du puzzle d'États souverains, tandis que les entrepreneurs et négociants souhaitaient toujours plus fort l'unité nationale. Le parlementarisme, en les associant au pouvoir, leur aurait permis d'agir sur la législation, de l'adapter aux exigences de l'économie moderne. Il leur fallait un vaste marché intérieur, tandis que la noblesse vivait des péages et droits de douanes. Les industriels avaient besoin de la liberté de circulation de la main-d'œuvre, la noblesse terrienne avait tendance à s'y opposer à toute force, elle qui souhaitait en disposer librement pour entretenir ses vastes domaines agricoles.

En toute rigueur, le parti s'appela successivement :
Sozialdemokratische Arbeiterpartei (**SDAP**) pour le parti dit *d'Eisenach*, donc des origines (1869) à 1875 (Parti Ouvrier Social-Démocrate),
Sozialistische Arbeiterpartei Deutschlands (**SAPD**) de 1875 à 1890 (Parti Ouvrier Socialiste d'Allemagne), issu de la fusion en 1875 du SDAP et de l'ADAV de Lassalle.
C'est en 1890-1891, avec le retour à la légalité, qu'il se donne un nouveau programme et un nouveau nom (*Sozialdemokratische Partei Deutschlands),* d'où le sigle de **SPD**.

À partir de l'Union Douanière (*Zollverein*, 1834), qui engloba progressivement la majorité des pays allemands (à l'exception notable, funeste pour elle, de l'Autriche), certaines entraves à la circulation des marchandises (et en partie à celle des personnes) furent peu à peu levées, et les habitants des Allemagnes prirent l'habitude d'avoir un horizon plus large que celui de leur petit État.

La noblesse terrienne, qui pressentait que les évolutions nouvelles étaient en train de saper les bases de son pouvoir, n'était pas la seule à en comprendre la signification : dès les années 1830, alors que le chemin de fer n'était qu'à l'aube de ses succès en Allemagne, l'un de ses pionniers, Friedrich Harkort, écrivait déjà : « le chemin de fer est le corbillard qui mènera l'absolutisme et le féodalisme jusqu'au cimetière» [6]. À la même époque et dans la même veine, l'écrivain Ludwig Börne expliquait que le chemin de fer allait « briser le cou au despotisme » [7]. Et effectivement, le chemin de fer devint un puissant moteur et même le symbole de l'industrialisation allemande.

Tard venue, la bourgeoisie allemande n'était ni aussi forte, ni aussi riche et consciente de ses intérêts que son homologue française. Or tandis que la compétition entre la noblesse et différentes fractions de la bourgeoisie battait son plein, qu'une foule de groupes intermédiaires souhaitait faire valoir ses intérêts (parmi eux artisans et paysans), la classe ouvrière commença également à faire entendre sa voix. En bon équilibriste, le chancelier Otto von Bismarck essaya de jouer les catégories les unes contre les autres, s'appuyant alternative-ment sur la noblesse contre la bourgeoisie ou au contraire sur la classe ouvrière contre la bourgeoisie libérale, avant de faire volte-face après 1871. Plus vite que d'autres chefs d'État, il avait observé chez Louis-Napoléon Bonaparte que le suffrage universel, jusque-

6 Fr. Harkort : « Die Junker haben von ihrem Standpunkt aus recht. Sie fühlen instinktiv, dass die Lokomotive der Leichenwagen ist, auf welchem Absolutismus und Feudalismus zum Kirchhofe getragen werden. » Cit. in Louis Konstanz Berger, *Der alte Harkort,* Leipzig, 1890, p. 231.

7 « Durch deutsche Eisenbahnen werde allem Despotismus der Hals gebrochen », Ludwig Börne, *Schriften*, Bd.3, cit. d'ap. Wolfgang Minaty (Hrsg.), *Die Eisenbahn. Geschichte, Prosa, Bilder,* Frankfurt /M., 1984, p. 34.

là synonyme de révolution, était compatible avec le maintien de l'ordre social [8], pour peu qu'on sache s'y prendre.

Les années 1860, marquées par une certaine renaissance de la vie politique et la fondation des deux partis ouvriers, sont surtout celles des trois guerres d'unification de l'Allemagne, qui amplifient la montée en puissance de la Prusse. En janvier 1871, avec la fondation de l'Empire, chancelier et roi de Prusse devenaient aussi, respectivement, chancelier et roi du nouvel Empire allemand. Beaucoup dans la France vaincue voulurent ne voir dans cette Allemagne qu'un « État-nation improvisé » [9] voué à se disloquer, mais ils durent bientôt se rendre à l'évidence : l'Empire n'était pas si fragile. Du point de vue politique, Hans-Ulrich Wehler le caractérise comme « un régime dictatorial de type bonapartiste » [10] ; la puissance du chancelier reposait en grande partie sur la faiblesse de la bourgeoisie libérale, incapable de s'imposer face à un État fort et disposée à accepter l'idée bismarckienne d'une « révolution par le haut ».

Au plus tard lorsque le « chancelier de fer » eut réalisé l'unité allemande, la plus grande partie de la bourgeoisie se rallia à lui. Après cela, dans les années 1870 et 1880, le pouvoir changea d'attitude vis-à-vis du mouvement ouvrier : il le craignait, mais n'en avait plus vraiment besoin. Il choisit de le réprimer durement, tout en le diabolisant auprès des couches moyennes. La social-démocratie ploya mais ne céda pas ; et peu à peu, elle prit en charge non seulement les revendications socialistes, mais fut pratiquement seule aussi à mener une lutte opiniâtre pour l'obtention des droits démocratiques, de sorte que finalement, l'essentiel de l'opposition à Bismarck se trouva drainé par elle. Les membres fondateurs de ce parti se trouvèrent en charge de

8 C'est aussi sans doute pour faire un pied-de-nez à la bourgeoisie qu'il entretint des relations si courtoises, cordiales presque avec Lassalle, puis s'engagea dans des tractations avec son successeur Schweitzer.

9 Pour reprendre l'expression de Pierre-Paul Sagave dans : *1871, Berlin-Paris. Capitale du Reich et capitale du monde,* Albin Michel, Paris, 1995, p. 38.

10 « Ein bonapartistisches Diktatorialregime », in: Hans-Ulrich Wehler, *Das deutsche Kaiserreich, 1871-1918*, Vandenhoeck & Ruprecht, Göttingen, 1994, p. 63.

responsabilités qu'ils n'avaient sans doute pas imaginées au départ, mais leurs succès témoignent d'une indéniable efficacité politique et organisationnelle.

1. La décennie 1860 : pour l'autonomie du mouvement ouvrier

Après la noire décennie qui fait suite à l'échec de la révolution de 1848-1849, les années 1860 marquèrent un renouveau de la vie politique en Allemagne. Un certain relâchement se fit sentir même en Prusse et en Autriche, qui au cours des années 1850 avaient initié une intensification de la répression. Auparavant, pas question de créer des syndicats, il existait seulement des sociétés de secours locales, qui n'avaient pas le droit de se fédérer. Le dégel de la vie politique passa par la création, par la bourgeoisie libérale, d'associations culturelles ouvrières, dont le but proclamé était d'éduquer les ouvriers en leur enseignant des rudiments de culture. August Bebel, futur dirigeant de la social-démocratie, explique ainsi la création d'associations ouvrières par la bourgeoisie libérale :

> « Ce qui s'était passé en France dans les quinze dernières années [depuis 1848] : le développement rapide des idées socialistes, les événements de juin, le coup d'État de Louis Bonaparte, sa manière démagogique d'utiliser les ouvriers contre la bourgeoisie libérale, tout cela poussa les libéraux à la prudence, afin de prévenir de semblables incidents en Allemagne. À partir de 1860, ils utilisèrent donc le désir des ouvriers de créer des associations ouvrières et encouragèrent celles-ci, en essayant de mettre à leur tête des personnes qu'ils jugeaient de confiance. » [11]

11 « Was sich in den letzten fünfzehn Jahren in Frankreich abgespielt hatte, die rapide Entwicklung der sozialistischen Ideen, die Junischlacht, der Staatsstreich Louis Bonapartes und seine demagogische Ausnutzung der Arbeiter gegen die liberale Bourgeoisie, ließ es den Liberalen ratsam

Ces associations (bientôt une centaine en Prusse) prônaient l'éducation, le travail et l'épargne comme remèdes aux maux sociaux, diffusant l'idée qu'ainsi les différences de classes s'amenuiseraient. Au départ les ouvriers, même parmi les plus politisés, ne pensaient pas avoir à défendre des objectifs politiques distincts de ceux de la bourgeoisie libérale représentée par Hermann Schulze-Delitzsch ou Leopold Sonnemann [12]. Les débats politiques étaient très peu à l'ordre du jour, mais les notables qui tenaient ces associations en faisaient l'antichambre des partis de la bourgeoisie libérale. Le Parti du Progrès (*Fortschrittspartei*) en particulier fonda nombre de ces sociétés culturelles, ainsi que des coopératives de production et de consommation. En réalité, la bourgeoisie libérale qui avait besoin de l'appui des ouvriers dans ses luttes contre la réaction féodale, avait en revanche peu de sympathie pour le suffrage universel, autrement dit pour le droit de suffrage des ouvriers. Progressivement, certains ouvriers opposèrent une résistance à cette démarche, agacés que les libéraux maintiennent les associations ouvrières sous tutelle.

---

erscheinen, womöglich ähnlichen Vorkommnissen in Deutschland vorzubeugen. So benutzten sie vom Jahre 1860 ab den Drang der Arbeiter nach Gründung von Arbeitervereinen und förderten diese, an deren Spitze sie ihnen zuverlässig erscheinende Personen zu bringen suchten. »
In August Bebel, *Ausgewählte Reden und Schriften, t. 6 : Aus meinem Leben*, Dietz, Berlin, 1983, p. 44.
Sauf mention contraire, chaque fois que les articles, textes et ouvrages n'ont pas été traduits en français, la traduction proposée est celle de l'auteur, Anne Deffarges.

12 Lorsque l'on connaît la disproportion, en Autriche, entre le nombre d'habitants et le nombre de ceux qui avaient le droit de vote, on comprend qu'au moins dans ce pays cette revendication soit restée si longtemps un cheval de bataille des libéraux de gauche et du mouvement ouvrier, unis. En 1873, 6 % de la population seulement satisfaisait aux conditions (être au-dessus d'un certain seuil d'imposition). Même en 1881 encore, l'Autriche-Hongrie n'accordait le droit de vote qu'à 1,7 sur 26 millions d'habitants. Chiffres cités in : Adelheid Popp, *Jugend einer Arbeiterin*, Bonn-Bad Godesberg, 1978 [2e éd.], p. 85.

Le premier parti ouvrier : l'ADAV de Ferdinand Lassalle

En 1862, l'Association culturelle de Leipzig dont Bebel était membre se scinda, une partie des adhérents désirant ne pas demeurer plus longtemps en dehors des préoccupations politiques ; ils fondèrent l'association *Vorwärts* (*En Avant !*) qui conviait les ouvriers à des réunions publiques où étaient abordées des questions comme le suffrage universel, le rôle du parlement, l'assurance invalidité – préoccupations dont ces ouvriers entendaient ne pas rester éloignés plus longtemps.

Un an plus tard, en mai 1863, la création de l'A.D.A.V. de Lassalle eut davantage de résonance et une plus grande portée politique. En 1862, des ouvriers berlinois s'étaient rendus à l'Exposition Universelle de Londres, voyage dont ils avaient ramené la conviction de la nécessité de s'organiser. Ils décidèrent dans un premier temps d'organiser un congrès général des ouvriers allemands, et ce qui est intéressant, c'est qu'ils ne pensaient absolument pas, alors, se séparer de la bourgeoisie et du Parti du progrès, mais désiraient seulement que la classe ouvrière soit traitée en égale, et que les partis progressistes inscrivent donc dans leurs revendications le suffrage universel. Confrontés à l'impossibilité d'en convaincre au moins le Parti du progrès, ils se résolurent à prendre leur liberté pour créer un parti indépendant. Mais quels pouvaient en être le programme, les méthodes d'action? Pour trouver des réponses, ces hommes du Comité de Leipzig allèrent chercher Ferdinand Lassalle, qui accepta de rédiger pour eux une plate-forme.

Né en 1825, F. Lassalle avait participé aux côtés de K. Marx à la révolution de 1848-1849 en Rhénanie ; il était d'accord avec Marx sur la politique à mener en ces circonstances et accepta de collaborer à sa *Nouvelle Gazette Rhénane* (*Die Neue Rheinische Zeitung).* Pendant ces événements, Lassalle se révéla être un orateur populaire de grand talent. Après l'échec révolutionnaire, il fut jugé par des juges professionnels et condamné à six mois de prison ; Marx avait au contraire la chance de comparaître devant un jury. Il travailla d'arrache-pied pour préparer sa défense lors du

« procès des communistes » de Cologne, qui se transforma en échec retentissant pour l'accusation, police, justice et gouvernement réunis : le jury décida d'acquitter Marx – ce qui ne lui épargna pas l'expulsion de Prusse et un exil qui allait se révéler définitif. Plus tard, les deux hommes eurent quelques échanges épistolaires puis s'éloignèrent l'un de l'autre, et finirent par se brouiller.

En janvier 1863, soit quinze ans plus tard, Lassalle était encore condamné à quatre mois d'emprisonnement pour « excitation à la haine et au mépris des possédants » ; en février de la même année, deux délégués du Comité de Leipzig, Fritzsche et Vahlteich, venaient le trouver à Berlin au nom de leurs camarades. Pour évaluer si une collaboration était possible, ils étaient porteurs d'une série de questions du Comité à Lassalle. Ce dernier accepta immédiatement de se mettre au travail. Le 1er mars 1863, sa réponse sous forme de « Lettre ouverte en réponse au Comité Central » [13] était achevée, un texte dans lequel il exposait ses vues sur le mouvement ouvrier.

Les remèdes préconisés par Lassalle pour changer la condition ouvrière étaient principalement l'obtention du suffrage universel, égal et direct (y compris, c'est notable, pour les femmes), la fondation de coopératives de production ouvrières et l'intervention de l'État dans les affaires sociales [14].

C'est ainsi que le 24 mars 1863, six-cents délégués d'associations culturelles de toutes les régions allemandes se réunissaient en congrès, cette fois encore à Leipzig, pour fonder l'*Allgemeiner Deutscher Arbeiter-Verein (ADAV)*, Association générale des ouvriers allemands, qui adopta le programme de Lassalle.

En 1863 cependant, les revendications qui paraissaient impérieuses aux couches populaires étaient tout autres que celles

---

13 *Offenes Antwort-Schreiben an das Central-Comité zur Berufung eines Allgemeinen Deutschen Arbeiter-Kongresses zu Leipzig.* Ce texte qui fit date, couramment appelé *Offenes Antwortschreiben,* fut publié dans un supplément du *Vorwärts* (social-démocrate) à Berlin en 1895.

14 Ferdinand Lassalle, *Ausgewählte Reden und Schriften 1849-1864*, Dietz, Berlin, 1991, p. 153.

portées par Lassalle : ce qui semblait bien plus urgent que la liberté de créer des coopératives de production, c'était de pouvoir choisir librement sa profession, comme aussi la liberté du lieu de résidence, celle de se déplacer d'un État allemand à l'autre, peut-être encore de se réunir ou de fonder des associations. Même le droit de vote ne paraissait pas indispensable. La lutte de la bourgeoisie libérale contre l'État prussien semblait à beaucoup plus courageuse et suscitait davantage l'admiration que le programme de Lassalle. En un mot, les conditions économiques et politiques n'étaient pas mûres pour qu'il ait un large retentissement.

Quelles que soient ses idées, ce qui fit date avec l'ADAV, c'est que des ouvriers refusaient de se laisser déposséder des questions politiques ; pour la première fois, leur but explicite était de se donner une organisation politique indépendante de la bourgeoisie. L'ADAV était fondé en opposition à l'emprise, à travers les associations culturelles, de la bourgeoisie libérale sur le monde ouvrier. Ainsi, la classe ouvrière se faisait entendre, et, plus surprenant, certains de ses représentants montraient qu'elle entendait jouer sa propre partition.

Dès l'année suivante, le 31 août 1864, Ferdinand Lassalle était tué dans un duel qu'il avait provoqué pour une affaire de cœur un peu scabreuse. Il était âgé de trente-neuf ans, son organisation comptait moins de 3 000 membres.

Pourtant Lassalle allait longtemps continuer à vivre dans les cœurs de nombreux ouvriers allemands. Par exemple, après la guerre franco-allemande les cérémonies organisées pour l'anniversaire de la chute de Sedan donnaient lieu chaque année, le 2 septembre, à des outrances nationalistes. Pour y faire pendant, le mouvement ouvrier prit l'habitude de célébrer plutôt la mort de Lassalle, le 31 août. Aux murs des logements ouvriers berlinois, on trouvait alors un portrait de Lassalle à la place de celui du Kaiser.

Bien des années et même des décennies plus tard (les deux groupes socialistes avaient fusionné depuis longtemps), les dirigeants sociaux-démocrates « marxistes » reprochaient encore aux fondateurs de l'ADAV d'avoir accordé dans les statuts et dans les faits une place « dictatoriale » au dirigeant et de continuer, longtemps après la mort de Lassalle, à pratiquer son « culte ». Ils s'opposaient à toute forme de culte de la personnalité.

En 1867, l'avocat Jean-Baptiste von Schweitzer prit la tête de l'ADAV, succédant à un président insignifiant, Bernhard Becker. La même année, cinq socialistes étaient élus au Reichstag, Bebel, Liebknecht et trois lassalliens dont Schweitzer. En 1869, alors que ce dernier n'avait pas fini de purger sa peine, il fut libéré de prison quatre jours avant le début de la session parlementaire. Selon Bebel[15] :

> « Depuis que le Reichstag existe, donc de 1867 jusqu'à nos jours, il n'est jamais arrivé qu'un député du Reichstag, même d'appartenance bourgeoise, fût libéré de prison pour participer à la session parlementaire. L'immunité des députés n'inclut pas la détention. Ce fait [constitue] une preuve de ses relations intimes avec le pouvoir. »[16]

Cependant les tête-à-tête des dirigeants successifs de l'ADAV avec Bismarck n'étaient pas qu'affaire de personnalités qui auraient été ambigües. Plus profondément, ce sont sans doute les

---

15 Lors de ce congrès, comme souvent par la suite, il présentait la Confédération de l'Allemagne du Nord comme une « immense caserne » et déplorait que la guerre de 1866 ait divisé « la patrie allemande ».

16 « Solange ein Reichstag besteht, also von 1867 bis heute, ist es nie vorgekommen, dass ein Reichstagsabgeordneter, auch kein bürgerlicher, während des Reichstags aus der Strafhaft entlassen wurde, um an den Verhandlungen desselben teilzunehmen. Die Immunität der Abgeordneten umfasst nicht die Strafhaft. »
In August Bebel, *Ausgewählte Reden und Schriften, t. 6 : Aus meinem Leben, op. cit.*, p. 225.
Les tractations secrètes de Schweitzer dans les allées du pouvoir ne furent découvertes qu'au début du XXe siècle, lors de recherches que fit Bebel pour son autobiographie. Le démasquer prit alors une certaine importance dans son projet. Il ne s'en laissa pas détourner par son éditeur J.H.W. Dietz qui l'encourageait à se modérer. Bebel à ce sujet : « Dietz hat gejammert, dass ich den Schweitzer so böse gepackt habe ; das sei ja eine vehemente Anklageschrift vom ersten bis zum letzten Wort. Er wollte dämpfen. Darauf habe ich mich nicht eingelassen. »
A. Bebel, *op. cit.*, p. 9*-11*.

convictions même des lassalliens qui ont rendu ces relations envisageables. Ils étaient favorables à une alliance, même provisoire, des travailleurs avec l'État prussien contre la bourgeoisie libérale ; pour l'obtenir, Lassalle puis Schweitzer comptaient au moins autant sur leur propre charisme que sur la force collective des travailleurs. Pour Marx et Engels au contraire, chaque victoire de la bourgeoisie sur « la réaction » était en même temps, d'un certain côté, une victoire des travailleurs.

En 1871, aucun lassallien ne fut élu au Reichstag et Schweitzer renonça à la politique. « Il eut désormais une activité d'auteur dramatique – et ce ne fut pas une grande perte pour le mouvement ouvrier berlinois », conclut Pierre-Paul Sagave[17].

Jusqu'à aujourd'hui, la politisation du mouvement ouvrier allemand demeure liée au nom de Ferdinand Lassalle. Au tournant du siècle encore, malgré ses compromissions et son manque de clarté idéologique, le fougueux Lassalle qui n'avait passé qu'une année à la tête de l'ADAV, restait « l'idole des ouvriers allemands » et gardait un prestige énorme auprès des militants [18]. Lassalle, ce type de tempérament qui donne tout en une fois, est l'homme d'un instant, mais un instant qui compte. S'il n'a pas pu persévérer dans la voie qu'il avait commencé à tracer, il est l'homme qui a tenté pour la première fois de créer un parti ouvrier et a su attirer à lui des hommes comme Liebknecht et Bracke. Surtout, il a lancé le mouvement. Et quel mouvement !

17 Pierre-Paul Sagave, *1871 : Berlin-Paris, op. cit.*, p. 101.

18 Voir les autobiographies d'Adelheid Popp, d'Alfons Petzold, de Lili Braun, toutes éloquentes à ce sujet.
Helga Grebing aussi parle de « l'idole des ouvriers allemands » ("*Idol der deutschen Arbeiter*").
Helga Grebing, *Geschichte der deutschen Arbeiterbewegung. Von der Revolution 1848 bis ins 21. Jahrhundert*, Vorwärts Buch, Berlin, 2007.
Voir aussi Manfred Görtemaker, *Deutschland im 19. Jahrundert*, Bundeszentrale für politische Bildung, N° 274, Bonn, 1994, p. 203.

Les origines du Parti des Internationaux ou Parti d'Eisenach

L'autre courant fondateur du mouvement socialiste allemand, surnommé parti d'Eisenach du nom de la ville où ses fondateurs se réunirent en 1869 pour lui donner naissance, trouve également sa source dans les associations culturelles ouvrières d'obédience bourgeoise.

Comme on l'a dit, l'Association culturelle ouvrière de Leipzig connut une première scission dès 1862, une partie des ouvriers souhaitant ne pas être tenue à l'écart des questions politiques. Cette association offrait des possibilités importantes : une bibliothèque, des conférences par des universitaires, une grande offre de cours (de langues, de sténographie, de comptabilité, de calcul, etc.) ; des activités récréatives aussi, dont la gymnastique et le chant. Bebel, qui n'était pas encore socialiste, y avait assisté à des conférences qui l'avaient fortement impressionné.

En juin 1863, en réaction à la création de l'ADAV de Lassalle, les associations ouvrières qui se prétendaient encore apolitiques, se fédéraient dans le VDAV (*Verband deutscher Arbeitervereine*, Union des Associations Ouvrières Allemandes) pour résister à la concurrence de l'ADAV et retenir les ouvriers d'être trop nombreux à le rejoindre. Nous l'avons dit, la plupart des associations culturelles ouvrières, créées sous couvert d'apolitisme, étaient en fait encadrées par des militants politiques qui tentaient, par l'influence qu'ils y avaient, de gagner des travailleurs à leur parti. Les différentes sensibilités politiques s'y trouvaient représentées, des démocrates républicains aux ancêtres du parti national-libéral ou au futur parti du peuple (créé en 1865). Bebel, qui participa à la création du VDAV et ne connaissait encore rien aux idées socialistes, fut élu à son comité directeur. Dans une contribution orale lors du congrès fondateur de l'Union des Associations en juin 1863, il proposait pour l'ensemble des associations membres :

> « Il est nécessaire de proposer partout des conférences savantes en histoire, en géographie, en sciences naturelles et en particulier aussi en anatomie, car il y a là encore beaucoup

d'ignorance dans le peuple. Les associations ouvrières doivent mettre en place également des bibliothèques et disposer de journaux politiques et économiques. »[19]

Ailleurs, il rapporte non sans humour qu'avant de devenir socialistes, lui et ses amis commencèrent par combattre furieusement l'ADAV et le socialisme aux côtés de la bourgeoisie libérale. N'oublions pas que toute la vie politique était dominée alors par la question de l'unité nationale, qu'on appelait « la question allemande », qui créait une communauté d'intérêts entre classe ouvrière et bourgeoisie démocrate.

Les travailleurs de la génération de Bebel, parvenus à l'âge conscient dans les années 1850, celles de la réaction la plus noire, n'avaient aucune culture politique. Dans la plupart des États, indépendamment de l'attitude de la bourgeoisie, il n'était de toute façon pas toléré que les associations poursuivent un but politique, car tout ce qui était politique était suspecté servir la propagande socialiste. Celle-ci était pourtant complètement marginale, et Bebel affirme même : « Pour nous autres de la jeune génération, les termes socialisme et communisme étaient du chinois, des mots vides de sens, totalement inconnus. » [20] Les travailleurs pensaient en termes de démocratie ; ils plaçaient leurs espoirs politiques dans le libéralisme bourgeois, demandaient le suffrage universel et les libertés de coalition, d'association et de réunion que le libéralisme prétendait arracher aux gouvernements des princes... Dans les années 1860, dans leur immense majorité les jeunes travailleurs n'imaginaient pas avoir des intérêts

---

19 « ...Wohl aber ist es überall nötig, dass wissenschaftliche Vorträge gehalten werden über Geschichte, Geographie, Naturwissenschaften, namentlich auch über den Bau des menschlichen Körpers, worüber vielfach noch die größte Unwissenheit im Volke herrscht. Auch Bibliotheken sollen die Arbeitervereine anlegen und politische und volkswirtschaftliche Zeitungen haben.»
A. Bebel, Diskussionsbeitrag auf dem Vereinstag Deutscher Arbeitervereine in Frankfurt (/M.), 7. Juni 1863, "*Die Arbeiter benötigen wissenschaftliche Bildung*", In *Ausgewählte Reden und Schriften*, t. 1 (1863-1878), Dietz, Berlin, 1970, p. 7.

20 « Sozialismus und Kommunismus aber waren uns Jüngeren zu jener Zeit vollständig fremde Begriffe, böhmische Dörfer », in A. Bebel, *Ausgewählte Reden und Schriften, t. 6 : Aus meinem Leben*, p. 44.

particuliers à défendre, ni être capables de s'organiser de façon autonome. Ils ne possédaient pas la culture suffisante ni la conscience de constituer une classe sociale.

> « [...] la classe ouvrière n'avait pas conscience à cette époque de ses intérêts de classe et ignorait même qu'il existât quelque chose comme une question sociale. C'est pourquoi les ouvriers rejoignaient en masse les associations que les porte-parole libéraux aidaient à créer ; les ouvriers les prenaient pour un modèle de gentillesse envers le peuple.
> Au début des année soixante, ces associations ouvrières se multiplièrent, jaillissant de terre comme les champignons après une chaude pluie d'été. » [21]

Ces associations culturelles qui devaient être apolitiques devinrent le berceau de deux partis ouvriers éminemment politiques ! Ce passé explique aussi pourquoi August Bebel, très tôt orphelin et de condition modeste, jeune homme assoiffé de culture, s'impliqua toute sa vie dans les questions touchant à l'éducation, la formation et la culture. Lui-même était devenu ouvrier tourneur. C'est à l'association culturelle de Leipzig qu'au cours de l'été 1865, il rencontra les socialistes Robert Schweichel et Wilhelm Liebknecht, rencontre déterminante, puisqu'ils allaient être ensemble membres fondateurs du SPD et parmi ses principaux dirigeants.

Wilhelm Liebknecht (le père de Karl) était l'aîné de Bebel de quatorze ans. Né en 1826, ce rejeton de la bourgeoisie intellectuelle s'engagea jeune dans le combat révolutionnaire. Passionné, bon orateur, il joua un rôle important dans la révolution de 1848-1849, où il fut parmi les derniers combattants du

21 « Aus alledem ergibt sich, dass die Arbeiterschaft damals auf einem Standpunkt stand, von dem aus sie weder ein Klasseninteresse besaß noch wußte, dass es so etwas wie eine soziale Frage gebe. Daher strömten die Arbeiter in Scharen den Vereinen zu, die die liberalen Wortführer gründen halfen, die den Arbeitern als Ausbund der Volksfreundlichkeit erschienen.
Diese Arbeitervereine schossen nun zu Anfang der sechziger Jahre aus dem Boden wie die Pilze nach einem warmen Sommerregen.»
Cit. dans : A. Bebel, *op. cit.*, p. 44-45.

soulèvement républicain dans le pays de Bade (Allemagne du Sud). Les insurgés badois furent écrasés avec le concours de l'armée prussienne, et la répression à laquelle Liebknecht réussit à échapper en se réfugiant en Suisse nourrit sa haine de l'État prussien. À vingt-trois ans, lorsque les rêves politiques et sociaux de toute une génération furent balayés, il dut comme bien d'autres fuir même la Suisse, trouvant comme ultime refuge l'Angleterre. Sa détermination n'était pas ébranlée, il aimait à dire qu'il devint « apprenti chez Marx et Engels », eux qui comme tant d'autres révolutionnaires avaient dû s'exiler à Londres. Friedrich Engels lui aussi avait combattu les armes à la main jusqu'à l'ultime défaite en pays de Bade.

W. Liebknecht passa treize années en exil avant de pouvoir rentrer au pays en 1862 à la faveur d'une amnistie [22]. Conscient de ses divergences avec Lassalle, il resta à l'écart de l'ADAV pendant plusieurs mois, d'autant qu'il exécrait la forme d'organisation qui donnait des pouvoirs dictatoriaux au président (Lassalle). Il choisit ensuite de le rejoindre malgré tout, considérant que ce parti avait au moins le mérite d'exister et se sentant moralement obligé de faire ce geste de solidarité face à la violence des attaques de la grande presse contre le jeune mouvement.

Le journal de l'ADAV, *Sozialdemokrat*. fut créé peu après la mort de Lassalle, en décembre 1864. Espérant gagner de l'influence, W. Liebknecht accepta d'y collaborer, ainsi que K. Marx et F. Engels d'ailleurs, qui démissionnèrent après quelques semaines. Bientôt les divergences se firent plus vives également entre Liebknecht et le rédacteur en chef et nouveau dirigeant du parti, Schweitzer, en particulier au sujet du rôle de la Prusse dans la future unification allemande : Schweitzer avait tendance à encenser la Prusse, allant jusqu'à qualifier de « politique remarquable » celle menée par Bismarck dans la question allemande. Pour Liebknecht, qui détestait l'idée que les questions politiques soient réglées par des baïonnettes, qui en l'occurrence étaient prussiennes, c'était évidemment inacceptable, et ce

22 Wilhelm Liebknecht, *Erinnerungen eines Soldaten der Revolution.* Dietz, Berlin, 1976, p. 199-235.

d'autant que le journal inversait les priorités, se montrant beaucoup moins sévère envers le Parti absolutiste-féodal qu'envers le Parti progressiste !

Liebknecht démissionna de la rédaction ; les divergences ne s'amenuisant pas, il fut exclu du parti en 1865. Refusant les propositions de « transaction » d'émissaires gouvernementaux (qui tentèrent tout bonnement de l'acheter), il fut expulsé peu après de Berlin et de Prusse. C'est ainsi qu'il s'installa en Saxe, à Leipzig, où il s'empressa de rejoindre la Société d'éducation ouvrière à la tête de laquelle se trouvait... August Bebel, dont il fit alors la connaissance. La ville de Leipzig, la plus importante dans la région industrielle de Saxe, a toujours joué un rôle dirigeant dans la social-démocratie allemande. C'est à Leipzig que fut fondé l'ADAV, August Bebel et Wilhelm Liebknecht y furent longtemps actifs, la région devint un bastion socialiste. En arrivant dans cette ville en 1865, Liebknecht multiplia les cours socialistes à la Société d'éducation locale, il y fit de nombreuses recrues. C'est ainsi qu'il gagna Bebel à la cause du socialisme – même si, comme le rapportent la plupart des militants de cette génération, ce sont en réalité surtout les écrits de Lassalle qui comptèrent, la rencontre avec Liebknecht se bornant pour Bebel au rôle de catalyseur. Bebel dit de Liebknecht qu'il était « bien davantage homme politique généreux que théoricien », et l'intéressé, homme simple, plein d'humour et modeste, semble d'accord, qui au tribunal déclarait à ses juges « appelez-moi un soldat de la révolution ». S'il ne fut guère théoricien, Liebknecht fut de ceux qui pendant des décennies incarnèrent en Allemagne le parti et les idées socialistes. À sa mort en 1900, 200 000 personnes suivirent le cortège funèbre pendant plusieurs heures à travers différents quartiers berlinois.

Fin 1866, Bebel adhérait à la Première Internationale. Rapidement et pour près d'un demi-siècle (jusqu'à sa mort en 1913), il devint un leader incontesté de la social-démocratie. Dans l'introduction à son autobiographie, il explique qu'il tenait à l'écrire en particulier pour les premières années du parti, lorsque les militants se comptaient sur les doigts de la main. Il tenait à ce que cette mémoire ne se perde pas, sachant que son témoignage était irremplaçable, alors que pour les années suivantes, à partir de la fin des années 1880, d'autres partageaient le même capital et pouvaient témoigner [23]. Il pensait, au départ, écrire une histoire du parti *jusqu'à* 1872, éventuellement 1874 ! La différence est grande par rapport aux historiens qui en général font démarrer vraiment l'histoire de la social-démocratie vers 1890 : 1875 marque pour eux la création d'un parti quasiment confidentiel, et ils passent directement à 1890, où ils font démarrer son essor véritable ; tout au contraire de l'autobiographie de Bebel, pour ces historiens seules les années 1890-1918 semblent avoir un intérêt. Bebel savait bien, pour y avoir contribué, que l'envol de 1890 n'était pas né de rien. C'était aussi le produit de plus de vingt ans de lutte opiniâtre, de fidélité à un idéal. Nous espérons contribuer ici à sortir de l'ombre les années d'enfance du parti, beaucoup plus mal connues que celles de la fin du siècle [24].

Après la victoire éclatante de la Prusse contre l'Autriche, en 1866, une partie de la bourgeoisie, jusque-là opposée à Bismarck, commença à changer d'opinion. Avec le succès des nationaux-libéraux aux élections de février 1867 (les premières élections dans la nouvelle Confédération allemande), beaucoup jugèrent que le libéralisme se ralliait purement et simplement au régime autoritaire de Bismarck. Le libéralisme n'incarnait plus guère une alternative politique, notamment pour le monde ouvrier. Progressivement, certains prenaient conscience qu'ils n'avaient rien à en attendre, puisque pour les libéraux de toute tendance, les problèmes ouvriers étaient dépourvus d'intérêt et la question sociale jamais prioritaire. Ce discrédit atteignait même un homme comme Hermann Schulze-Delitzsch, dont l'œuvre en faveur des coopératives avait marqué les esprits.

En 1866, c'est pourtant encore en commun avec des démocrates libéraux que les socialistes Wilhelm Liebknecht et

23 Dans l'ensemble de ces *Discours et Écrits choisis* à partir desquels nous l'avons cité (*Ausgewählte Reden und Schriften*), qui occupent 14 volumes, ces années prennent l'essentiel.

24 Les travaux de Jutta Seidel outre-Rhin, ceux ici de J.P. Gougeon, J. Droz et J. Rovan forment l'exception mais ne permettent pas une vision très concrète de ce parti. C'est pourquoi, également pour tenter de nous poser les problèmes comme se les posaient les contemporains et les protagonistes, je reviens aux sources et ferai largement appel aux souvenirs notamment d'A. Bebel, de W. Liebknecht, de K. Kautsky et de F. Mehring (lequel n'appartint pas aux pionniers).

August Bebel créaient à Leipzig un premier parti, le Parti populaire saxon (*Sächsische Volkspartei*). Du point de vue de sa composition sociale, ce parti était essentiellement ouvrier, et Liebknecht et Bebel essayèrent de faire évoluer ces travailleurs vers le socialisme. Dès février 1867, Bebel candidat du Parti Populaire fut élu député au Reichstag : le premier Parlement élu au suffrage universel de la nouvelle Confédération de l'Allemagne du Nord ouvrait ses portes à un jeune ouvrier. Il s'agissait d'un scrutin majoritaire : il avait obtenu dans sa circonscription la majorité des voix. Dans un parlement composé essentiellement de notables, le jeune homme (il était âgé de vingt-sept ans) n'en menait pas large avant la première session parlementaire, ce qui ne l'empêcha pas de prononcer un discours où il comparait l'Allemagne en devenir à une grande caserne.

Liebknecht le rejoignait quelques mois plus tard sur les bancs de l'Assemblée. Jusqu'à cette époque, tous deux tentèrent des rapprochements avec le parti lassallien, retardant pour cette raison le moment de créer leur propre parti, qui ne pouvait être qu'un deuxième parti ouvrier concurrent de l'ADAV, et s'efforçant, plutôt que de construire une organisation contre eux, de convaincre ses adhérents. Mais les divergences étaient trop importantes. Les lassalliens ne s'opposaient pas à l'hégémonie prussienne, ils refusaient de rejoindre l'Association Internationale des Travailleurs (A.I.T. ou Première Internationale). La majorité du Parti Populaire Saxon, elle, vota son adhésion à l'A.I.T. en 1868 – les membres libéraux, mis en minorité, claquaient la porte [25]. Et en quelques années, la majorité des sociétés d'éducation ouvrière étaient également passées d'idées progressistes et démocrates au socialisme. Le VDAV (*Verband Deutscher Arbeitervereine*, Union des associations ouvrières allemandes) s'était proclamé section allemande de l'A.I.T. [26] C'est ce qui valut ensuite au parti de Bebel e t Liebknecht le surnom de parti des « Internationaux » – un surnom que bien sûr, ils ne récusaient pas.

25 Jacques-Pierre Gougeon, *La social-démocratie allemande, 1830-1996. De la révolution au réformisme.* Aubier, Paris, 1996, p. 74.

26 L'année 1868 marque aussi la naissance des syndicats allemands, créés puis animés par des militants politiques (dont Bebel), mais qui ne connurent pas d'abord le même essor que le SPD.

Après leur expérience dans le Parti Populaire, Bebel et Liebknecht s'étaient convaincus qu'il fallait se donner leur propre organisation de classe, politiquement indépendante. Lorsqu'en août 1869, lors du congrès d'Eisenach, ils fondèrent le parti ouvrier social-démocrate (*Sozialdemokratische Arbeiterpartei*, SDAP), ils étaient loin d'être seuls, puisqu'ils emmenaient la majorité des membres du VDAV et du Parti Populaire Saxon. En effet Bebel, élu président du VDAV, proposa lors de son congrès de 1869 d'adopter le programme du parti social-démocrate. Une écrasante majorité [27] lui emboîta le pas, qui adhéra ainsi en bloc au nouveau parti. Le Parti Populaire l'avait précédé dans cette voie.

Le SDAP se proclama branche allemande de l'Internationale. Créé à l'initiative de Bebel, de Liebknecht et d'un certain nombre de lassalliens en rupture comme Wilhelm Bracke, Samuel Spier ou Leonhard von Bonhorst, ces hommes tenaient à se démarquer nettement du parti lassallien et mettaient l'accent sur la démocratie à l'intérieur comme à l'extérieur du parti, d'où son programme et son nom bipolaires : socialisme et démocratie. Au congrès de fondation, Bebel critiqua le culte de Lassalle ; pour éviter que se reproduise ce genre de travers, le parti se donnait une direction collégiale et une commission de contrôle (avec des instances à Vienne, alors que l'Autriche venait d'être exclue de l'espace allemand). Son programme comportait une série de revendications démocratiques : le suffrage universel égal, direct et secret, la séparation de l'Église et de l'État, la liberté de presse et d'association... Il revendiquait aussi la transformation de l'armée permanente en milice populaire, s'engageait pour des réformes sociales, la suppression des impôts indirects et aussi la suppression pure et simple du salariat. Friedrich Engels suivait de près les événements : dès avant la guerre de 1870, il avait écrit que le centre de gravité du mouvement ouvrier allait se déplacer de la France vers l'Allemagne. Il fallait porter la plus grande attention à ce premier parti socialiste européen.

L'expérience vécue dans les associations culturelles d'obédience bourgeoise explique aussi qu'ensuite, lorsque le SPD

---

27 A. Bebel, *op. cit.*, p. 12*.

fut devenu parti de masse, la génération militante de Bebel se soit montrée vigilante lorsque de jeunes journalistes et étudiants venaient leur expliquer qu'ils possédaient les compétences pour diriger le travail culturel du parti. Ils voyaient que ces jeunes gens n'avaient pas confiance dans les capacités de la classe ouvrière, qu'ils étaient tentés d'occuper les places, de prendre naturellement la tête du parti, de décider à la place des ouvriers, autant d'idées et de méthodes qui leur avaient fait choisir au cours des années 1860, à eux les anciens, de se donner leur propre parti, indépendant de la bourgeoisie : un parti d'ouvriers pour les ouvriers.

Le parti d'Eisenach avait moins d'un an d'existence, il était pour ainsi dire inconnu du grand public lorsqu'il se trouva confronté à de grandes épreuves, dont la plus difficile fut la guerre de 1870. À la création du SPD, à l'exception de W. Liebknecht aucun des membres fondateurs n'avait étudié les idées du socialisme moderne. Ils avaient déjà beaucoup payé de leur personne (de par la répression, les incarcérations, l'exil, les pertes d'emploi...), assumaient un important travail pratique, organisationnel ; mais, si l'on en croit les échanges épistolaires avec Marx et Engels, au ton parfois excédé, de longues années devaient s'écouler encore avant qu'ils n'acquièrent vraiment les bases du socialisme. Pour l'heure, des épreuves les attendaient qui contribueraient à les former et qui, en leur conférant un immense crédit, allaient les mettre devant de tout autres responsabilités.

2. Les socialistes et l'unification allemande

L'unification par le haut

Mis à part l'intermède révolutionnaire de 1848-1849, la vie publique fut muselée en Allemagne jusqu'au début des années 1860. Seuls quelques écrivains, dont Georg Büchner, Ludwig Börne ou Heinrich Heine avaient continué un temps à prendre en charge la contestation politique et sociale. Puis, comme presque partout en Europe, le « printemps des peuples » mêla étroitement la question nationale au désir de démocratie : l'espoir était de réaliser l'unité nationale dans la liberté, et à vrai dire l'une ne se concevait pas sans l'autre. Même si en Allemagne de nombreux intellectuels et des poètes, parmi lesquels Georg Herwegh et Ferdinand Freiligrath, mais aussi Richard Wagner, participèrent à la révolution, les morts des barricades de Berlin ou Cologne étaient majoritairement issus des couches populaires.

Après l'échec révolutionnaire, la décennie 1850 fut une ère de réaction, pendant laquelle même l'organisation de réunions et de fêtes populaires était soumise à autorisation, et il n'était pas question d'y prononcer des discours. Dans ces conditions, l'existence légale de partis était impossible. De sorte que les catégories qui jouaient le rôle le plus important dans la vie économique – et intellectuelle – étaient tenues à l'écart du pouvoir ; celui-ci, au service des aristocrates et de l'Église, ne comprenait pas leurs aspirations ou luttait directement contre elles.

En Prusse, l'un des deux géants allemands, la principale préoccupation des dirigeants dans cette période fut de combattre les idéaux démocratiques révolutionnaires et de reprendre pas à pas ce que la révolution avait réussi à conquérir. Le système policier du ministère Otto von Manteuffel se révéla un outil efficace au service de la noblesse et des grands propriétaires terriens. L'introduction du système électoral dit des trois classes, particulièrement injuste, eut lieu dans cette période, durant laquelle bon nombre d'ouvrages et de journaux furent interdits, tandis que les personnes suspectes de socialisme étaient pourchassées, jetées en prison, contraintes à l'exil. En même temps, le gouvernement œuvrait activement au développement industriel et les progrès économiques étaient rapides.

Au début des années 1860, un relâchement se fit sentir, comme du reste à l'échelle européenne, et les années 1860 et 1870 n'eurent pas grand-chose à voir politiquement avec cette décennie figée. Le 8 octobre 1862, Bismarck était nommé par le roi à la tête du gouvernement prussien. Il avait été choisi en connaissance de cause : il apparaissait comme le Premier Ministre le plus acharné, le plus inflexible qu'on pût trouver – dans une situation de crise politique aigüe, Otto von Bismarck avait pour mission de gouverner sans plus tenir compte du Parlement, de gouverner contre le libéralisme, les démocrates et les nationalistes allemands, pour sauvegarder les privilèges de la monarchie et de la noblesse prussiennes.

Son biographe Ernst Engelberg affirme de lui qu'« au plus tard dans la deuxième moitié des années 1850, il avait conscience qu'en tenant compte des aspirations nationales de la bourgeoisie intellectuelle et possédante, l'hégémonie de la Prusse en Allemagne pouvait être réalisée. »[28] Pensée audacieuse, car si depuis l'introduction de l'Union Douanière, la Prusse jouait un rôle d'avant-garde et de fédérateur au niveau économique, elle n'était ni appréciée des autres États allemands ni à la pointe du progrès politique ; elle qui avait si souvent fait cavalier seul pour contribuer à dépecer des morceaux d'Allemagne ne semblait guère préoccupée d'aider à réaliser l'unité.

Le dualisme entre la Prusse et l'Autriche, leur rivalité étaient de longue date corollaires de la question allemande, mais la tension ne cessa de monter après la victoire sur le Danemark des deux puissances une dernière fois alliées (1864)[29]. Bismarck était d'avis que l'Autriche et la Prusse ne parviendraient pas à se partager l'influence sur une Allemagne unie et que l'une des deux devait être évincée de l'espace allemand. Il en tira résolument les conséquences : il s'engagerait donc dans l'unification, davantage dans l'intérêt de la grandeur prussienne que de l'Allemagne. C'est alors qu'il reprit l'idée d'un Parlement allemand élu au suffrage universel, direct et secret, moyen de sauver la paix intérieure au moment où la crise entre la Prusse et l'Autriche atteignait son paroxysme.

En juin 1866, dès le début de la guerre dite « fratricide », beaucoup de démocrates comprirent qu'elle allait conduire à une « petite Allemagne » (*Kleindeutschland*) ; c'en était bien fini de

---

28 Jacques-Pierre Gougeon, *La social-démocratie allemande, 1830-1996*, p. 58.

29 Cela avait déjà été clairement mis en évidence par la guerre d'Italie, l'Autriche ayant espéré un soutien de la Prusse et de la Confédération dans son combat contre la France.

leurs espoirs en une Allemagne démocratique réunissant tous les États allemands, y compris l'Autriche. Les sociaux-démocrates redoutaient de se trouver sous la coupe d'une Prusse militariste et rétrograde, mais convenaient de ce que la question allemande était enfin sur le point de trouver une solution. La victoire de la Prusse fut fulgurante, son armée ne mit que sept semaines à vaincre l'Autriche. En août 1866, pour la première fois de son histoire millénaire, l'Autriche n'avait plus aucun lien étatique avec le reste de l'Allemagne. Elle dut en tirer certaines conséquences, notamment revoir l'équilibre avec la Hongrie, et la même année un régime libéral s'établit en Autriche.

La Confédération de l'Allemagne du Nord (*Norddeutscher Bund*) voyait le jour dès la victoire sur l'Autriche ; c'était le premier véritable État fédéral allemand (et non plus seulement une Fédération d'États) ; cette Confédération était la pierre fondamentale de la domination de la Prusse sur l'Allemagne [30] mais elle était aussi le noyau du futur Deuxième Empire allemand, tel qu'il allait effectivement voir le jour quatre ans plus tard. La Confédération se donnait un parlement élu au suffrage universel, le *Reichstag* (jouissant, il est vrai, d'un pouvoir très limité), un chancelier du Reich et une armée fédérale. Elle se préparait à introduire une certaine liberté de la presse et d'association. La liberté d'exercer n'importe quel métier (*Gewerbefreiheit*) triompha enfin vraiment du puissant contrôle des guildes et corporations.

Cette Confédération de l'Allemagne du Nord munie d'attributs démocratiques était le prix que Bismarck acceptait de payer au mouvement national allemand. La question allemande avançait enfin, et l'ironie de l'histoire voulut qu'elle fût mue par un hobereau très peu préoccupé d'unification, et qui n'était disposé à en céder que la portion indispensable à l'accroissement de puissance de sa chère Prusse. L'unification de l'Allemagne valut à l'inflexible prince von Bismarck son surnom de « révolutionnaire blanc ». Quelles que fussent ses options politiques et bien que l'unification fût partielle, on ne peut guère dire de lui alors qu'il fût conservateur et

30 Le poids de ses 23 membres était en effet très inégal : en 1866, après l'annexion la Prusse seule comptait 24 millions d'habitants, tandis que les 22 autres États membres de la Confédération en totalisaient 6 millions.

il fit preuve de plus de résolution et d'audace politiques que la bourgeoisie n'en avait montré depuis 1848.

Quant aux socialistes du SDAP, ardents défenseurs de l'unité nationale et opposés à l'hégémonie prussienne, ils avaient longtemps continué à l'espérer d'un mouvement révolutionnaire des couches moyennes et inférieures alliées ; cela signifiait la réalisation d'une « Grande-Allemagne » démocratique, républicaine, groupant tous les Allemands, qui se serait construite avec l'Autriche et dans laquelle la Prusse n'aurait pas eu ce poids démesuré. L'hégémonie de la Prusse, qui se trouvait sans contrepoids parce que tellement plus puissante que tous les autres États, signifiait selon eux une politique belliqueuse vers l'extérieur et la privation de liberté à l'intérieur. Ils jugeaient « dramatique » le sort des Autrichiens exclus de la nouvelle Allemagne. La réaction de Bebel à ce sujet laisse imaginer, par l'usage de termes radicaux, quelle dut être la déception de bon nombre de progressistes en 1866 [31] :

> « La victoire de la Prusse excluait une unification démocratique de l'Empire. Et l'exclusion de la partie autrichienne de l'Allemagne hors de la communauté impériale a mis dix millions d'Allemands dans une situation désolante. Nos « patriotes » entrent en rage lorsque n'importe où à l'étranger un Allemand est maltraité, mais ils ne sont pas choqués par cette sorte de meurtre culturel commis en Autriche sur dix millions d'Allemands. »[32]

31 Et Kautsky, social-démocrate d'origine autrichienne, rappelait toujours que les deux partis n'étaient nullement liés par des liens internationaux, qu'ils se considéraient comme les fractions du même futur parti.

32 « Der Sieg Preussens schloss eine demokratische Einigung des Reiches aus. Und der Ausschluss Deutsch-Österreichs aus der Reichsgemeinschaft hat zehn Millionen Deutsche in eine fast trostlose Lage versetzt. Unsere "Patrioten" geraten in nationale Raserei, wenn irgendwo im Ausland ein Deutscher misshandelt, aber an dem Stück kulturellen Mordes, der an den zehn Millionen Deutschen in Österreich begangen wurde, nehmen sie keinen Anstoss.»
August Bebel, *Ausgewählte Reden und Schriften,* t. 6, Berlin, Dietz, 1983, p. 124.

Les lassalliens étaient sur une toute autre position : ils étaient pour une solution du type « petite Allemagne », donc pour l'exclusion de l'Autriche et pour la direction prussienne des affaires allemandes. Les deux groupements étaient en désaccord sur cette question essentielle.

À l'étranger, dans les milieux officiels, on sentit un certain soulagement. La France pouvait à la rigueur accepter une Allemagne de 32 millions de citoyens unis autour de la Prusse telle qu'elle se dessinait en 1867, mais guère une grande Allemagne de 70 millions d'habitants.

Dans cette période, entre 1866 et 1870, le capital industriel se développa en Allemagne et en Autriche, et il obtint d'être placé sur le même pied que la propriété foncière. Vint alors la dernière des guerres d'unification, cette guerre franco-prussienne qui se transforma rapidement en guerre franco-allemande. Claude Digeon écrivait à son sujet :

> « Être nationaliste allemand, c'est travailler justement pour le libre-échange contre les cloisonnements douaniers, (...) pour le développement libéral des institutions contre le régime féodal, c'est aller vers l'avenir et lutter contre le passé. Pour l'essentiel, le drame qui se prépare provient de ce décalage, de cette différence de signification sociale, politique, historique... À la fin du Second Empire, le nationalisme allemand est libéral et le « chauvinisme » français est réactionnaire. » [33]

La guerre et la victoire en imposèrent suffisamment aux États du Sud pour que bon gré, mal gré, ils acceptent enfin l'unité, et en 1871, 38 États allemands s'unissaient sous l'égide de la Prusse. Ils conservaient une large autonomie en matière d'administration, de finances, de politique scolaire. Tardive, incomplète, accomplie par le haut (ce qui allait marquer la physionomie de l'Allemagne), l'unité donnait néanmoins satisfaction à une longue et douloureuse aspiration de la nation.

---

33 Claude Digeon, *La crise allemande de la pensée française (1870-1914)*, Paris, Presses Universitaires de France, 1959, p. 22-23.

Bismarck, on l'a dit, n'était pas plus libéral qu'il n'était nationaliste au sens politique du terme. Avant 1871, il expliquait qu'une guerre entre Allemands ne heurtait pas ses sentiments, disant par exemple : « Je n'ai aucun sens de la nationalité allemande, pour moi une guerre contre la Bavière ou le Hanovre ne représente pas plus qu'une guerre contre la France ». Extrêmement lucide, il avait par contre compris que le monde des junkers prussiens ne pouvait survivre en s'opposant ouvertement au libéralisme et au nationalisme, et qu'il s'agissait de tourner l'un et l'autre à son avantage. L'évolution historique allait vers des entités nationales plus grandes? Soit, il fallait en tenir compte, sans rien lâcher sur l'essentiel, en particulier sur la place accordée au peuple. L'hostilité aux révolutionnaires est un trait constant chez Bismarck depuis 1848, on a même parlé de « phobie des révolutions » ; mais il fut également dénué de toute sympathie pour ceux dont il réalisa le programme.

Parti en guerre pour accroître la puissance prussienne, Bismarck se trouva emporté par une logique de situation, car ses efforts coïncidèrent avec ceux du mouvement national, mais s'il se trouva un beau matin fondateur du nouvel Empire allemand, ce n'était pas ce qu'il cherchait au départ. La Confédération de 1867 fut le prix à payer au mouvement national allemand, qui de son côté l'avait suivi dans la guerre pour réaliser enfin l'unité. Bismarck prit soin de détacher l'unité nationale de l'influence populaire, et c'est une raison supplémentaire pour laquelle la suprématie de la Prusse dans le nouvel Empire revêtait une telle importance à ses yeux. Au fond, il réalisa le programme des démocrates révolutionnaires tout en en supprimant... les implications démocratiques et révolutionnaires.

Symbole supplémentaire, la fondation du Reich eut lieu en France : roi de Prusse, Guillaume Ier fut intronisé à Versailles le 18 janvier 1871, devenant roi du nouvel Empire dont Bismarck était promu chancelier. L'hégémonie prussienne était installée dans cette Allemagne ni trop grande pour cela ni démocratique. Cela n'encourageait pas le sentiment d'unité. On s'efforça d'apprendre aux Allemands à ne plus parler de « la Prusse » mais de « l'Allemagne », ce qui dans certaines régions prit un peu de temps [34]. C'était la facture de l'échec de 1848, qui avait préparé la situation de 1871 et donné naissance à cet Empire allemand. L'intellectuel danois Georg Brandes écrivait : « Il faut dire que tout au long du siècle, l'Allemagne s'était tenue là irrésolue, sans énergie : elle hérita donc du chancelier de fer. » [35]

« L'année terrible » (1870-1871)

Le parti d'Eisenach avait tout juste un an, on l'a dit, lorsqu'il se trouva confronté à la guerre de 1870, dernière des guerres d'unification. Que faire, quelle position prendre face à l'horreur d'une guerre lorsque l'on sait qu'elle permettra d'achever l'unité nationale ?

Depuis longtemps les socialistes appelaient l'unité de leurs vœux. Les plus anciens avaient combattu sur les barricades en 1848-1849 avec l'espoir d'unifier la nation par en bas, par une révolution démocratique : c'était l'unité dans la liberté. Mais face à la guerre, la majorité du parti jugea qu'il s'agissait pour la Prusse d'une guerre défensive, et qu'on pouvait sans trahir l'internationalisme prendre parti pour la victoire de l'Allemagne. Il n'était toutefois pas question pour les députés Bebel et Liebknecht de soutenir l'effort de guerre de leur État [36]. Lors de la session

---

34 L'impression de domination prussienne était encore renforcée par le cumul des fonctions comme par l'empreinte que laissait la personnalité de Bismarck et, après 1890, celle de Guillaume II.

35 « Das ganze Jahrhundert hindurch hatte Deutschland ja ohne Tatkraft dagestanden, ohne rechte Hand : da bekam es den Eisernen Kaiser. » In: Georg Brandes, *Berlin als deutsche Reichshauptstadt (Erinnerungen aus den Jahren 1877-1883).* Berlin, Colloquium Verlag, 1989, p. 104.

36 Les deux hommes s'abstinrent donc sur le vote des crédits de guerre et expliquèrent leur attitude le 21/7/1870 devant le Parlement d'Allemagne du Nord. Après Sedan, ils votèrent contre. Plus tard, Bebel écrivit dans ses mémoires qu'il aurait voté contre les emprunts de guerre dès le début s'il avait eu connaissance de ce qu'on ne devait apprendre que dans les années qui suivirent concernant le rôle de Bismarck dans le déclenchement de la guerre (et comprenant qu'il ne s'agissait pas uniquement d'une guerre dynastique de la part de Napoléon III).

extraordinaire du Reichstag du 19 juillet 1870 consacrée au vote d'un emprunt de guerre, il ne manqua que deux voix pour que l'Assemblée approuve l'emprunt à l'unanimité : les députés Bebel et Liebknecht s'étaient abstenus. Avec les députés de la fraction lassallienne, le troisième député eisenachien avait voté pour l'emprunt.

Au lendemain de la proclamation de la République, le 4 septembre 1870, tous étaient d'accord sur l'idée que toute poursuite de la guerre devait être interprétée désormais comme une guerre contre la République et le peuple français, et mettaient en garde contre sa transformation en guerre de conquêtes. Ils votèrent désormais contre les crédits de guerre. Peu après, les eisenachiens prirent position contre l'annexion de l'Alsace-Moselle, jugeant qu'on ne pouvait disposer ainsi des peuples. Positions difficiles à assumer en pareil moment de liesse patriotique et qui leur vaudront les qualificatifs de « sans-patrie » ou « traîtres à la patrie » [37], la haine durable du pouvoir, des procès et des séjours en prison pour haute trahison.

Quant aux lassalliens, lors du déclenchement de la guerre ils commencèrent par oublier leurs paroles du temps de paix pour suivre leur gouvernement dans la voie guerrière. Une décennie avant cette guerre pourtant, en 1859, Ferdinand Lassalle écrivait qu'une guerre contre la France serait doublement criminelle, car ce serait « une guerre contre le symbole de l'Idée révolutionnaire » et une victoire sur elle « l'événement contre-révolutionnaire *par excellence* »[38]. Victor Hugo défendait la même idée : la France était toujours considérée comme terre de révolution, et sa défaite éventuelle synonyme de défaite des forces progressistes. Et ce mot de « traîtres à la patrie » (*Vaterlandsverräter*) qui devait stigmatiser si longtemps les socialistes, eh bien en ces jours

37 Dans le florilège de qualificatifs infamants, ceux-là sont les plus souvent repris à partir de 1870 et pendant des décennies, en réalité jusqu'après la guerre de 1914. En allemand *vaterlandslose Gesellen*, *Vaterlands-verräter.*

38 « C'est un fait que la France représente encore pour l'Europe, malgré tous les Napoléon, la révolution, et qu'une victoire sur la France est aussi une victoire sur la révolution. »

même l'autre parti ouvrier, l'ADAV, se laissa aller à l'utiliser pour accabler Bebel et Liebknecht.

Il ne devait pas être facile, en ces jours de ferveur nationale, de résister aux sirènes du nationalisme. En 1870, le futur dirigeant Edouard Bernstein, alors jeune employé de banque fort éloigné du socialisme (il sympathisait avec le Parti du Progrès, *Fortschrittspartei*) fut littéralement jeté hors d'une taverne pour avoir refusé de participer aux démonstrations de haine anti-française.

Du côté du SDAP, Wilhelm Liebknecht qui détestait l'État prussien expliquait qu'il aurait souhaité la destruction pure et simple de ce « bras armé de la Russie ». Il avait été hostile à l'exclusion de l'Autriche, aurait espéré une République démocratique et fédérale incluant tous les États allemands ; au congrès de Cobourg encore, il déclarait que « le soi-disant Empire allemand » n'était en réalité « qu'une Prusse élargie » [39].

Marx et Engels ne se laissaient pas ainsi emporter par les sentiments. Selon eux, la victoire de la Prusse s'inscrivait dans le sens de l'histoire, et le triomphe de la partie la plus moderne de l'Allemagne, dont l'économie était la plus avancée, signifiait un progrès décisif de l'économie capitaliste. Sans l'approuver, il fallait accepter le fait accompli de l'unité nationale réalisée par les moyens de Bismarck, et utiliser ce terrain plus favorable pour organiser le prolétariat et l'unifier à l'échelle de l'ensemble de la nation. Au début de la guerre franco-allemande, Engels écrivait à Marx : « Il serait absurde de faire de l'anti-bismarckisme notre seul principe directeur. Bismarck, en ce moment comme en 1866, travaille pour nous à sa façon. » Dès le 23 juillet 1870, ils avaient pris position depuis Londres [40] ; la guerre n'ayant pas le même caractère pour les deux pays et l'agresseur étant de surcroît Napoléon III, les Allemands étaient en droit de prendre les armes pour le repousser.

---

39 Cf. à ce sujet l'analyse de Werner Conze et Dieter Groh, *Die Arbeiterbewegung in der nationalen Bewegung : Die deutsche Sozialdemokratie vor, während und nach der Reichsgründung*, E. Klett, 1966.

40 K. Marx et F. Engels, déclaration du Conseil Général de l'Association Internationale des Travailleurs.

Le parti d'Eisenach se rallia à ce point de vue, sans pour autant abandonner son internationalisme ; les députés August Bebel et Wilhelm Liebknecht s'abstinrent sur le vote des crédits de guerre : ils n'iraient pas jusqu'à soutenir l'effort de guerre prussien. Dans les premiers jours du conflit, des rassemblements eurent lieu dans différentes villes allemandes : Chemnitz, Leipzig, Dresde, Augsbourg, Nuremberg et Breslau, lors desquels des dirigeants socialistes prirent la parole, mettant en avant les intérêts communs des travailleurs allemands et français[41]. Ils condamnaient la politique belliciste de l'Empire français et rejetaient en même temps « l'unité dans la caserne prussienne » (*Einigung in der preußischen Kaserne*[42]).

Après la chute de la France bonapartiste, dès le lendemain de la proclamation de la République, tandis que le pouvoir réfléchissait aux moyens de justifier la poursuite de la guerre, les sociaux-démocrates faisaient paraître un *Manifeste aux ouvriers allemands* qui évoquait les « frères français », disait l'enthousiasme républicain des socialistes, exigeait la paix immédiate, s'élevait contre tout projet éventuel d'annexion de l'Alsace-Lorraine et se terminait par ces mots : « En Allemagne aussi, un jour retentira ce cri de joie : Vive la République! » (« *Es lebe die Republik ! »*). Des manifestations vinrent les appuyer, particulièrement dans les régions industrielles de Saxe et de Rhénanie et dans les plus grandes villes [43]. Les socialistes se montraient là très peu préoccupés de solidarité nationale. On était le 5 septembre 1870, et ce Manifeste fut interprété comme preuve de l'« aide active apportée à l'ennemi de la nation ». Dès le 9 septembre, plusieurs dirigeants socialistes étaient arrêtés, conduits enchaînés à travers la ville puis condamnés à plusieurs mois de prison.

---

41 Jutta Seidel, *Internationale Stellung und internationale Beziehungen der deutschen Sozialdemokratie, 1871-1895/96*, Dissertation [Thèse], Berlin, Dietz, 1982, p. 17.

42 P.-P. Sagave, *op. cit.*, p. 52 et J. Seidel, *op. cit.*, p. 18.

43 « Eine Bewegung mit bis dahin unbekannten Ausmaßen erfaßte das ganze Land. » (« Un mouvement d'une ampleur jusqu'alors inconnue saisit tout le pays. ») Et : « Ihre Zentren waren das sächsische und das rheinisch-westfälische Indutriegebiet und solche bedeutenden Städte wie Hamburg, Berlin und Breslau. » In: J. Seidel, *op. cit.*, p. 19.

Deux mois plus tard, en novembre, A. Bebel et W. Liebknecht passaient de l'abstention au refus de voter au Reichstag les crédits nécessaires à la continuation de la guerre. Cette attitude leur valut, pour les décennies à venir, des invectives. Ils furent traités de « traîtres à la patrie », de « sans-patrie » ou encore d'« agents de la France » [44]. Après l'annexion de l'Alsace-Moselle et malgré la terreur policière, d'imposantes manifestations de protestation eurent lieu. Les socialistes continuaient à s'opposer fermement à l'annexion, qui ferait entrer les deux pays dans un cycle de guerres de revanche et « parce qu'on n'a pas le droit de disposer des gens comme s'ils étaient des objets » [45]. Les poursuites ne se firent pas attendre.

À peine libérés, les principaux responsables, dont August Bebel, Wilhelm Liebknecht et Adolf Hepner, directeur du *Volksstaat,* étaient à nouveau arrêtés mi-décembre sur instruction du ministre de l'Intérieur prussien von Eulenburg, bien qu'il y eût peu d'éléments à charge : accusés de « préparatifs de haute trahison », ils passèrent à nouveau plusieurs mois derrière les barreaux en détention préventive. Ils se trouvaient en prison pendant que les festivités pour l'unité battaient leur plein. C'est de derrière les barreaux également que Bebel fut élu au nouveau Reichstag en mars 1871, contre le libéral bien connu Hermann Schulze-Delitzsch.

Un grand nombre d'autres membres du parti furent condamnés à diverses peines d'emprisonnement. Jugés en mars 1872 par la Cour Suprême, Bebel et Liebknecht furent finalement condamnés pour haute trahison à dix-huit mois de forteresse. Le procès fit une grosse impression en Allemagne. L'accusation n'avait pas de faits concrets à charge, et pour prouver leur culpabilité elle fit lire au tribunal, pendant plusieurs jours, de longs extraits d'ouvrages socialistes, dont le *Manifeste du Parti communiste* ! L'accusation elle-même transformait ainsi le procès en plate-forme d'agitation, et les accusés s'en servirent pour porter leurs convictions

---

44 Tandis que les socialistes du P.O.F., tel Paul Lafargue, étaient accusés d'être inféodés à l'Allemagne si ce n'est payés par elle...

45 Pierre-Paul Sagave, *1871 Berlin-Paris (Capitale du Reich et capitale du monde),* p. 38-39. Et cf. Gerhard A. Ritter, Klaus Tenfelde, *Arbeiter im deutschen Kaiserreich : 1871 bis 1914,* Bonn, Dietz, 1992, p. 95.

socialistes et internationalistes au-dehors du tribunal. Le retentissement fut énorme. Le procès se conclut par le Jugement de Leipzig, sévère si on considère que ces hommes n'avaient fait que prononcer des discours – mais ils l'avaient fait dans le contexte de la guerre et de la Commune.

D'ailleurs, cette condamnation ne paraissait pas suffisante au pouvoir, qui fit recondamner Bebel dès juillet 1872, cette fois pour crime de lèse-majesté, à neuf mois de prison qu'il effectua à la maison d'arrêt de Zwickau. Il était privé de son mandat de député, mais l'arrêt des tribunaux fut cassé et – ce fut un camouflet pour ses accusateurs – les électeurs réélurent Bebel détenu avec une majorité plus imposante encore. Il fut alors traîné devant les tribunaux pour crime de société secrète et de complots contre la sûreté de l'État, mais l'accusation paraissait tellement fantaisiste que cette fois même les tribunaux de l'Empire ne le condamnèrent pas.

La guerre puis la Commune : les deux événements étaient naturellement liés dans la conscience des contemporains. Des deux côtés du Rhin, couches dirigeantes et intelligentsia dénoncèrent le soulèvement du peuple parisien. Selon Claude Digeon :

> « Taine n'avait pas été passionnément anti-allemand, il fut violemment anti-Communard. [Taine :] « Il me semble que je vis parmi des fous et que le gendarme prussien est en route avec sa trique pour les mettre à la raison. » [Commentaire de Digeon :] L'ennemi d'hier peut être le sauveur de demain ! »[46]

Effectivement, « l'ennemi d'hier » vint à la rescousse du belligérant de la veille pour l'aider à réprimer un soulèvement... Ernest Renan écrivait en 1871 :

> « Si la Prusse réussit à échapper à la démocratie socialiste, il est possible qu'elle fournisse pendant une ou deux générations une protection à la liberté et à la propriété. Sans nul doute, les classes menacées par le socialisme feraient

46 C. Digeon, *op. cit.*, p. 222. (Hippolyte Taine était un philosophe et historien français.)

> taire leurs antipathies patriotiques le jour où elles ne pourraient plus tenir tête au flot montant, et où quelque État fort prendrait pour mission de maintenir l'ordre social européen. D'un autre côté, l'Allemagne trouverait dans l'accomplissement d'une telle œuvre (...) des emplois si avantageux de son activité, que le socialisme serait chez elle écarté pour longtemps. » [47]

On le voit, dans la pensée de Renan la question sociale prédomine nettement sur la question nationale. Du reste, la dernière partie de son hypothèse fut loin de se réaliser. Au contraire, tandis qu'avec l'écrasement de l'insurrection le mouvement socialiste était décimé en France pour des années, la Commune donna un essor inconnu au socialisme allemand.

Dès les premiers jours du soulèvement, les manifestations de solidarité furent massives dans nombre de villes allemandes, au cours desquelles les travailleurs réunis envoyaient leurs « saluts fraternels » aux Communards et acclamaient des résolutions d'entière solidarité avec eux. De tels rassemblements, dont on ignore tout aujourd'hui dans les deux pays, eurent lieu à Hambourg, Brême, Hanovre, Dresde, Leipzig... Jutta Seidel[48] parle d'un rassemblement à Chemnitz ayant réuni 18 000 à 20 000 personnes, de quatre rassemblements successifs à Leipzig de près de 9 000 participants. Cela éveilla des espoirs qui ont donné un essor considérable au mouvement ouvrier allemand, sous le signe de la Commune[49]. D'autres rassemblements eurent lieu à répétition dans les semaines suivantes et jusqu'au mois de juin[50]. À Berlin, une manifestation populaire salua, selon les termes du *Sozialdemokrat* du 29 mars 1871, « la révolution sociale réalisée à Paris et dans les grandes villes de France ». Pour Pierre-Paul Sagave, « plus d'un siècle après les faits, il est nécessaire de

47 Ernest Renan, « *La crise de 1871* », *Histoire et paroles*, Laffont, 1984, p. 638. (E. Renan était un écrivain, philologue, philosophe et historien français.)

48 Jutta Seidel, *op. cit.*, p. 20.

49 P.-P. Sagave, *op. cit.*, p. 98.

50 Ainsi J. Seidel cite des manifestations par exemple à Hanovre, Altona, à Hambourg, à Leipzig et Dresde, dans le Brandenburg, à Mayence et Frankenberg, Cologne, Barmen, Breslau ou Fürth.

rappeler ces sympathies berlinoises à l'égard de la Commune : elles ont en effet été passées sous silence dans l'historiographie allemande, et notamment dans les manuels scolaires » [51]. Des déclarations de protestation contre l'aide apportée par Bismarck à la répression versaillaise y étaient lues, des résolutions acclamées, comme celle qui se concluait par : « Travailleurs français, c'est vous à nouveau qui oeuvrez en tant qu'avant-garde pour l'émancipation des peuples » [52].

Au nouveau Reichstag, les discours des députés Bebel et Liebknecht firent sensation ; au milieu d'un parlement qui voyait majoritairement dans les Communards une horde de criminels et d'incendiaires, ils se déclaraient partisans de la Commune, et le 25 mai 1871 Bebel concluait un discours par les mots suivants :

> « Messieurs, ... soyez certains que le prolétariat européen, et tous ceux qui ont encore le sentiment de la liberté et de l'indépendance au fond du cœur, regardent vers Paris. Si Paris devait succomber, je me porte garant que le combat dont Paris est l'avant-poste sera mené dans l'Europe tout entière, et qu'avant quelques décennies le cri de guerre du prolétariat parisien : 'Guerre aux palais, paix aux chaumières, mort à la misère et à l'oisif', sera devenu le mot d'ordre de l'ensemble du prolétariat européen. » [53]

Cette attitude du parti social-démocrate, si elle coûta de lourds sacrifices à ses militants traînés devant les tribunaux pour haute

---

51 P.-P. Sagave, *op. cit.*, p. 98.

52 Mais la liste est longue des villes où se déroulèrent de telles manifestations de soutien en faveur de la Commune, puisque Jacques-Pierre Gougeon cite, lui, Berlin, et parmi d'autres les villes de Essen, Dresde, Dortmund, Leipzig. J.-P. Gougeon, *La Social-démocratie allemande, 1830-1996,* p. 98-99.

53 Discours de Bebel du 25 mai 1871. In August Bebel, *Ausgewählte Reden und Schriften*. Horst Barthel (éd.), Band 1, Dietz, Berlin 1978, p. 674. Engels écrivait à ce sujet à Liebknecht le 22 juin 1871 : « Bebel hat sich auch ganz ausgezeichnet vertreten, seine Rede über die Kommune ist durch die ganze englische Presse gegangen und hat grossen Eindruck hier gemacht.» (« Bebel aussi s'est comporté de manière tout à fait admirable, son discours au sujet de la Commune a été repris par toute la presse britannique et a fait ici grande impression. »)

trahison, lui gagna bien des sympathies, en Allemagne et à l'étranger. Franz Mehring, qui a tendance à mettre en avant les points communs entre lassalliens et eisenachiens, écrit : « Dans toute l'Allemagne, ce ne fut qu'un grand cri de joie. Ni les lassalliens ni les eisenachiens n'hésitèrent, même un instant seulement. »[54] Les rassemblements de masse contribuèrent à rapprocher militants du SPD et de l'ADAV, et suite aux démonstrations de solidarité envers la Commune, plusieurs associations culturelles ouvrières les rejoignirent.

Cependant, une fois la Commune vaincue, le chancelier Bismarck allait passer à l'offensive à l'intérieur de l'Allemagne, pour tenter d'y prévenir semblables désagréments. Sentant venir le danger, la rédaction du *Volksstaat* avait fait paraître le commentaire suivant au discours de Bebel, essayant par là de couvrir son auteur :

> « Par la présente, nous déclarons formellement au nom du parti ouvrier social-démocrate : Bebel n'avait pas seulement le droit, il avait le devoir de parler au Reichstag en faveur de la Commune. S'il avait omis de le faire, il aurait mal représenté le parti social-démocrate. S'il avait parlé en sens contraire, il ne serait pas resté membre du parti plus longtemps. En ce qui concerne le « mandat », celui de Bebel était double : le mandat de ses électeurs, qui l'ont envoyé à Berlin pour qu'il parle comme il a parlé, et le mandat de la social-démocratie allemande, qui se sent solidaire de la Commune et a exigé de son représentant au Reichstag qu'il donne une expression publique à ce sentiment. » [55]

---

54 Franz Mehring, *Gesammelte Schriften,* Berlin, Dietz, t. 5, *Zur deutschen Geschichte*, 1910-1911, p. 189.
« In Deutschland war es ein heller Jubelruf. Weder die Lassalleaner noch die Eisenacher zögerten auch nur einen Augenblick. » Le parti social-démocrate (Eisenachiens) envoya une adresse aux Communards dans laquelle il célébrait la proclamation de « la République sociale-démocrate » comme la première étape de « l'émancipation du prolétariat du pouvoir du capital ». (Journal *Der Sozialdemokrat* du 31/3/1871).

55 « Wir erklären hiermit formell im Namen der Sozialdemokratischen Arbeiterpartei : Nicht allein das Recht, sondern die Pflicht hatte Bebel, im Reichstag für die Kommune zu sprechen. Hätte er es verabsäumt, so würde er die Sozialdemokratische Partei schlecht vertreten haben; hätte

Bien sûr, cela n'évita pas un jour de prison à Bebel, mais qu'importe, il est des occasions où l'on s'exprime pour rester digne. De toute manière les fondateurs de la social-démocratie n'étaient pas hommes à se laisser abattre facilement. Lorsqu'en 1872, Bebel et Liebknecht partirent purger leur peine, Bracke écrivait à son camarade et ami Bebel :

> « N'étaient vos familles, je serais presque triomphant face à la candeur de nos ennemis ! Toi par exemple, tu vas te reposer physiquement et beaucoup apprendre. Tu seras alors un type sacrément dangereux. Et finalement même ta chère et tendre sera satisfaite, malgré les difficultés de votre séparation, si de cette manière tu fais une cure qui te fortifiera pour toute ta vie. » [56]

Mehring non plus ne s'émeut guère, pour qui cette détention fut « une propagande hautement efficace pour notre politique et nos objectifs ! »[57] La plupart des rédacteurs sociaux-démocrates, rendus responsables du contenu de leurs journaux, écopèrent de peines de prison. Beaucoup mirent à profit ces mois de calme forcé pour étudier bien davantage qu'ils n'en avaient le loisir habituellement. A. Bebel lut les grands classiques de la littérature. Pour lui, l'occasion était unique surtout de se familiariser avec

---

er im entgegengesetzten Sinne gesprochen, so wäre er nicht länger Mitglied der Sozialdemokratischen Partei. Was endlich das 'Mandat' angeht, so hatte Bebel ein doppeltes : das Mandat seiner Wähler, die ihn nach Berlin geschickt haben, damit er so rede, wie er geredet hat, und das Mandat der deutschen Sozialdemokratie, die sich mit der Pariser Kommune solidarisch fühlt und von ihrem Vertreter im Reichstag forderte, dass er diesem Gefühl Ausdruck gab. » *Der Volksstaat*, 07/06/1871. Reproduit dans A. Bebel*, Ausgewählte Reden und Schriften.* t. 6, p. 702 (Note N° 263).

56 « Wenn Eure Familien nicht wären, könnte ich fast triumphieren über die Einfalt unserer Feinde ! Du z.B. wirst dich körperlich erholen und viel lernen ; dann bist du ein verdammt gefährlicher Kerl, und schliesslich wird deine liebe Frau auch, trotz des harten Loses der Trennung, zufrieden sein, wenn du auf diese Weise eine Kurzeit durchmachst, die dich wieder kräftigt fürs ganze Leben. »
A. Bebel, t. 6, *Aus meinem Leben*, p. 367.

57 « eine höchst wirksame Propaganda für unsere Politik und Ziele! »
Franz Mehring, *op. cit.,* p. 388.

l'économie politique et l'histoire ; il s'agissait là de sa première réflexion approfondie concernant des idées dont il apparaissait pourtant déjà comme un des principaux représentants [58]. En 1874, lui qui depuis plusieurs années était unanimement considéré comme un brillant orateur mit à profit un séjour à la prison de Hubertusburg pour commencer à s'approprier les écrits de Marx.

Le pouvoir incarné par Bismarck devait s'aliéner certaine sympathie par ses méthodes brutales. Quant à la jeune social-démocratie, son attitude lors de « l'année terrible » devint un symbole au sein du mouvement ouvrier international. Ces hommes avaient su maintenir leurs convictions dans des circonstances exceptionnelles, ils avaient défendu leur internationalisme y compris en temps de guerre et de révolution.

La Commune eut sur le mouvement ouvrier allemand des conséquences importantes ; à l'échelle des deux organisations, car l'ampleur des manifestations et les proclamations assumées en commun contribuèrent à rapprocher l'une de l'autre ADAV et SPD. Surtout, quelques semaines après la Commune, les ouvriers berlinois réagirent à la diminution de leur pouvoir d'achat par une vague de grèves d'une ampleur sans précédent. Cordonniers, couturiers, constructeurs de machines et beaucoup d'autres cessèrent le travail à l'été 1871 [59]. En réalité, chacun allait bientôt pouvoir le constater, le centre de gravité du mouvement ouvrier européen s'était déplacé d'un seul coup vers l'Allemagne.

---

58 Il était député, et fut plutôt satisfait de ne pas être libéré de prison le temps des sessions parlementaires, car cela aurait rallongé d'autant la durée de détention.

59 Huit mille maçons aussi firent grève, qui exigeaient la journée de dix heures et une hausse des salaires de 15 %. Leur grève fut couronnée de succès.

3. Une industrialisation tardive et d'autant plus explosive

Juste après la guerre, Jules Ferry écrivait à Edgar Quinet à propos du peuple allemand, un « peuple très réfléchi et très jeune » :

> « Tout cela concourt à marquer le moment précis de l'entrée du germanisme sur la grande scène du XIXe ; tout l'appelle à jouer dans la seconde moitié du siècle le rôle de l'Empire français dans la première, avec moins de folie sans doute, mais plus de solidité. » [60]

Effectivement, le jeune pays connut alors une montée en puissance inégalée, qui lui fit prendre une place de premier plan en Europe.

Industrialisation et urbanisation galopantes après 1871

Dès que son unité fut réalisée, il sembla que toutes les barrières qui entravaient le développement économique se levaient, et quelques années de profonde mutation l'érigèrent en grand pays industriel. Un seul chiffre en dit déjà long : en trois ans, entre 1871 et 1874, on créa autant d'usines sidérurgiques, de hauts fourneaux et d'ateliers de construction mécanique qu'entre 1800 et 1870, pendant les soixante-dix ans qui avaient précédé [61] ! Et on n'en était qu'à l'aube du développement économique de l'Allemagne. Les grandes banques qui accompagnèrent ce développement naquirent au même moment [62], et dès les années

60 Cité dans Cl. Digeon, *op. cit.*, p. 30.

61 Richard Hamann, Jost Hermand, *Naturalismus (Epochen deutscher Kultur von 1870 bis zur Gegenwart)*, 3e éd., München, Nymphenburger Verlag, t. 2, 1976, p. 144.

62 Vingt-trois grandes banques d'affaires ont eu le temps de se créer avant le krach boursier international de 1873, dit « krach des fondateurs », qui clôt la première grande période de spéculation.

1880, l'industrie lourde, la construction mécanique, la chimie puis les inventions liées à l'électricité commencèrent à supplanter les branches plus traditionnelles liées au textile et au rail. Les géants Hoesch, Thyssen, RWE, Krupp, véritables empires industriels, et pour la chimie BASF, Bayer, Höchst, AGFA..., furent tous créés dans le dernier tiers du XIXe siècle.

L'élargissement à ces nouveaux secteurs d'activité s'accompagna directement d'une importante concentration industrielle, incomparable avec celle des « vieux » pays industriels l'ayant précédée. Un géant comme Krupp comptait déjà 20 000 salariés en 1887, et 70 000 en 1912 : c'était la plus grande entreprise sidérurgique européenne. La plus grosse concentration au monde d'usines chimiques se trouvait dans la même région, la Rhénanie. L'électricité était dominée par Siemens et AEG, Siemens qui passa de 500 salariés vers 1840 à 4 000 en 1895 et 80 000 en 1914 [63]. En 1895, un tiers de la population active travaillait dans des entreprises de plus de 50 salariés (la définition d'une grande entreprise à l'époque). Les salariés de branches telles que la chimie et le textile étaient autour de 60 % à travailler dans de grandes entreprises, et ils étaient même la quasi-totalité, 94,5 %, dans l'industrie minière. La crise provoquée en 1873 par le « krach des fondateurs » (*Gründerkrach*) favorisa encore la concentration industrielle. En moins de vingt ans, la productivité rattrapa et dépassa celle de l'Angleterre. Tardive, l'industrie allemande fit l'économie des formes antérieures d'industrialisation, ne laissant qu'une place réduite à l'artisanat et même aux manufactures, elle passa directement au niveau le plus avancé, avec de très grandes entreprises et des installations à la pointe de la modernité.

L'essor industriel alla de pair avec une croissance démographique importante : la population allemande passa de 42 millions d'habitants en 1870 à 67 millions en 1913. Cette augmentation se caractérisa essentiellement par l'accroissement des villes. Si récemment encore pays rural et agricole, l'Allemagne connut un

---

Parmi elles, la Deutsche Bank et la Commerz Bank sont créées en 1870, la Dresdner Bank en 1872.

63 Données chiffrées in : Annie Lacroix-Riz, *Industrialisation et sociétés (1880-1970), L'Allemagne,* Ellipses, 1997, p. 12-14.

bouleversement social brutal. La liberté de se déplacer et celle d'exercer l'activité professionnelle de son choix, qui avaient existé en France depuis Napoléon Ier [64], ne furent décrétées légalement en Prusse qu'en 1867. L'exode rural s'intensifia considérablement, alimentant un courant intérieur continu de l'Est vers l'Ouest. Dans les années 1870 et 1880, une grande partie de la population migra vers les régions industrielles (vers la Rhénanie-Westphalie, les grandes villes de la Ruhr, les grandes villes portuaires et bien sûr Berlin, et dans une moindre mesure vers la partie industrielle de la Saxe et la Haute-Silésie). De pays d'émigration, l'Allemagne devint peu à peu pays d'immigration. Des villes semblaient directement surgir du néant, et de petites villes provinciales comme Barmen et Elberfeld, Krefeld, Ludwigshafen ou Chemnitz dépassaient soudainement les 100 000 habitants. Alors qu'en 1850 seules trois villes, Berlin, Hambourg et Munich dépassaient 100 000 habitants, en 1871 elles étaient huit, en 1880 quatorze et finalement quarante-huit en 1914.

La population urbaine fit plus que doubler dans les trente ans qui suivirent la fondation de l'Empire, passant de moins de 15 millions à presque 31 millions en 1900 ; la population rurale, elle, diminua de manière relative d'abord puis absolue à partir de 1880. Plusieurs centaines de milliers de personnes chaque année, souvent parmi les plus défavorisées, changèrent radicalement de mode de vie. Ouvriers agricoles ou fils et filles de petits paysans ayant passé leur vie à la campagne entre ferme, étable et champs, ils devinrent du jour au lendemain ouvriers d'usine, enfermés dans le bruit et la saleté, devant obéir aux ordres de contremaîtres, vivant perdus dans de grandes villes, de surcroît souvent esseulés alors qu'ils n'avaient jamais quitté le milieu familial. L'incertitude du lendemain pesait particulièrement dans cet environnement d'autant plus hostile qu'il était étranger : le moindre incident, une période de chômage, une maladie bénigne, pouvait faire basculer ces existences précaires. En même temps, la vie sociale se débarrassait des relations patriarcales qui étaient dominantes en milieu paysan et chez les artisans.

64 Mais ces libertés n'y existaient plus vraiment à la fin du siècle.

Capitale de la Prusse puis de l'Allemagne unie, Berlin prit irrésistiblement de l'ampleur à partir de 1871. Elle passa de 700 000 habitants en 1867 à 4 millions en 1913, une augmentation, pendant près d'un demi-siècle, de plus de 70 000 habitants en moyenne par an [65] ! L'afflux de main-d'œuvre dans les grandes villes [66] fut tel qu'il était impossible de loger tous les arrivants, ce qui provoqua dès 1871 une première crise du logement, dramatique.

Dans les villes, les familles occupaient en général à cinq ou six une seule pièce inconfortable ; beaucoup logeaient dans ces immeubles appelés « *Zinskasernen* » ou « *Mietskasernen* » (littéralement *casernes locatives*) construits pour la population ouvrière alors que la crise du logement faisait rage [67]. Les « maisons-casernes » parisiennes (édifices bâtis dans le cadre de l'haussmannisation) leur servirent de modèle. Ces casernes locatives devaient absorber plusieurs centaines, parfois des milliers d'habitants ; en conséquence les logements répartis sur six à huit niveaux, des caves jusqu'aux mansardes, étaient exigus, étouffants. Les escaliers étaient aussi étroits que possible, les toilettes (communes) en nombre insuffisant. De longs couloirs

65 W. Hegermann, *Das steinerne Berlin: Geschichte der größten Mietskasernestadt der Welt,* Braunschweig-Wiesbaden, F. Vieweg und Sohn, 1988.
L'analogie est visible entre le développement de Berlin et l'urbanisation parisienne entreprise quelques décennies auparavant par Haussmann, dont l'impulsion venait également de la préfecture. On a, de ce point de vue, comparé le préfet de police de Berlin, Hinckeldey, à son homologue français, et le plan d'aménagement berlinois de 1862 est lié au nom de l'architecte en chef James Hobrecht, qui était au service du préfet. À ce sujet, cf. Pierre-Paul Sagave, *Berlin und Frankreich 1685-1871*, Berlin : Haude & Spencer, 1980, p. 189-204. Du reste, cet ouvrage témoigne du fait que les échanges ont toujours été intenses et fructueux entre les deux pays.

66 Avant l'unification, il n'y avait bien sûr pas de capitale, pas de ville jouant le rôle de capitale économique, politique, ni culturelle. En quelques années, Berlin à la fois ville industrielle et siège du gouvernement se métamorphose (la croissance de la population berlinoise est due, pour l'essentiel, aux flux migratoires provenant des provinces orientales de la Prusse).

67 Voir le roman de Ernst Erich Noth *Die Mietskaserne*, qui décrit les conditions d'existence y régnant.

conduisaient aux points d'eau partagés. Les fenêtres grillagées des cuisines, où régnait une semi-pénombre, donnaient non vers l'extérieur, mais sur le corridor. Après 1870, quand pratiquement tout Berlin fut un énorme chantier, ces casernes locatives connurent un formidable développement ; les immeubles et usines prenaient partout possession des champs et des espaces libres. Les effondrements d'immeubles provoqués par une construction trop rapide n'étaient pas rares. Un banquier, Meyer, détenait alors le « record » de la plus grande *Mietskaserne* :

> « Il en avait fait construire une constituée d'un immeuble donnant sur la rue, suivi de cinq immeubles d'arrière-cour : au total, trois cents logements habités par plus de deux mille personnes. Pour assurer l'hygiène de cette masse humaine, on avait prévu en tout et pour tout cinquante W-C, quelque chose de très moderne à l'époque, et cinq pissotières » [68].

En 1885, quatre-vingt pour cent des ouvriers non qualifiés vivaient dans ces conditions, avec une densité d'occupation allant jusqu'à six personnes par pièce [69]. Adelheid Popp, née en 1869, raconte la promiscuité de ces logements, lorsque adolescente elle dormait avec quatre autres personnes dans la même pièce, elle-même partageant le lit de sa mère et d'une connaissance, les pieds soutenus par une chaise :

> « Nous louâmes une pièce où nous étions seules [ma mère et moi]. Mon plus jeune frère revint loger à la maison et amena un collègue qui partagea son lit ; nous étions donc quatre personnes dans une petite chambre qui n'avait pas même de fenêtre et ne recevait le jour que par la porte vitrée. Une domestique de notre connaissance se trouvant sans place vint aussi chez nous; elle coucha dans le même lit que ma mère,

68 Pierre-Paul Sagave, *1871, Berlin-Paris (Capitale du Reich et capitale du monde)*, Paris : Albin Michel, 1995, 227 p., p. 74-75 ; trad. de : *1871 : Berlin-Paris, Reichshauptstadt und Hauptstadt der Welt,* Berlin, Ullstein, 1971.

69 J.-P. Gougeon, *La social-démocratie allemande, 1830-1996,* p. 89 et P.- P. Sagave, *1871, Berlin-Paris,* p. 63.

tandis que j'étais étendue à leurs pieds, soutenant les miens au moyen d'une chaise que nous rapprochions du lit. »[70]

Ce genre de situations n'était pas rare. Nombre de familles ouvrières, disposant d'une seule pièce, sous-louaient un lit, pour la nuit, à un « *Bettgeher* » (littéralement : « qui va au lit », « qui se met au lit » ou « dormeur »)[71]. Pour distinguer entre les sexes, on parlait également de « gars » ou de « fille » qui vient dormir (« *Schlafbursche* », « *Schlafmädchen* »), tous jeunes travailleurs qui, ne pouvant assumer la charge d'un loyer, vivaient dans les rues et les cafés, louant un lit pour huit heures : jusqu'à trois travailleurs pouvaient alors y dormir par roulement. En 1871, ces jeunes gens qui n'avaient pas de chez eux et occupaient pour quelques heures le lit d'un autre constituaient presque 9% de la population berlinoise[72].

Le pasteur Paul Göhre[73], qui fut ouvrier pendant trois mois en 1891 pour expérimenter cette condition (se livrant à une sorte d'ethnologie ouvrière), fait les mêmes constats. Il rapporte ici ses soucis de logement :

---

70 Adelheid Popp, *Jugend einer Arbeiterin,* (2e éd.) Berlin-Bonn-Bad Godesberg, J. H. W. Dietz, 1978, p. 36.
« Wir mieteten ein Kabinett, das wir für uns allein hatten. Auch mein jüngerer Bruder kam wieder zu uns und brachte einen Kollegen mit, mit dem er sein Bett teilte. So waren wir vier Personen in einem kleinen Raum, der nicht einmal ein Fenster hatte, sondern das Licht nur durch die Fensterscheiben erhielt, die sich in der Tür befanden. Als einmal ein bekanntes Dienstmädchen stellenlos wurde, kam sie auch zu uns, sie schlief bei meiner Mutter im Bett und ich mußte zu ihren Füßen liegen und meine eigenen Füße auf einen angeschobenen Stuhl lehnen.»
[Trad. de l'allemand par Mina Valette, *La Jeunesse d'une ouvrière*, Maspero, 1979.]

71 On parlait de « *Bettgeher* », ou encore de « *Schlafbursche* » ou « *Schlafmädchen* » (« *Schläfer* » au pluriel). Ces expressions signifient, respectivement : gars ou jeune fille qui dort, ou pour dormir, ou simplement dormeur.

72 On ne s'étonne plus dès lors des statistiques qui font état de taux de mortalité des nouveau-nés particulièrement élevés dans les foyers ouvriers et ceux de domestiques. J.P. Gougeon, *op. cit.*, p. 88.

73 Après avoir tenté pendant plusieurs années d'enrayer la progression de la social-démocratie en fondant des unions chrétiennes et sociales, il fut gagné à ce parti en 1903.

« Au début, j'avais eu un lit pour moi seul pendant assez longtemps, mais finalement il nous fallut dormir sous les combles à trois dans un grand lit, et de temps à autre, l'apprenti s'ajoutait encore à nous. Par la chaleur qu'il faisait, c'était horrible lorsqu'il fallait se mettre au lit, on ne dormait pas bien. Le soir on était content d'avoir une journée de travail derrière soi, et le matin on était bien plus content encore, lorsque, trempé de sueur, il était temps de quitter le lit. Cela m'était insupportable, je n'y étais pas du tout habitué par mon milieu familial, car quelle qu'ait pu être parfois la misère, ma mère avait toujours eu suffisamment de lits pour que chacun de nous dorme seul. Et puis le Silésien avait eu une horrible infection à la jambe, et l'apprenti également, alors je ne voulais plus dormir dans ces conditions, mais je n'avais aucune idée d'un autre endroit, et j'entendis dire que partout, c'était tout aussi plein que chez nous. Je ne pouvais donc rien y changer, et je décidai d'arrêter [de travailler] à Vohwinkel et de me rendre dans l'Eifel, et je préférais largement me construire à nouveau une cabane pour y habiter que de dormir dans des conditions pareilles. » [74]

---

74 Paul Göhre, *Denkwürdigkeiten und Erinnerungen eines Arbeiters,* 2e ed., Leipzig, 1903, p. 197.
« Anfänglich hatte ich lange Zeit in einem Bett allein geschlafen, aber schließlich mußten wir in einem breiten Bett unter dem Dache drei Mann zusammen schlafen, und zeitweise kam auch noch der Lehrling hinzu. Da graute einem bei der Hitze, wenn man zu Bett mußte, und konnte schlecht schlafen, und abends war man froh, wenn Feierabend war, und des Morgens war man noch viel froher, wenn man, ganz in Schweiß gebadet, wieder aus dem Bett konnte. Und war mir unerträglich, und war das gar nicht gewohnt von zu Hause her, denn wie groß auch das Elend manchmal gewesen war, aber meine Mutter hatte soviel Betten gehabt, dass wir allezeit Jedes allein schlafen konnten. Da hatte der Schlesier eine schlimmes Bein gekriegt, und der Lehrling auch, da mochte ich nicht mehr dabei schlafen, und wußte keinen Rath um andere Schlafstelle, und hörte, dass es überall eben so voll war, wie bei uns. Da konnte ich das nicht ändern, und entschloß mich, in Vohwinkel aufzuhören und nach der Eifel zu machen, und wollte mir viel lieber wieder eine Bude bauen, und darin wohnen, als in solcher Schlafstelle schlafen. »
[Sauf indication contraire, l'ensemble des traductions proposées, puisqu'il s'agit en général de textes inédits en français, sont de l'auteur. A. D.]

En 1894, un médecin de Leipzig dénonçait à propos des logements ouvriers les « cloaques de la misère », et à la même époque le peintre Heinrich Zille écrivait : « On peut tuer un être humain aussi sûrement avec un logement qu'avec une hache » [75].

Nombre d'autres familles ouvrières ne pouvaient se permettre de louer qu'un appartement dans les caves (*Kellerwohnung*), logements dépourvus d'aération, particulièrement humides et obscurs. En 1871, pas moins de 11% des appartements berlinois se trouvaient sous le rez-de-chaussée ; dans les quartiers ouvriers de Moabit et Wedding, cette proportion montait jusqu'à 18%. Berlin ne possédait pas la moindre canalisation, tout s'écoulait dans les caniveaux, qui débordaient régulièrement en cas de pluie pour inonder et polluer les caves : on comprend pourquoi Berlin était surnommé le « nid à typhus » (*Typhusnest*). En 1890, 100 000 personnes vivaient encore dans ces conditions dans la capitale [76].

Avec la crise du logement, les augmentations de loyer furent telles que rien qu'en 1872, 200 000 Berlinois furent forcés de quitter même ces misérables logis. Certaines familles s'installèrent alors dans des wagons désaffectés, d'autres dormaient dans des abris de fortune ou des baraquements, régulièrement détruits par la police. Temporairement, les autorités firent même ouvrir... les portes de prisons, pour y loger des travailleurs – parfois en compagnie des détenus, comme à Ochsenkopf. Dans certaines villes comme Vienne, des pauvres dormaient dans les égouts, parce qu'il y faisait moins froid qu'à l'extérieur. Toutes les grandes villes présentaient le spectacle d'une misère terrible.

Plus tard, à partir des années 1890, les choses s'améliorèrent progressivement pour la population laborieuse. Une petite minorité des salariés des grandes entreprises et des sociétés minières

---

75 « Man kann mit einer Wohnung einen Menschen genausogut töten wie mit einer Axt. »
Annemarie Lange, *Das wilhelminische Berlin,* Berlin : Dietz, 1967, p. 470.

76 À propos des conditions de logement terribles dans le Berlin de la fin du siècle, cf. aussi Michel Durand, *Les romans berlinois de Clara Viebig (1860-1952) (Contribution à l'étude du naturalisme tardif en Allemagne)*, Bern-Berlin-Frankfurt /M. -Paris-Wien, etc. : Peter Lang, 1993, p. 192-194.

bénéficiait de logements d'entreprise, à commencer par les contremaîtres et employés des bureaux (les salariés logés par leur entreprise étaient 140 000 en tout en 1898). La Fondation Krupp fournissait un logement à environ 26 500 personnes ; à cela pouvait s'ajouter, comme à Essen et Bochum, une coopérative et un hôpital. Cela n'allait pas sans contrepartie : les chefs d'entreprise exigeaient généralement des ouvriers une obéissance absolue, non seulement à l'intérieur de l'usine mais aussi dans la vie privée. Dans le règlement intérieur distribué après la grève de 1871 à tous les travailleurs de chez Krupp, texte qui resta en vigueur pendant tout un siècle, A. Krupp précisait en termes moraux ce à quoi ils s'engageaient vis-à-vis de leur entreprise :

> « L'infidélité et la trahison doivent être poursuivies avec toutes les rigueurs de la loi... car comme le fruit naît de la graine et devient, selon sa nature, nourriture ou poison, de même l'acte naît de l'esprit – qu'il soit bon ou méchant. » [77]

En 1877, il s'adressait à nouveau à ses ouvriers pour les dissuader de « faire de la politique dans un café », alors que « l'on peut rester à la maison avec les siens, [...] trouver le repos, [réfléchir] à la vie du foyer et à l'éducation ». D'autres industriels, par exemple Carl Ferdinand von Stumm, ne faisaient pas davantage mystère d'utiliser leur politique sociale (ici par exemple la construction d'un hôpital et... d'une église) comme moyen de maintenir l'ordre et de prévenir l'anarchie ou le socialisme [78]. Von Stumm fut longtemps député, et comme A. Krupp un adversaire ardent du socialisme ; avant chaque consultation électorale, tous deux demandaient à leurs salariés de ne pas voter pour le diable social-démocrate. L'octroi d'un logement constituait donc aussi un

---

77 « Untreue und Verrat muss mit aller gesetzlichen Strenge verfolgt werden ... denn wie aus dem Samen die Frucht hervorgeht und je nach seiner Art Nahrung oder Gift, so entspringt dem Geist die Tat – Gutes oder Böses. » In: http://de.wikipedia.org/wiki/Alfred_Krupp, Absatz « Unternehmen », décembre 2012.

78 Jacques-Pierre Gougeon démontre qu'en concédant de tels logements ouvriers, les entrepreneurs avaient soigneusement calculé le bénéfice qu'ils en escomptaient.

formidable moyen de pression, car perdre son emploi signifiait automatiquement se retrouver à la rue.

Jusqu'au moins dans les années 1890, l'industrialisation et l'urbanisation galopantes, qui se déroulèrent avec une brutalité et par suite une visibilité encore plus grandes que dans les autres pays européens, furent liées à une paupérisation extrême et à des conditions de vie épouvantables. Des crises du logement ont sévi également en France et en Angleterre au début de l'industrialisation ; en Allemagne, ce phénomène a été encore plus massif, plus radical, et dans ces villes surgies soudainement autour d'un centre industriel, la construction de logements ne tint pas le rythme de l'industrialisation. Dans sa *Crise allemande de la pensée française*, Claude Digeon évoque la stupéfaction d'écrivains français de la fin du siècle qui, ne s'étant pas rendus en Allemagne pendant quelques années, ne reconnaissaient plus rien, tant les changements survenus depuis leur dernière visite étaient spectaculaires.

Naissance d'une classe ouvrière jeune et concentrée

Issus du prolétariat agricole ou anciens artisans, les ouvriers formèrent d'abord ce que l'historiographie appela les « couches inférieures » (*Unterschichten*), le « quatrième état » (*der vierte Stand*) ou les « déclassés » (*Deklassierte*). Ceux qui formaient jusqu'alors les couches moyennes, comme le Maître Timpe de Max Kretzer, perdirent la bataille de la concurrence avec l'industrie dotée de capitaux pour chuter dans le prolétariat, dans l'incertitude au quotidien. Car l'existence des ouvriers se caractérisait d'abord par sa précarité. Auparavant les couches inférieures de la société, pour avoir été souvent miséreuses, n'en connaissaient pas moins une certaine stabilité, renforcée par une entraide collective au sein de la communauté familiale ou même (dans une certaine mesure) villageoise. Les ouvriers d'industrie, eux, pouvaient passer sans transition du minimum vital à la misère la plus noire.

Les difficultés liées au travail en usine, au chômage, à la pénurie de logements, à l'isolement fréquent dans les métropoles (paradoxalement, malgré la promiscuité, les jeunes gens y étaient particulièrement exposés, étant souvent venus seuls tenter leur chance loin des attaches familiales), étaient des difficultés auxquelles la population n'avait jamais eu à faire face et qu'il fallait affronter sous peine de sombrer. Le chômage, un accident ou une maladie étaient vécus comme des catastrophes, de même que, trop souvent, la naissance d'un enfant. Parfois la réponse à des situations apparemment désespérées fut collective, et les ouvriers apprirent que c'était pour eux le plus efficace. Ils commencèrent par développer des caisses de solidarité qui permettaient de verser de maigres allocations en cas de maladie ou de chômage, mais elles étaient insuffisantes même pour survivre. L'absence de législation, d'assurances sociales, de protections contre le chômage ou la maladie était totale à cette époque.

Ensuite, dans les années 1871 à 1873, les ouvriers réagirent à la situation qui leur était faite par des grèves nombreuses et très déterminées. La Commune de Paris n'est pas loin lorsque dès l'été 1871, une vague de grèves déferle sur l'Allemagne. Outre le fort renchérissement du prix des vivres de première nécessité, comme le pain et les pommes de terre (qui augmentèrent de 15 à 20%), c'est la pénurie de logements qui provoqua les soulèvements. Cette pénurie entraîna (comme il a été évoqué) des hausses de loyer démesurées, l'expulsion sans égard des locataires insolvables et l'apparition de taudis que la police fit évacuer et détruisit à intervalles réguliers. Constructeurs de machines et mineurs furent à la pointe de ces grèves, brutalement réprimées. Dès 1872, les troubles évoluèrent en combat de rue spontané et sanglant entre manifestants et policiers. C'est l'émeute de la *Blumenstraße,* suivie de nombreuses arrestations et d'environ quarante condamnations à de lourdes peines de prison. Berlin allait devenir une ville rouge et la classe ouvrière allemande prendre la tête du mouvement ouvrier européen.

En 1873, après des mois de folles spéculations, le krach boursier éclatait. Même au goût d'une époque qui aimait que ses booms soient spectaculaires, il fut dramatique : la valeur moyenne des actions chuta de 60% entre 1873 et 1877. La crise économique toucha de plein fouet les classes populaires. Les témoignages de contemporains sur la misère se multipliaient, le paupérisme devint sujet d'étude et d'inquiétude. Une étude précisait en 1889 : « Depuis 1873, le mot « crise » n'a cessé qu'à de brefs instants d'être présent dans l'esprit de chacun ». Et pourtant, l'Allemagne était le seul pays où, durant les décennies 1870 et 1880, l'économie avait continué à se développer de manière significative.

C'est en ces mêmes années que, fait notoire jusqu'à aujourd'hui, l'État sous l'impulsion de Bismarck engagea une politique sociale. Plusieurs lois d'assurances furent votées dans les années 1880 ; celle de 1883 rendait obligatoire la création de caisses d'assurance maladie, alimentées pour deux tiers par une cotisation ouvrière prélevée par l'employeur sur le salaire et pour un tiers par la cotisation patronale ; la loi de 1884 qui mit l'assurance accident entièrement à charge de l'employeur, irrita particulièrement les milieux patronaux ; celle de 1889 qui rendit obligatoire l'assurance invalidité-vieillesse était financée à égalité par l'employeur et le salarié. Ces mesures améliorèrent quelque peu le quotidien, mais les lois s'avérèrent restrictives dans leur application, et lorsqu'elles s'appliquaient, les sommes versées étaient faibles, les retraites insuffisantes pour vivre. Beaucoup disaient avec dérision qu'elles étaient « trop faibles pour vivre et trop élevées pour mourir ». Les intentions politiques de Bismarck pour la mise en œuvre de cette législation sociale novatrice étaient transparentes : il s'agissait d'une autre manière de lutter contre l'influence croissante de la social-démocratie [79]. Car à cette étape, c'est bien l'essor économique qui avait donné naissance à une classe ouvrière nombreuse et entraîné l'essor du mouvement ouvrier.

L'industrie, à la fois jeune et concentrée, donna naissance à la fin du XIXe siècle à une classe ouvrière certes misérable, mais également concentrée au sein de très grandes entreprises et jeune, ce qui lui donna rapidement le sentiment de sa puissance. En France, l'ancienneté et l'importance de la petite industrie et de l'artisanat, le poids des traditions aussi contribuèrent à maintenir dans les rangs ouvriers les anciennes formes du socialisme, celui des grands utopistes comme Cadet ou Fourier, celui des anarchistes comme Proudhon, qui les représentaient mieux. En

79 En dépit des interdictions pesant sur elle, elle rassemblait à nouveau 9,7 % des voix aux élections de 1884.

Allemagne, la concentration de la classe ouvrière dans de grandes entreprises, groupes industriels ou bassins miniers regroupant des centaines, des milliers voire des dizaines de milliers de salariés, lui fit prendre conscience immédiatement du lot commun et surtout de sa force collective. Ces ouvriers n'avaient, pour la plupart, pas connu l'aspiration à une existence économique indépendante qui caractérisait le milieu des compagnons artisans dont étaient issus les premiers militants socialistes en France. Il y avait un peu le socialisme des anciens et celui des modernes. Le fait en outre de devoir se servir des installations les plus modernes pour les usines de cette époque contribua à donner à cette jeune classe un savoir-faire collectif et une motivation puissante pour se cultiver.

C'est ainsi que le mouvement ouvrier prit son envol. Si comme on l'a vu, la naissance et la première phase de développement des partis socialistes, dans les années 1860, sont indépendantes de l'industrialisation et du développement de la classe ouvrière, puisqu'elles les ont précédées, cette deuxième phase, celle du développement et de la transformation de ces partis en un large parti de masse au cours des années 1870 et 1880, a cette fois lieu parallèlement à la transformation du pays en puissance industrielle et au développement du prolétariat, phénomènes nouveaux qui dès lors encouragent grandement l'essor du mouvement ouvrier organisé.

4. Sans véritable base idéologique commune, fusion des deux partis ouvriers

Politiquement, le début des années 1870 fut caractérisé par la répression toujours plus violente qui frappait le mouvement ouvrier, avec la dissolution provisoire de ses deux organisations par la police du procureur impérial Tessendorf en 1874 e t des poursuites judiciaires constantes contre les militants [80]. On peut

80 En 1874, les partis lassallien et d'Eisenach ne furent pas seuls dans ce cas : l'union des ouvrières (*Arbeiterinnenverein*) par exemple, plusieurs syndicats, diverses sociétés ouvrières, furent également dissous.

parler dès ce moment-là de persécution. Tout était mis en œuvre pour intimider les militants ouvriers, y compris la contrainte économique : des chefs d'entreprises utilisaient les fichiers de police pour établir des « listes noires » de travailleurs qui avaient alors bien du mal à retrouver un emploi [81]. Mais les deux groupements socialistes continuaient à s'attaquer entre eux par voie de presse, des militants du SDAP accusant les lassalliens de faire le jeu du gouvernement prussien, tandis que les seconds traitaient les premiers d'agents de la bourgeoisie. Cependant les deux groupes s'implantaient dans des régions différentes, ce qui limitait la concurrence [82].

D'un autre côté, les divergences avaient en partie été réduites par les événements récents de 1870-1871. L'histoire avait tranché la question allemande, à quoi bon continuer à rompre des lances sur le sujet ? Chacun finit par admettre que la situation était provisoirement au moins bloquée, tous s'y résignèrent. Bebel écrivait :

> « La question allemande avait été résolue, et même si la solution ne nous plaisait guère, elle n'offrait dans l'immédiat aucune perspective de changement et écartait un certain nombre de divergences qui jusque-là séparaient les partis ouvriers. Le champ de bataille s'en trouvait clarifié et simplifié. » [83]

Les eisenachiens considéraient la fondation de l'Empire comme une condition majeure du développement économique, qui en fin de compte était indispensable, ils le savaient bien, à l'essor du mouvement ouvrier. D'autres différences idéologiques étaient émoussées par l'évolution politique et sociale. Il en allait ainsi de l'idée défendue par les eisenachiens de s'allier occasionnellement

---

A. Bebel, *op. cit.*, p. 443.

81 Cf. aussi à ce sujet J.-P. Gougeon, *op. cit.*, p. 98.

82 Ainsi les eisenachiens furent-ils longtemps présents surtout en Saxe.

83 Bebel : « Dass die deutsche Frage einen Abschluss erlangt hatte, der, wenn er auch uns nicht gefiel, zunächst keine Aussicht auf Änderung bot, beseitigte verschiedene Differenzpunkte, die bisher zwischen den streitenden Arbeiterparteien bestanden. Das Schlachtfeld wurde übersichtlicher und vereinfachter. » A. Bebel, *op. cit.*, p. 344.

avec des fractions de la bourgeoisie progressiste, à laquelle les lassalliens opposaient depuis longtemps le point de vue que face au prolétariat, toutes les autres catégories sociales étaient également réactionnaires. La politique récente, notamment la réconciliation du parti national-libéral et d'une grande partie de la bourgeoisie allemande avec Bismarck, semblait leur donner raison, d'autant que Bismarck montrait bien qu'il n'avait plus l'intention de ménager la classe ouvrière. Ce sont donc aussi leurs adversaires qui contribuèrent au rapprochement entre frères ennemis du socialisme.

En 1874, ils se présentèrent séparément aux élections pour le Reichstag, qui furent un succès inédit pour eux et les placèrent à peu près sur un pied d'égalité avec respectivement 171 000 et 180 000 voix pour le SDAP et l'ADAV. Les deux groupements totalisaient 352 000 voix, 6,8 % des suffrages ; sept de leurs candidats étaient élus députés [84]. Dès ces années-là, les socialistes européens regardaient les organisations allemandes comme des modèles ; le chemin leur paraissait long qui les mènerait jusqu'à de tels succès [85]. Le succès électoral de 1874 fit monter la pression en faveur de l'unification : le fait de disperser les voix semblait un gâchis. Les lassalliens étaient en perte de vitesse et demandeurs. En 1875, les traits fondamentaux de la politique ouvrière de Bismarck se réduisaient à deux nouvelles lois, prémonitoires : l'une pour la création de caisses de secours et l'autre contre les socialistes.

---

84 F. Mehring, *Zur deutschen Geschichte*, *op. cit.*, p. 193.

85 Et avec chaque année qui passait, ce sentiment se renforçait, comme en témoignent par exemple les salutations du parti français aux Allemands lors du congrès de Wyden en 1880 (congrès qui est comme le premier signe de vie du parti après l'entrée en vigueur de la loi antisocialiste). Dans leurs salutations, ils expriment leur conviction en la victoire sociale-démocrate sur la loi antisocialiste et disent du parti de Bebel et de Liebknecht :
« Ihr habt zuerst die unschätzbare, treffliche Form gefunden, eine mächtige und disziplinierte Arbeiterpartei zu schaffen. Die französischen Sozialisten, welche eben erst mit der Organisation einer selbständigen Partei beginnen, - sie haben das Recht auf Euch zu zählen, gleich wie Ihr auf uns zählen könnt. » (Cit. in : J. Seidel, *op. cit.*, p. 79.)

Le processus fut accéléré et la fusion des deux partis entérinée lors du congrès de Gotha de mai 1875, qui donna naissance au Parti Ouvrier Socialiste d'Allemagne, *Sozialistische Arbeiterpartei Deutschlands* (SAPD), qui comptait déjà plus de 25 000 membres [86]. Les deux organisations syndicales, qui avaient été créées à l'initiative de militants socialistes et s'étaient développées depuis la fin des années 1860, suivirent le mouvement et fusionnèrent également. Elles formèrent ce qu'on appela désormais les « syndicats indépendants » pour signifier qu'ils étaient indépendants... des partis politiques *bourgeois*.

La primauté longtemps revendiquée par les lassalliens avait perdu sa raison d'être au moment où ils voyaient leur influence s'effriter, et l'unité des partis se fit sous direction sociale-démocrate. Marx et Engels jugèrent très sévèrement le texte programmatique qui en était le fondement. Six années s'étaient écoulées depuis la création du premier parti se réclamant de leurs positions en 1869, et de ces années riches d'événements politiques; les deux hommes avaient espéré que la rigueur politique des dirigeants aurait progressé. Ils auraient de toute façon été enclins à davantage de sévérité qu'au moment de la création du parti en 1869. Or non seulement il leur parut que le flou idéologique persistait, mais ils jugeaient que ce programme de compromis était en retrait par rapport à celui d'Eisenach et qu'il faisait une trop large place aux conceptions lassalliennes. La question était très importante pour eux. Ils avaient achevé d'élaborer leur système politique dans la phase précédente, et voyaient nettement que l'heure était venue où pour la première fois, la rencontre allait se faire entre un mouvement ouvrier de masse et les idées communistes, que de larges fractions de la jeune classe ouvrière allaient pouvoir s'emparer de cet incomparable instrument de lutte qu'étaient leurs idées. L'enjeu était considérable, il ne s'agissait pas de prendre la théorie à la légère.

Marx et Engels ne comprenaient pas que Liebknecht et ses amis aient consenti à la formule selon laquelle face à la classe

---

86 Officiellement 25 659 membres, représentés par 127 délégués. ADAV : 16 538 membres et 71 délégués / SDAP : 9 121 membres et 56 délégués. Chiffres cités in Bebel, *Ausgewählte Reden und Schriften*, t. 6, p. 422.

ouvrière, « les autres classes sociales ne sont qu'une masse réactionnaire »[87]. La formule paraissait radicale, mais elle était contre-productive : comment proposer ensuite l'unité d'action à certaines franges de la bourgeoisie progressiste? Pire, laisser entendre que toute la bourgeoisie était réactionnaire à l'égal des féodaux, n'était-ce pas accorder un soutien aux grands propriétaires terriens au moment où la bourgeoisie industrielle, loin d'être réactionnaire, révolutionnait les moyens de production ? Ils ironisaient sur la notion d'État Populaire Libre et critiquaient l'idée de coopératives aidées par l'État, comme si l'État pouvait être neutre. Et la fameuse loi d'airain des salaires chère à Lassalle, qui en niant la possibilité d'obtenir des augmentations de salaires démobilisait les ouvriers et finalement rejetait l'action syndicale ?

Pour toutes ces raisons, ils se désolidarisèrent de ce programme qu'ils considéraient comme « démoralisant » [88]. Wilhelm Liebknecht décida d'ignorer ces critiques et de les cacher aux militants : les lettres de Marx, dont la raison d'être était de tenter de les convaincre et de leur donner des bases programmatiques claires, restèrent secrètes jusqu'en 1891 [89]! Cette année-là, celle du fameux congrès d'Erfurt, le congrès du retour à la légalité au cours duquel le parti adopta un nouveau programme, Engels fit publier l'une de ces lettres critiques de Marx dans

87 L'unification de Gotha eut un effet rapide, direct, sur le mouvement ouvrier autrichien : il stimula le même processus, jusqu'à l'unification entre le « Sozialdemokratische Partei Österreichs », qui était sur des positions marxistes et le « Wiener Allgemeiner Österreichischer Arbeiterverein » regroupant les Lassaliens autrichiens. Ici aussi, la clarté idéologique eut à en souffrir.

88 Il critique la loi d'airain des salaires qui oppose le syndicalisme au socialisme, et surtout pousse au misérabilisme, à la pitié ou au terrorisme (ce dont Descaves donne une illustration littéraire dans son *Philémon ou les vieux de la vieille)*.

89 D'ailleurs, à en juger par les écrits de Bebel aussi bien que de Mehring à l'aube du XXe siècle, ils n'avaient toujours pas compris les critiques de Marx à cette date. F. Mehring par exemple s'étend longuement pour expliquer que Marx avait en fait mal évalué les rapports de forces, et finit par critiquer vivement sa brochure ; il affirme qu'il sur-estimait les eisenachiens et sous-estimait les lassalliens, et finit sur un vibrant éloge de ce congrès de 1875.

l'organe théorique du parti, la *Neue Zeit*. Parue quelques mois avant le congrès grâce aux bons soins d'Engels, elle fit beaucoup d'effet. Le marxisme l'emportait.

Mais dans les années 1870, même les deux principaux dirigeants Bebel et Liebknecht peinaient à distinguer les idées de Marx de celles de Lassalle, ce qui laisse imaginer la confusion idéologique qui régnait dans les rangs du parti, quel mélange chacun devait faire, comme il pouvait, entre différentes idéologies. Par exemple, alors que les femmes n'avaient toujours ni liberté d'association ni accès à l'université, au congrès de Gotha ces socialistes rejetèrent, à une courte majorité certes, une résolution pour le droit de vote des femmes (dont Bebel et Lassalle étaient tous deux de farouches partisans). Quand Marx qualifia de « légèreté criminelle » (« *kriminelle Leichtfertigkeit* ») la manière dont le programme de compromis avait été rédigé, Liebknecht répondit – avec légèreté? – que Marx et Engels se mettaient eux-mêmes en-dehors du parti s'ils n'en acceptaient pas le nouveau programme.

Pour tenter de comprendre un peu cette attitude, il faut essayer d'imaginer la situation des dirigeants. Ces hommes, encore jeunes lorsqu'ils avaient décidé de fonder leur parti (en 1869, Bebel n'avait pas trente ans, Liebknecht avec ses quarante-deux printemps faisait figure d'ancien) avaient néanmoins, nous l'avons vu, déjà un passé chargé. Bebel n'avait-il pas siégé pour la première fois au Reichstag à l'âge de vingt-sept ans ? Très rapidement, ils s'étaient retrouvés à la tête d'une organisation de milliers, puis de dizaines de milliers de membres, avec sa politique et des programmes électoraux à élaborer, des députés qui devaient prendre position et voter, avec des grèves à mener, des journaux à faire paraître. En tant qu'organisation qui compte, ils s'étaient retrouvés rapidement contraints de prendre position dans la vie politique allemande, donc de se qualifier pour faire de nombreux choix, et des choix qui n'engageaient pas qu'eux, mais tous leurs sympathisants qui attendaient ses prises de position, et tout leur public censé se former au travers des événements. C'était sans arrêt qu'il fallait trancher, choisir l'attitude juste, conforme aux intérêts du mouvement : non seulement lors d'événements historiques tels que la guerre ou l'unification allemande, mais chaque jour, pour fixer la politique d'un parti ouvrier, alors qu'il n'y avait encore jamais eu de parti ouvrier, qu'il fallait donc tout inventer, jusqu'au terrain où mener les luttes.

Ils durent plus d'une fois se sentir dépassés ; gageons qu'ils n'avaient pas imaginé au départ l'ampleur des responsabilités auxquelles ils auraient à faire face. Les discussions entre Bebel et Liebknecht au sujet de l'activité parlementaire, qui durèrent plusieurs années, jusqu'à la seconde moitié des années 1870, sans que l'un parvienne à convaincre l'autre, sont révélatrices de cette situation [90]. Liebknecht, lui-même député, était fermement opposé à l'idée d'avoir quelque activité que ce soit au Parlement. Il était d'accord pour s'y faire élire, soit, mais rien de plus : en terrain ennemi il n'y avait rien à faire, puisque leurs adversaires ne sauraient être convaincus par aucun argument [91]. Bebel, lui, pensait au public extérieur au Reichstag et restait persuadé qu'il s'agissait d'une tribune irremplaçable pour faire de la propagande sociale-démocrate. Dans les années suivantes, les arguments allaient subir l'épreuve des faits, et trancher le débat [92].

Dès 1877, la social-démocratie recueillait 493 000 voix : plus de 9 % des électeurs du Reich allemand l'avaient choisie. Elle obtenait 12 députés et plus de 40 % du total des voix dans les grandes villes de Berlin, Hambourg, Brême et Brunswick ! En Saxe, son bastion, 38 % du total des voix s'étaient portés sur elle, ce qui lui valait 7 députés [93]. Lors de ces mêmes élections de 1877, les trois circonscriptions où étaient domiciliés le roi de Saxe, le plus petit prince d'Allemagne et aussi le plus puissant souverain, l'empereur Guillaume lui-même, furent toutes trois remportées par un député socialiste. Chaque succès électoral

90 Voir August Bebel, *Ausgewählte Reden und Schriften,* t. 6, p. 297, où il se remémore ces désaccords.

91 Quinze à vingt ans après la fin des discussions dont il est ici question, vers la fin des lois anti-socialistes, l'opposition des *Jeunes* (*die Jungen,* voir infra chapitre IV) évoqua l'ancien anti-parlementarisme de Liebknecht pour conclure à une déviation du SPD.

92 À ce sujet, on peut se référer à l'article : A. Deffarges, « L'anti-parlementarisme dans un parti bien représenté au Reichstag, la social-démocratie », à paraître courant 2013 en ligne et aux Presses de l'Université Blaise-Pascal, Clermont-Ferrand.

93 En Saxe, le SPD avait même obtenu la majorité relative des voix, avec 124 600 sur 318 740 suffrages exprimés.

contribuait à de futurs succès organisationnels, voire y donnait lieu directement, de sorte que l'augmentation des voix gênait ses adversaires politiques davantage encore que les mandats supplémentaires. Pour eux, la social-démocratie apparaissait d'ores et déjà comme un parti avec lequel, qu'on le veuille ou non, il allait falloir compter.

Entre 1875 et 1878, le SPD était devenu un parti de masse. Les adhérents étaient passés de 25 000 à 40 000 et le nombre de journaux du parti avait presque doublé dans ces trois années. Il possédait 42 organes de presse en 1875, totalisant plus de 100 000 abonnés (chiffres déjà considérables), et la bagatelle de 78 journaux en 1878 (quotidiens, hebdomadaires ou mensuels) [94] ! Il avait aussi son organe officiel, le *Vorwärts* (*En Avant*).

En une dizaine d'années depuis le milieu des années 1860, dans une Allemagne en profonde mutation, les deux organisations ouvrières créées à partir d'associations culturelles d'obédience bourgeoise avaient donc formé le premier parti ouvrier socialiste de masse au monde.

Le développement économique et urbain fut spectaculaire outre-Rhin en ces années, tout semblait s'accélérer avec la fin de la division en une multitude d'États et la constitution, enfin, d'une Allemagne fédérale. Le développement parallèle du mouvement socialiste présenta le même aspect impétueux, apparemment irrésistible – même si naturellement, les phénomènes ne se situaient pas à la même échelle. L'État bismarckien qui en quelques années avait littéralement écrasé militairement parmi les principales puissances du vieux continent sembla immédiatement menacé par un ennemi intérieur : le socialisme. En France, certains ne voyaient pas d'un mauvais œil le développement de ce mouvement... en Allemagne – si seulement il pouvait accélérer la déroute du système bismarckien [95] ! Victor Tissot par exemple, très peu socialiste, ne détestait pas l'idée que les révolutionnaires puissent un jour détruire l'œuvre de Bismarck[96]. Beaucoup

94 Chiffres cités in : A. Bebel, *op. cit.*, t. 1, « *Introduction* » de Rolf Dhubek & Ursula Herrmann, p. 57*.
95 Jules Favre chercha le soutien de Wilhelm Liebknecht.
96 Victor Tissot, homme de lettres suisse, connut le succès avec son

d'autres avaient des préventions et espéraient que cette Allemagne prussienne finirait par se dissoudre. Mais dans les années suivantes, ceux qui s'y rendirent furent unanimes à constater les rapides et surprenantes transformations du pays, qui leur en imposaient.

À partir de l'unification, tout parut en devenir, chacun avait l'impression de se trouver dans un pays neuf. L'Allemagne connut un bouleversement économique spectaculaire et sa puissance industrielle dépassa rapidement celle de la France. Guère embarrassée par des structures industrielles héritées du passé, la bourgeoisie allemande, même si elle n'était pas directement aux commandes politiques, mit en place avec énergie et initiative une industrie moderne et concentrée qui donna naissance à un prolétariat également concentré et moderne. Cela explique en partie les succès du socialisme « scientifique » sur ses tendances rivales représentant mieux, elles, la petite industrie, la manufacture ou l'artisanat.

Ainsi, de la même façon que depuis les années 1830, l'industrie française était passée par toutes sortes d'étapes de développement intermédiaires alors que l'industrie allemande sauta plusieurs étapes et partit d'un niveau élevé, le mouvement socialiste français resta également prisonnier de formes plus anciennes tandis que le socialisme allemand accédait directement à sa forme la plus actualisée. Tandis qu'en France, la différenciation politique des différentes catégories sociales prit presque tout le siècle, le processus de séparation se réalisa en Allemagne de manière accélérée dans les années 1860-1870, avec la construction de partis ouvriers dont la première raison d'être était l'indépendance organisationnelle et politique par rapport à la bourgeoisie radicale et démocratique.

---

ouvrage sur la Prusse : Victor Tissot, *Voyage au pays des milliards*, Paris : Dentu, 1875, p. 3. Jules Legras, universitaire, fit en 1892 un séjour à Berlin et étudia avec soin la montée du socialisme allemand. Ernest Lavisse également, qui considérait l'Allemagne comme une construction bismarckienne et essayait de montrer sa fragilité, s'intéressa particulièrement au SPD. À ce sujet, voir C. Digeon, *op. cit.*, p. 114 et p. 343-344.

Et dès cette époque-là, partant de peu de chose la social-démocratie connut un succès qui ne devait plus se démentir pendant un demi-siècle, les masses semblaient affluer vers elle en permanence, l'éclat du dernier succès électoral faisait pâlir le précédent, ce parti grandissait malgré les obstacles de manière apparemment irrésistible. Il donnait l'impression de se développer continûment, comme si rien ne pourrait arrêter cette progression.

Une raison qui permet a postériori d'expliquer ces succès et l'apparente facilité avec laquelle s'organisa la classe ouvrière allemande est sa jeunesse. Jeune, elle l'était à plus d'un titre, et c'était indéniablement un atout. De par sa moyenne d'âge d'abord : des enfants de paysans, d'ouvriers agricoles, de journaliers, d'artisans ou de compagnons qui n'avaient aucune expérience des grandes villes ni de l'industrie vinrent grossir ses rangs du jour au lendemain. Elle était jeune en tant que classe également, puisque l'industrie qui lui donnait naissance s'installa brutalement. Cette classe nouvelle qui n'avait pas encore mené de combats était sans traditions, mais surtout sans avoir subi de défaites et du même coup sans résignation. Enfin elle bénéficia de l'expérience des mouvements français et anglais. La Commune, dont le mouvement ouvrier français était sorti décimé au sens littéral du terme, donna un formidable élan à d'autres, dont en premier lieu la classe ouvrière allemande. Elle eut la chance d'entrer sur la scène de l'histoire toutes forces intactes.

Chapitre II

La social-démocratie devient l'ennemi à abattre

À partir de l'unification et malgré les crises économiques qui secouent bientôt tous les pays développés, l'Allemagne connaît donc un développement industriel spectaculaire. Le chemin de fer permet de transporter marchandises et matières premières à grand rythme et à une toute autre échelle et il est lui-même gros consommateur de fer et d'énergie : il va devenir un moteur essentiel de l'industrialisation allemande, entraînant un fort développement de l'exploitation des mines de charbon et de la sidérurgie. Les grandes banques qui accompagnent ce développement économique naissent au début de la décennie 1870, années qui voient la naissance de véritables empires industriels. Dès les années 1880, l'industrie lourde, la construction mécanique, la chimie puis les inventions liées à l'électricité supplantent progressivement les branches « traditionnelles » liées au textile et au rail. Les villes semblent surgir du néant tandis que les campagnes se vident. En un mot, les transformations se font en Allemagne encore plus vite que dans les autres pays l'ayant précédée dans cette voie.

Tout semble enfin réussir à ce pays si longtemps morcelé, entravé, déchiré entre tendances et aspirations contradictoires. À l'intérieur, les dirigeants multiplient les cérémonies censées exalter le sentiment national ; ils désignent à la vindicte publique les personnes à traiter en citoyens de seconde zone voire en « ennemis de l'Empire », parmi lesquelles, pêle-mêle, minorités nationales, catholiques soupçonnés de désirs ultramontains sinon séparatistes, Alsaciens et Lorrains, Danois ou Polonais, partisans d'une grande Allemagne et opposants politiques.

Mais l'une des principales constantes de la politique intérieure du Reich entre 1871 et le début du XXe siècle, pendant plus de trois décennies donc, sera l'opposition acharnée contre le parti social-démocrate. À la fin des années 1860, en voyant Bismarck en passe de résoudre enfin la question nationale, des fractions de la bourgeoisie cessent de s'opposer à lui et renoncent même en partie à leurs ambitions politiques pour consacrer au développement économique l'essentiel de leur énergie ; ce retournement permet au chancelier de cesser de ménager la classe ouvrière [97]. Dès 1870, le pouvoir mène une lutte impitoyable contre le parti qui se veut le représentant naturel des ouvriers, le parti social-démocrate, considéré comme un adversaire irréductible et le plus dangereux de tous.

Nous allons voir dans ce chapitre que la répression contre le mouvement ouvrier organisé a été permanente dans la nouvelle Allemagne, une répression assise sur des bases légales et durcie pendant les douze années de lois d'exception contre les socialistes (1878-1890), mais présente et menaçante dès l'origine et aussi après la levée de ces lois. La justice fut constamment sollicitée bien avant 1878 pour tenter d'enrayer le développement du socialisme, en réalité dès la création du Reich (et celle à peu près concomitante du SPD). Et jusqu'à la fin du siècle, non seulement cet État semi-féodal, mais aussi une grande partie de la bourgeoisie resteront opposés à toute forme d'intégration de la classe ouvrière. Quelles sont les raisons de pareil acharnement ? Qualifiés de « partageux », d'« hommes sans patrie » voire d'« ennemis de la patrie », les socialistes sont traités en êtres monstrueux qu'il convient d'isoler sous peine de contaminer l'ensemble du corps social. De leur côté, ils apprendront à s'organiser pour se défendre.

---

97 Tant que la bourgeoisie fut oppositionnelle, Bismarck usa d'une stratégie bonapartiste, s'appuyant tour à tour sur elle ou sur la classe ouvrière, les jouant l'une contre l'autre pour essayer de les neutraliser toutes deux.

1. À l'origine de la répression, l'impardonnable prise de position de 1870-1871

Sous le titre *Schwarze Bestien, rote Gefahr (Monstres noirs, rouge danger)*, Frank Oliver Sobich a consacré sa thèse à deux formes de racisme qui eurent cours selon lui pendant toute l'ère wilhelminienne (1890-1918) : racisme contre les populations africaines et contre les pauvres, ce dernier alimenté en permanence par la peur du socialisme. Selon lui,

> « L'antisocialisme de l'ère wilhelminienne fut une idéologie caractéristique de l'Empire wilhelminien lui-même; le sentiment d'hostilité envers le socialisme dominait tout et influença nombre de décisions politiques et d'évolutions sociales de l'Empire. L'Empire n'était pas marqué seulement par un « *cauchemar des coalitions* », c'est-à-dire le cauchemar d'une alliance entre les adversaires extérieurs, mais également par un « *cauchemar des révolutions.* » [98]

Bien qu'on l'ait oublié aujourd'hui, ce pouvoir qui paraissait si fort a dû se sentir menacé dès l'origine par le socialisme. Refuser la solidarité nationale pendant la guerre de 1870, voilà qui était proprement impardonnable aux yeux des dirigeants de l'État. Et lorsqu'après la chute de Napoléon III, l'Allemagne poursuivit une guerre plus difficile à justifier puisque menée désormais contre une République, le pouvoir put redouter un moment de perdre

98 „Der wilhelminische Antisozialismus war für das wilhelminische Kaiserreich selbst eine prägende Ideologie; der dominante antisozialistische Feindkomplex prägte viele politische Entscheidungen und gesellschaftliche Entwicklungen im Kaiserreich. Es war nicht nur von einem « *cauchemar des coalitions* » geprägt, also dem Alptraum eines Zusammenschlusses der äußeren Gegner, sondern auch von einem « *cauchemar des révolutions* »." [Les deux expression en italiques sont en français dans le texte, NdA, A. D.] Frank Oliver Sobich, *« Schwarze Bestien, rote Gefahr ». Rassismus und Antisozialismus im deutschen Kaiserreich*, Campus Forschung, Frankfurt / M., 2006, p. 145.

l'assentiment de la population. En s'opposant à la poursuite de la guerre puis aux annexions, les socialistes restaient internationalistes au moment de l'invention de leur nation, et comme ils étaient suivis par une fraction, même très minoritaire, de la classe ouvrière, ils venaient troubler le sentiment de communauté nationale. Leur internationalisme était davantage qu'un vague sentiment, il plaçait la solidarité internationale active entre travailleurs au-dessus de toute autre considération.

Puis, gardons à l'esprit que la Commune est contemporaine de la fondation du Reich, ce qui a également nourri la haine durable du pouvoir à l'égard du socialisme. Au moment où la plus grande partie de la bourgeoisie et le pouvoir enterraient la hache de guerre pour construire enfin un État national, la question sociale revenait sur le devant de la scène avec fracas – sous la forme d'une insurrection. Pour un Bismarck qui depuis 1848 avait la phobie des révolutions, cet événement extraordinaire au cours duquel le petit peuple prit le pouvoir dans la capitale millénaire et le garda pendant soixante-douze jours était en soi un traumatisme, aggravé du fait que les dirigeants sociaux-démocrates allemands saluèrent cette calamité avec enthousiasme, comme s'ils se préparaient à faire subir le même sort à Berlin. Depuis presque une décennie qu'il était au pouvoir en Prusse, le mandat de Bismarck était d'essayer de résoudre la question allemande en la déconnectant de tout caractère populaire, en maintenant la nation en-dehors des événements, et voici qu'à travers la Commune, la question sociale menaçait de se réintroduire dans le règlement de la question allemande, et de manière explosive. Une deuxième fois en quelques mois, le pouvoir s'étranglait d'indignation.

Pis encore, social-démocratie et pouvoir se trouvaient de part et d'autre de la barricade. Le pouvoir allemand aidait ses ennemis d'hier à réprimer les Communards. Au-delà de toutes les invectives contre « l'ennemi héréditaire », le maintien de l'ordre social primait visiblement. Et justement, ce dont on ne mesure pas toujours la portée, c'est que dans le mouvement ouvrier allemand on avait vu et enregistré que l'Empire allemand avait soutenu l'État français dans l'écrasement de la Commune, et cette solidarité entre dirigeants fit une impression durable, profonde, sur une population qui venait de subir ou même de faire la guerre. Si de chaque côté du Rhin, malgré toutes les phrases sur la grandeur de la patrie, le pouvoir choisissait la solidarité avec les dirigeants de l'autre nation, n'était-il pas temps pour les prolétaires d'agir de même ?

La Commune qui fit beaucoup avancer le socialisme en Allemagne fut également un tournant important dans la montée de l'antisocialisme ; elle fut un signal. La première phrase du *Manifeste du Parti Communiste*, qui évoque le spectre du communisme qui hante l'Europe, était restée une formule depuis le milieu du siècle qui faisait plutôt sourire ses adversaires. Elle sembla alors acquérir une réalité tangible et ne faisait plus sourire du tout, pour devenir un monstre effrayant – ce qui avait autant à voir avec la Commune elle-même qu'avec la résonance qu'elle trouva en Allemagne. C'est donc bien là, pendant l'année terrible, que se posent les fondements de l'aversion durable du pouvoir contre la social-démocratie ; c'est son péché originel en quelque sorte, qu'elle ne finira jamais d'expier.

Dans un texte écrit pendant la Première Guerre mondiale, Rosa Luxemburg évoque les épreuves traversées par son parti et, citant W. Liebknecht, estime que celle de 1870-1871 fut « la plus difficile qui se puisse concevoir », plus douloureuse que celle de 1878. En effet, en 1870 le parti était encore en construction, il traversait cette épreuve avant que l'organisation nécessaire pour y faire face ne soit créée et, guère connu du public, il était une proie facile pour la diffamation. « Des millions de gens voyaient alors [en 1878] en tout social-démocrate un meurtrier et un criminel de droit commun, et, en 1870, un traître à la patrie et un ennemi mortel » [99]. En 1870, ses dirigeants jetés en prison, inculpés de haute trahison, entendaient pour la première fois pleuvoir sur eux le qualificatif infamant de « sans-patrie » (*Vaterlandslose Gesellen*), qui devait leur coller si longtemps. Pire encore, bientôt ils furent stigmatisés comme « antinationaux » (*Antinationale*), « traîtres à la patrie » (*Vaterlandsverräter*) et « ennemis du Reich » (*Reichsfeinde)*. La social-démocratie devenait l'ennemi à abattre [100]. Wilhelm Liebknecht écrivit dans ses souvenirs :

---

99 Rosa Luxemburg, *La crise de la social-démocratie (Brochure de Junius)* [1916], Les amis de Spartacus, Paris, 1993, p. 141.

100 Bebel décrivait ainsi l'ambiance politique qui régnait après l'écrasement de la Commune :

« Ce n'était donc pas une sinécure, alors, de nager à contre-courant. Mais qu'y avait-il à faire? Ce qui devait être, devait être. Cela voulait dire : serrer les dents et, quoi qu'il advienne, laisser venir. Ce n'était pas le moment d'avoir peur... Or, Bebel et moi... nous ne nous occupions pas un seul instant des avertissements. Nous ne pouvions pas battre en retraite, nous devions rester à notre poste, advienne que pourra. » [101]

Rosa Luxemburg commente ainsi : « Ils restèrent à leur poste, et la social-démocratie allemande s'est nourrie pendant quarante ans de la force morale dont elle avait fait preuve alors contre un monde d'ennemis. » [102] Du côté du pouvoir, cet internationalisme, le choix de la classe contre le choix de la nation, fut le pire de tout, ce qu'on ne pouvait pardonner. C'était un motif suffisant pour les exclure moralement, matériellement, physiquement parfois, par l'enfermement, l'expulsion et l'interdiction de séjour, de la communauté nationale. Des décennies plus tard encore, même le ralliement des socialistes en août 1914, le vote des crédits de guerre par le premier parti allemand, ce reniement de tout ce qu'il avait été auparavant, n'allait pas suffire à désarmer les plus conservateurs, jusqu'au mensonge si longuement entretenu du « coup de poignard dans le dos ».

« La rage de persécution des Versaillais et leur déchaînement bestial étaient si grands que non pas pendant des semaines, mais pendant des mois, des années après la chute de la Commune, on persécuta quiconque osait un mot de sympathie pour elle. La peur était si grande que non seulement personne n'osait prendre sa défense, mais que beaucoup l'insultaient pour détourner d'eux tout soupçon. »
(« Die Verfolgungswut der Versailler und ihr bestialisches Wüten waren so groß, dass nicht bloß Wochen-, sondern noch monate- und jahrelang nach dem Fall der Kommune jeder verfolgt wurde, der ein Wort der Sympathie für sie hatte. Die Furcht war so groß, dass nicht nur niemand sie in Schutz zu nehmen wagte, sondern viele erst recht auf sie schimpften, um jeden Verdacht von sich abzulenken. »)
C'est l'extrait d'un débat contradictoire en public au sujet de la Commune avec un représentant des nationaux-libéraux (Bruno Sparig), à Leipzig le 10 mars 1876 (traduction Anne Deffarges).
In: August Bebel, *Aus meinem Leben* (Zweiter Teil, *Vom Vereinigungs-kongreß zu Gotha bis zum Vorabend des Sozialistengesetzes, Meine Stellung zur Kommune), op. cit.*, p. 447.

101 Rosa Luxemburg, *La crise de la social-démocratie, op. cit.*, p. 141-142.

102 Rosa Luxemburg, *ibid.*, p. 142.

En 1871, les discours de Bebel en faveur de la Commune sont réputés avoir provoqué l'hilarité de nombre de députés au Reichstag, par exemple lorsqu'il expliquait que la Commune était trop modérée envers la Banque de France et qu'une Commune sociale-démocrate en Allemagne s'efforcerait de ne pas prendre les mêmes égards. Nulle hilarité en revanche du côté du chancelier, qui sut faire savoir que la Commune lui avait causé sa première nuit blanche depuis longtemps [103]. Et il fit référence aux déclarations de Bebel des années plus tard, lorsqu'en 1878 il proposa et obtint enfin une majorité au parlement pour une loi anti-socialiste. Il expliqua alors que c'est en entendant les socialistes prendre pour modèle la Commune et se réclamer « de l'évangile de ces meurtriers et incendiaires » (« *zu dem Evangelium dieser Mörder und Mordbrenner* ») qu'il comprit que le pouvoir avait là un ennemi face auquel il se trouvait « en état de légitime défense » (« *im Stande der Notwehr* ») [104]. Le ton était dramatique, et dans l'ambiance surchauffée qui suivit les attentats, cela faisait effet – mais ce n'était peut-être que mise en scène ou reconstruction. En tout cas en 1871 les discours de Bebel au Reichstag n'avaient guère inspiré de contradicteurs, les députés choisissant de lui opposer leur (feinte ?) indifférence.

Ce n'est que plus tard, quand il s'est agi de faire interdire le SPD, que ses résolutions de 1871 n'en finirent pas d'être reprises et commentées. D'un côté, le pouvoir interdit aux travailleurs, pendant des années, la moindre allusion à la Commune [105], de l'autre lui-même citait longuement, publiquement, les discours de socialistes en faveur de la Commune pour prouver qu'ils étaient des terroristes.

---

103 « Von Bismarck aber ging damals das Wort um, daß die Kommune ihm wieder die 'erste schlaflose Nacht' verursacht habe. »
In : Franz Mehring, *Geschichte der deutschen Sozialdemokratie, 2. Teil, Dietz, Berlin, 1960,* p. 387.

104 Discours de Otto von Bismarck du 17/09/1878 au Reichstag. Cit. In : Autorenkollektiv, *Geschichte*, Bd. 1, p. 602.

105 Les autorités avaient par exemple interdit d'y faire allusion lors du Congrès du SPD qui se tint à Dresde en août 1871.

Cependant, loin de sortir affaiblie de cette première épreuve de force, la social-démocratie vit son prestige augmenter considérablement et c'est alors qu'elle prit son essor. Lors des élections de 1874, elle rassembla autour de 40 % des suffrages dans les grandes villes. Ses succès électoraux et organisationnels donnaient à penser qu'elle représentait un vrai danger. À partir du succès de 1874, les poursuites judiciaires contre les socialistes devinrent continuelles, on peut parler de persécution. Les tentatives de Bismarck de mettre en place des lois d'exception visant à casser les syndicats, le droit de coalition, toute possibilité d'organisation des travailleurs furent légion [106]. Il fallait trouver une réponse à la hauteur du problème. Par deux fois, en 1874 et 1875, il proposa au parlement des lois antisocialistes et fut mis en échec ; il dut attendre 1878 pour obtenir une majorité sur cette question. Mais au début de 1876, le parti avait été totalement interdit à Berlin, interdiction étendue à toute la Prusse à partir du 30 mars 1876. Et plus le SPD connut le succès, plus la répression s'intensifia – cela tournait à l'idée fixe. Et combien d'adhérents inquiétés, combien de journaux censurés partout en Allemagne en ces années précoces ? Police et justice étaient à l'affût en toutes circonstances, et lorsque la loi ne suffisait pas à faire enfermer un militant, on y ajoutait un paragraphe.

Les lois antisocialistes qui de 1878 à 1890 réprimèrent durement le parti, souvent présentées comme un intermède douloureux long de douze ans, ont plutôt été l'intensification, la systématisation d'une répression déjà permanente. Et après qu'elles aient été levées encore, le mouvement socialiste continua à vivre dans la crainte constante et fondée de nouvelles moutures de ces lois.

106 Il y eut entre autres, lorsque la crise économique faisait rage, le « *Kautschukparagraph* », loi antisocialiste avant l'heure que le Reichstag refusa dans sa session de 1875/76.

2. La social-démocratie sous les lois antisocialistes (1878-1890)

Les lois antisocialistes n'étaient donc pas complètement inattendues et elles ne sortirent pas du néant. Cela étant, Bismarck n'obtint l'assentiment des couches libérales – qui s'étaient toujours opposées à pareilles lois d'exception – qu'après deux attentats perpétrés au printemps 1878 contre l'empereur Guillaume 1er. Il sut utiliser l'émotion soulevée par ces attentats pour diaboliser la social-démocratie, tout en sachant parfaitement que celle-ci n'y était pour rien. Après une intense campagne de propagande, il finit par trouver le soutien nécessaire à sa loi.

Comment Bismarck obtint sa loi

Après l'attentat du 11 mai 1878 contre le Kaiser (dont il sort indemne), la répression connaît une première escalade [107]. Après le deuxième attentat, le 2 juin, au cours duquel le vieil Empereur est gravement blessé, la réaction de Bismarck, tout au bonheur de tenir enfin l'occasion de détruire la social-démocratie, est jugée par beaucoup à la limite de la décence. Et les coups se mettent à pleuvoir immédiatement sur le SPD. Le soir même, des journaux ont rendu justice, ils relaient l'information selon laquelle le coupable est membre de la social-démocratie [108]. Les faits ont

---

107 Visiblement, le chancelier attendait l'occasion pour mettre le parti hors-la-loi, car le soir même du premier attentat, il télégraphiait à Friedrichsruhe : « Lois d'exception contre la social-démocratie ». In: E. Milhaud, *La démocratie socialiste*, Alcan, Paris, 1903, p. 44.

108 Le journal *Telegraph* fait paraître le 2 juin au soir une dépêche présentée comme officielle, qui se révélera être inventée, selon laquelle Nobiling, l'homme qui a accompli l'attentat, est sympathisant social-démocrate. Il était en réalité sympathisant du parti national-libéral !

beau montrer sans équivoque que c'est faux, cette version est systématiquement répétée et diffusée, et voilà la social-démocratie devenue commanditaire de l'attentat. Le pouvoir frappe fort, sachant qu'il ne sera pas si facile d'obtenir l'assentiment de l'opinion et le vote d'une majorité de députés.

Au cours des mois de juin et juillet 1878, avant que la loi soit adoptée, la social-démocratie traitée en criminelle subit diffamations, interdits et condamnations, et en ces quelques semaines, 563 personnes sont dénoncées pour outrage à majesté ; parmi elles, 521 se partageront 812 années de prison, - seule pourtant une minorité se sentait proche des sociaux-démocrates [109]. Un exemple tiré d'un rapport de police laisse imaginer l'ambiance : un tailleur en état d'ébriété pris à chantonner que l'Empereur est mort, est condamné à deux ans et demi de prison pour ce forfait.

L'écrivain Paul Kampffmeyer évoque dans ses souvenirs l'ambiance de nervosité extrême, de peur, le sentiment d'insécurité générale qui régnaient. Les sociaux-démocrates n'étaient plus un courant politique mais un « groupe de bandits » (*Banditengruppe*), les informations propagées faisant imaginer et craindre partout la présence de meurtriers et de leurs complices, forcément liés à la social-démocratie. Les sociaux-démocrates traités en terroristes par le pouvoir, désormais les termes qui les désignaient le plus fréquemment en public étaient tous les dérivés de meurtre, meurtriers, assassins (*Mord, Meuchelmörder, Königsmörder :* régicide), et c'est aussi à ce vocabulaire que recourt Bismarck [110]. D'après Kampffmeyer, l'ambiance créée tient du pogrome. La répression et la vague de calomnies sont d'une violence telle que même des sympathisants se détournent d'elle en masse.

---

109 A. Bebel, *op. cit.*, p. 483.

110 Les mesures répressives, l'arbitraire ont toujours été accompagnées d'une offensive idéologique : c'est l'une des armes de la guerre. Ici, le pouvoir inversait les rôles : il s'agissait de faire de l'adversaire politique, aux yeux du public, un dangereux criminel de droit commun, les socialistes étaient les agresseurs qui mettaient en danger toute la société. Faire peur et provoquer l'aversion devait permettre la mise en quarantaine puis la répression.

Franz Mehring parle de « *Denunziantenpest* » : une épidémie de dénonciations qui s'insinua jusqu'à l'intérieur des familles, où des époux pouvaient craindre d'être dénoncés l'un par l'autre, ou des parents par leurs enfants[111]. Le système dit de la « terreur blanche » (*des weißen Schreckens*) se mettait en place. Bebel évoque lui aussi la propagande orchestrée par Bismarck après les attentats :

> « Il voulait exciter la population à une haine fanatique contre la social-démocratie. Dans le camp adverse, désormais le parti ne s'appelait plus que le parti des assassins, de ceux qui veulent tout détruire, qui volent au peuple sa foi en Dieu, en la royauté, en la famille, qui le privent de la foi dans le mariage et dans la propriété privée. » [112]

Le célèbre historien national-libéral Heinrich von Treitschke, farouche adversaire du socialisme dont l'opinion peut être considérée comme représentative des milieux conservateurs, écrivait par exemple dans un célèbre article (*Der Socialismus und seine Gönner, « Le Socialisme et ses bienfaiteurs »*) : « [Le socialisme, c'est] la négation par principe de tout ce qui élève l'homme au-dessus de l'animal » [113] ; et dans un texte de 1878 au titre sans équivoque, *Le socialisme et l'assassinat* : « La social-démocratie est devenue une école du crime. » [114] Le mouvement socialiste fut mis en scène comme « le pire ennemi du peuple allemand », « son ennemi mortel », voire « une maladie qui dévore

---

111 F. Mehring : « Der Gatte war nicht mehr vor der Gattin, der Vater nicht mehr vor dem Sohne sicher. »
F. Mehring, *op. cit.*, p. 199.

112 "Er wollte das Volk zum fanatischen Hass gegen die Sozialdemokratie aufpeitschen. Die Partei hieß im gegnerischen Lager nur noch die Partei der Meuchelmörder, der Allesruinierer, die der Masse den Glauben an Gott, Königtum, Familie, Ehe und Eigentum raube".
In A. Bebel, *Ausgewählte Reden und Schriften*, t.6, *Aus meinem Leben,* p. 483.

113« die grundstätzliche Verleugnung Alles dessen, was den Menschen über das Thier emporhebt »

114 « *Die Sozialdemokratie ist zu einer Schule des Verbrechens geworden* »

le peuple de l'intérieur » [115]. Quoi de plus légitime que de lutter contre la maladie?

On essaya de faire d'eux des boucs émissaires, rendus responsables de tout ce qui n'allait pas en Allemagne. Pour entretenir la peur et entamer l'influence du SPD, il était accusé de tous les maux, responsable même de la crise économique. Comme le rapporte l'historien Hans-Ulrich Wehler :

> « Depuis 1878 au plus tard, "le spectre rouge hantait jusqu'à la brasserie la plus reculée." Aussi, sans scrupules et avec détermination, le gouvernement Bismarck cherchait-il à tirer profit de ces craintes qui gagnaient du terrain depuis le *Vormärz* et à faire porter aux sociaux-démocrates la responsabilité de la dépression économique persistante. " Tant que nous n'écraserons pas la fourmilière communiste par notre législation interne ", répétait inébranlablement le chancelier, " nous ne connaîtrons pas d'essor économique. " Cet " écrasement " devait être rendu possible par la loi anti-socialiste. » [116]

De sorte que ce n'est pas simplement une formule : le pouvoir partit vraiment en guerre contre le SPD ; il s'agissait de le détruire, de l'éradiquer. À l'issue d'une campagne haineuse, le chancelier obtint la dissolution du Reichstag et la tenue d'élections ; la

---

115 En allemand : « das deutsche Volk habe überhaupt keinen schlimmeren Feind als die Sozialdemokratie », « der Todfeind », gegen die « am deutschen Volkskörper fressende Krankheit Sozialdemokratie » vorgehen. In: Frank Oliver Sobich, *« Schwarze Bestien, rote Gefahr », op. cit.*, p. 174.

116 « ...spätestens seither [1878] "spukte das rote Gespenst bis in die letzte Bierstube". Ebenso bedenklos wie zielstrebig versuchte die Regierung Bismarck diese seit dem Vormärz sich ausdehnenden Befürchtungen auszunutzen und den Sozialdemokraten auch die eigentliche Schuld an den anhaltenden Depressionen zu geben. "Solange wir den kommunistischen Ameisenhaufen (nicht) mit der inneren Gesetzgebung austreten", wiederholte der Reichskanzler unentwegt, "werden wir keinen Aufschwung haben". Dieses "Austreten" sollte das Sozialistengesetz ermöglichen... »
In: Hans-Ulrich Wehler, *Das Deutsche Kaiserreich 1871-1918*, p. 87. Trad. A. D.

nouvelle majorité lui était plus favorable et il parvint enfin à imposer son projet. Après avoir franchi différentes étapes législatives en un temps record, le projet de loi fut mis à l'ordre du jour du Reichstag, et le 19 août 1878 la loi d'exception contre les socialistes, « *Loi contre les menées de la social-démocratie dangereuses pour l'ordre public* » (« *Gesetz gegen die gemeingefährlichen Bestrebungen der Sozialdemokratie* »), communément appelée loi antisocialiste, était adoptée pour deux ans.

Seuls les députés catholiques du Parti du Centre, qui sortaient eux-mêmes d'une période de répression (le *Kulturkampf*), quelques progressistes et naturellement les sociaux-démocrates eux-mêmes s'y opposèrent. Les conservateurs et les nationaux-libéraux votèrent pour le texte de loi. Dans un discours au Reichstag le 17 septembre 1878, Otto von Bismarck expliquait encore que la solidarité des socialistes allemands envers la Commune avait été le « trait de lumière » lui faisant prendre conscience du danger [117].

Du côté des socialistes, c'est d'abord le désarroi

La loi entra en vigueur le 21 octobre 1878. Prorogée quatre fois jusqu'en septembre 1890, elle s'appliquait également aux associations d'obédience sociale-démocrate et aux syndicats. Pratiquement toute activité était interdite à ce parti de 40 000 membres et aux organismes qui en dépendaient, syndicats, coopératives, associations, sociétés d'éducation, caisses

---

117 Bismarck: « [habe] in den sozialdemokratischen Elementen einen Feind erkannt, gegen den der Staat, die Gesellschaft sich im Stande der Notwehr befindet ». J. Seidel, *op. cit.*, p. 71.
Bebel raconte, p. 498, qu'à la fin de ce discours, Bismarck assurait : « Er habe erst durch meine Kommunerede (Mai 1871) die wahre Natur der Sozialdemokratie erkannt und sei von da ab unser ausgesprochener Feind geworden. Er habe aber wiederholt, wie das Haus wisse, Versuche gemacht, uns durch gesetzgeberische Massnahmen in die Schranken zu weisen, er sei aber damit bei dem Hause nicht durchdrungen ».

d'entraide (prévues pour secourir les familles en cas de maladie, d'accident, de chômage) : le SAPD était hors-la-loi [118].

« L'époque héroïque » du parti (*die Heroenzeit*, disaient les socialistes) s'ouvrit par une année de désarroi très peu héroïque : la panique régnait, d'autant que les coups ne se firent pas attendre. En quelques jours, toute sa presse (à deux exceptions près) était interdite [119]. Les organisations syndicales furent dissoutes, ainsi que les associations locales de la social-démocratie, y compris culturelles, de chant, de sport, etc. ; les caisses d'entraide saisies, toutes collectes interdites.

L'appartenance à des associations tombant sous le coup de la loi était punie de peines sévères, dont l'emprisonnement, et sanctionnée par de lourdes amendes. Les personnes accusées d'activisme socialiste firent l'objet d'interdictions de séjour. À partir de 1878, chaque année vit aussi son lot de plusieurs milliers de perquisitions de domiciles [120]. La répression frappa y compris de vagues sympathisants ; certains furent condamnés à des peines de prison ou chassés de leur domicile. Rien que dans la première année de la loi, jusque fin 1879, les tribunaux prononcèrent 600 années de réclusion. Des rédacteurs firent des séjours en prison, furent expulsés de leur ville, parfois interdits de séjour dans l'ensemble de l'Empire. Des députés socialistes étaient suivis en permanence par des policiers en civil dès qu'ils mettaient un pied en dehors du Reichstag. Wilhelm Liebknecht vécut séparé de sa

---

118 Rien que dans les huit premiers mois, la police détruit 217 associations et cinq caisses d'entraide; la plupart des autres organismes s'étaient dissous au préalable.

119 En 1878, le parti possède 42 journaux, avec au total 100 000 abonnés.

120 Richard Hamann et Jost Hermand, auteurs réputés du manuel *Naturalismus*, écrivent : "Man braucht nur an die Urteilssprechung während der Sozialistengesetze zu denken, wo man wegen geringfügiger Äußerungen bis zu drei oder vier Jahren ins Gefängnis wandern konnte" (« il suffit de penser aux condamnations prononcées pendant l'époque des lois antiscosialistes, où pour des déclarations anodines on pouvait se retrouver en prison pour trois ou quatre ans »), ce qui donne aussi une idée de la répression qui sévissait.
Richard Hamann, Jost Hermand, *Deutsche Kunst und Kultur von der Gründerzeit bis zum Expressionismus*, Nymphenburg, München, t.*2* : *Naturalismus,* [1959] 3e éd., 1976, p. 82.

famille pendant pratiquement toute la durée des lois anti-socialistes. Interdit de séjour sur le territoire de Leipzig, il s'installa dans l'une des premières maisons au-delà du périmètre interdit, pour signifier à la maréchaussée qu'il ne ferait pas un pas de plus que ce à quoi elle le contraignait.

Les autorités dressèrent des listes de parutions non périodiques désormais interdites. Des ouvrages qui n'avaient aucun rapport avec le socialisme se trouvèrent interdits, comme *La Quintessence du Socialisme* de l'ancien ministre autrichien Schaeffle, dont seul le titre pouvait passer pour répréhensible. 150 périodiques, 1067 ouvrages furent censurés.

La guerre fut économique aussi, des milliers d'ouvriers licenciés furent inscrits sur des listes noires, parfois simplement pour avoir participé à une manifestation appelée par le parti social-démocrate, et même en signant les déclarations condamnant le socialisme que des chefs d'entreprises exigeaient d'eux ils ne parvenaient pas à retrouver de travail.

Des chômeurs se firent alors cabaretiers ou aubergistes [121]. Mais s'ils étaient pris à faire de l'agitation pour le socialisme, ils se voyaient aussitôt signifier l'interdiction de leur commerce, qu'ils soient cabaretiers, restaurateurs, petits commerçants vendant de l'eau-de-vie ou de l'alcool, mais aussi libraires, imprimeurs, propriétaires de cabinets de lecture, de bibliothèques de prêt ou même seulement colporteurs des livres.

Le choc fut rude. Des dirigeants désemparés parlèrent de renoncer, d'attendre des temps plus cléments. Ils ne voyaient pas comment retisser des liens avec des sympathisants qu'on ne pouvait réunir. Pris de panique, ils devancèrent parfois les instructions des autorités, faisant savoir que le parti était dissout. Lorsque dans les mois suivants, les militants essayèrent de prendre le virage et de s'adapter aux conditions nouvelles de la lutte, il fallut retrouver les adhérents et militants dispersés, dont bon nombre déclarèrent forfait.

121 Lorsqu'un ouvrier avait perdu son emploi en raison de son activité politique, le parti essayait de l'aider à acquérir un petit fonds de commerce.

Une clause de la loi donnait la possibilité aux États, qui en firent différemment usage, de proclamer pour une durée d'un an l'état de siège ou le « petit état de siège » dans les localités « troublées par des activités socialistes ». Non seulement tous rassemblements et manifestations publiques étaient alors interdits, mais beaucoup de socialistes furent expulsés de ville en ville ou obligés de s'expatrier.

Dès l'automne 1878 des centaines de militants de grandes villes, souvent pères de famille, durent ainsi quitter Berlin, Hambourg ou Leipzig ; ils n'avaient en général que quelques heures pour boucler leur valise et quitter le domicile pour une durée imprévisible. Ceux qui sortaient de prison non plus ne retrouvaient pas une vraie liberté : ils étaient en général bannis de leur État, puis traqués d'une localité à l'autre [122]. Toute personne suspectée pouvait être expulsée de son domicile et interdite de séjour. Mais en se répétant, les scènes de ces expulsions provoquèrent un retournement profond de l'opinion : de meurtriers, les sociaux-démocrates passèrent au statut de victimes ; la violence de la répression donna naissance à un sentiment de solidarité.

Quand en novembre 1878, soixante-sept socialistes connus furent expulsés de Berlin, ce qui aurait pu être le coup de grâce renforça au contraire la détermination des sociaux-démocrates, qui comprenaient dès lors que la lutte serait sans merci. Jusque dans les partis libéraux, beaucoup étaient d'avis que cette fois, le pouvoir passait la mesure, et certains députés de gauche qui regrettaient leur vote en faveur de la loi allèrent jusqu'à organiser des collectes de soutien aux expulsés ; d'autres versèrent à ces collectes. August Bebel, qui n'est pas avare d'anecdotes, raconte :

> « ... Le nombre des expulsés augmentait sans cesse. Certains députés de gauche au Reichstag organisaient des collectes de soutien. Même le député Lasker, qui eut bientôt

122 Bebel les appelle « *die Gehetzten* » (ceux qui sont poursuivis, traqués). Il ajoute (exagération ou réalité ?), qu'avec une « méchanceté raffinée », les personnes expulsées étaient principalement des pères de famille.

des remords pour avoir donné son approbation à la loi, participa à une collecte. » [123]

Fin 1878, après une phase de stupeur et de découragement, l'organisation renaîtra en partie de la nécessité de faire face et de réagir, ne serait-ce que pour permettre de vivre aux expulsés et à leurs familles restées sur place [124].

La loi eut un autre effet inattendu : avec les socialistes chassés d'une localité à l'autre, leurs idées voyagèrent également et finirent par pénétrer dans des régions reculées dans lesquelles nul n'en avait entendu parler jusque-là...

Après un an d'application, 217 associations et 147 périodiques avaient été interdits dans l'Empire [125], des centaines de personnes chassées de leur domicile et expulsées de Berlin, Hambourg, Altona, Leipzig, Francfort ou Stettin. August Bebel et Wilhelm Liebknecht n'avaient plus le droit de séjourner à Leipzig. Les expulsés avaient souvent de grandes difficultés à retrouver un travail, survivant alors grâce à la solidarité. Il faut dire qu'en ces années, connaître la faim n'était pas rare : les ménages ouvriers gagnant correctement leur vie se nourrissaient principalement de pain et de pommes de terre, et rien qu'à Berlin, plusieurs dizaines de milliers d'ouvriers moururent de malnutrition quand sévissait la crise.

---

123 « ... die Zahl der Ausgewiesenen wurde immer grösser, auch einzelne Abgeordnete der Linken im Reichstag veranstalten Geldsammlungen. Sogar der Abeordnete Lasker, dem sehr bald das Gewissen wegen seiner Zustimmung zum Gesetz schlug, beteiligte sich an einer solchen. »
In: A. Bebel, *op. cit.*, p. 514-515. Trad. A. D.
Mehring évoque la même situation dans *Zur deutschen Geschichte*, *op. cit.*, p. 202.

124 Bebel dans une lettre de cette époque : « Wir haben jetzt alle Hände voll zu tun, um für die existenz- und heimatlos Gewordenen das Nötige aufzubringen. »

125 Données sur les douze ans, voir Alex Hall, "The War of Words: Anti-Socialist Offensives and Counter-Propaganda in Wilhelmine Germany. 1890-1914", in : *Journal of Contemporary History*, Vol. 11, No. 2/3, Special Issue: *Conflict and Compromise: Socialists and Socialism in the Twentieth Century* (07/1976), p. 11-42, ici p. 12.

La brutalité de la répression trouvait un complément dans des campagnes de presse et des spéculations sur la fin prochaine du mouvement ouvrier – étant sous le coup de la censure, les journaux sociaux-démocrates avaient du mal à s'expliquer. La plus légère divergence ou nuance d'interprétation entre socialistes donnait lieu à conjectures, était interprétée comme signe infaillible de l'implosion à venir [126]. En 1882, Bebel s'était désolidarisé publiquement d'un article très radical de Vollmar dans lequel il prônait la révolution. Dans le contexte d'alors, un tel langage ne pouvait apporter que des ennuis. La presse hostile s'était réjouie. Dans une lettre, Bebel se justifiait et commentait ainsi le comportement de Vollmar :

> « J'ai d'autant plus de mal à comprendre les paroles de Vollmar que lui-même quitte régulièrement l'Allemagne dès que la fin de la session parlementaire approche, et qu'entre deux sessions, il évite le sol allemand. La raison en est que son activité passée au *Sozialdemokrat* est bien connue de la police... Vollmar craint avec raison qu'on l'arrête immédiatement, dès qu'il sera possible de s'emparer de lui en dehors des sessions parlementaires. Et maintenant il nous conseille, à nous qui vivons parmi les loups, une tactique qui nous livrerait à nos bourreaux, pieds et poings liés. »[127]

---

126 Lors d'une telle polémique en 1880, Bebel se servit du *Sozialdemokrat*, l'organe non censuré puisque paraissant en Suisse, pour tenter d'y mettre un terme :
« Es war schon früher Taktik der gegnerischen Presse, Differenzen, die zwischen einzelnen Sozialisten vorkommen, geflissentlich zu vergrössern und in ein gehässiges Licht zu stellen, in der Hoffnung, damit Misstrauen und Spaltung in die Parteikreise zu werfen. Neuerdings hat sich diese Taktik mehrfach wiederholt. Die Sozialismus-feindliche Presse hofft jetzt eine Spaltung mit um so grösserem Erfolg herbeiführen zu können, da durch das Ausnahmegesetz die Parteipresse und das Versammlungsrecht in Deutschland unterdrückt sind und es uns damit unmöglich gemacht wurde, Angriffe und Verdächtigungen zurückzuweisen und die gegnerische Taktik an den Pranger zu stellen... »
Cité in A. Bebel, *op. cit.*, p. 523.

127 « Mir ist diese Sprache Vollmars um so schwerer begreiflich, als Vollmar selbst, regelmässig, sobald eine Reichstagssession ihrem Ende naht, Deutschland verlässt und sich in der Zwischenzeit auf deutschem Boden nicht betreffen lässt. Grund hierfür ist seine frühere Tätigkeit am

Au-delà de l'incident évoqué, cet extrait laisse entrevoir dans quelle situation contradictoire se trouvait l'organisation. Parti interdit, aux militants pourchassés, traités comme des criminels de bas étage, parti honni, accusé des pires forfaits, et auquel il n'avait pourtant pas été interdit de se présenter aux élections. Parti dont les représentants, bien souvent ouvriers d'origine, furent toujours plus nombreux à fouler le sol du Reichstag, côtoyant en ce lieu noblesse et bourgeoisie, mais qui ne se risquaient pas à mettre le pied dans la capitale en dehors des sessions parlementaires, de crainte d'être aussitôt incarcérés pour des mois, des années peut-être. Étrange destin que celui de ces hommes. Entre 1869 (création du parti d'Eisenach) et 1878 (début de la loi anti-socialiste), Bebel avait été emprisonné cinq fois, il avait passé plus de trois ans et demi derrière les barreaux et avait été en même temps en permanence député au Reichstag.

Durant les premières années passées sous la loi antisocialiste, les responsables sociaux-démocrates cherchèrent à calmer les esprits, recommandant aux sympathisants de ne pas se laisser provoquer, les mettant en garde sur le thème : les réunions sont infiltrées, le pouvoir souhaite avoir un prétexte pour réprimer davantage, nous devons faire la démonstration publique que la provocation, la violence, la privation de liberté sont du côté du pouvoir. Parallèlement à ce désir d'apaisement, la direction se saisissait de toutes les occasions, discours au Reichstag ou procès contre l'un des siens, pour faire de l'agitation sur les idées socialistes.

Bebel a sans doute beaucoup contribué à donner au parti cette manière à la fois calme et déterminée, lui qui, entouré au Reichstag de tant de députés hostiles, semble tranquillement s'adresser par-dessus leur tête aux milliers d'électeurs socialistes, comme s'ils l'entouraient, ce qui semble le remplir de sérénité, de

---

Sozialdemokraten, die der deutschen Polizei sehr genau bekannt ist... Vollmar fürchtet mit Recht, dass man ihn sofort fassen wird, sobald man seiner ausserhalb der Reichstagssession habhaft werden kann. Und nun rät er uns, die wir mitten unter den Wölfen sitzen, eine Taktik, die uns unrettbar ans Messer lieferte. »
Lettre de Bebel à F. Engels, 01/10/1882. In: A. Bebel, *op. cit.*, p. 658. Trad. A. D.

force et d'assurance. Juste avant l'adoption de la loi, le même Bebel déclarait crânement, en plein Reichstag : « Vous ne pourriez nous rendre meilleur service qu'en votant cette loi, car des milliers et des dizaines de milliers de personnes qui aujourd'hui ne sont pas encore sociales-démocrates le deviendront alors certainement. » Y croyait-il lui-même ? Peut-être pas, mais c'est typique de son attitude morale.

Tentatives de réorganisation

Pour la seule année 1880, les sociaux-démocrates furent condamnés à 831 années de forteresse, et 892 d'entre eux furent expulsés d'Allemagne [128]. D'autres passèrent des années en détention préventive puis furent libérés sans qu'aucune charge puisse être retenue contre eux. Il n'est pas étonnant qu'un grand nombre ait finit par émigrer, en Suisse, terre d'accueil des réfugiés et des exilés politiques, ou vers les États-Unis [129]. Liebknecht évoque dans ses mémoires la misère et la solitude des réfugiés, il dit avoir connu souvent la faim. Bebel parle des années 1878 à 1881 comme des plus désagréables de sa vie, car pleines d'angoisse [130]. Des députés comme Max Kayser, constamment chassés d'une ville à l'autre, n'eurent souvent d'autre choix que de passer la nuit dans un wagon de chemin de fer désaffecté.

Entre 1878 et 1888, 1 234 brochures ou imprimés sociaux-démocrates furent interdits [131], 1067 livres n'obtinrent pas l'autorisation d'être imprimés. *La femme et le socialisme* de Bebel était bien sûr interdit, mais interdit ne voulait pas dire retiré de la circulation, tant s'en faut ! Parfois, on avait presque l'impression que l'interdit favorisait la vente. L'ouvrage de Bebel en tout cas était régulièrement introduit illégalement en Allemagne où il

128 Expulsés non pas dans un autre État allemand, mais d'Allemagne. Kurt Koszyk, *Deutsche Presse im 19. Jahrhundert,* Colloquium, Berlin, 1966, p. 198-199.

129 En général, les réfugiés allemands se rendaient à Zurich (les Français allaient plutôt à Genève).

130 Bebel, *Ibid.*, p. 511.

131 Kurt Koszyk, *op. cit.*, p. 200.

circulait sous le manteau ; il connut durant la loi, entre 1879 et 1890, huit éditions successives, chacune ayant été épuisée plus rapidement que prévu. Ce succès d'un ouvrage socialiste et féministe se produisait à une époque où il était interdit non seulement aux mineurs, mais aussi aux femmes, de faire partie d'associations s'occupant de politique ! [132]

Après quelques mois les militants découvrirent progressivement que les lois répressives ont leurs failles et se laissent parfois contourner, et des idées commencèrent à surgir pour faire vivre malgré tout certaines convictions. Sans compter que selon les États, la loi était appliquée avec plus ou moins de rigueur.

Ce qu'il fallait d'abord au parti, c'était une presse digne de ce nom. Après 1878, les tentatives de créer des organes de presse en remplacement de ceux interdits se soldèrent presque toutes par des échecs. Les journaux finissaient par être fades à force de neutralité, pourtant ils étaient démasqués comme successeurs de tel organe social-démocrate, et interdits au plus tard lorsque le nombre d'abonnés permettait d'en couvrir les frais. Il fallait au parti un organe de référence, dans lequel les prises de position puissent être claires. C'est ainsi que naquit en 1879 le *Sozialdemokrat* (*Der Sozialdemokrat, Internationales Organ der Sozialdemokratie deutscher Zunge* [133]), un enfant de la loi anti-socialiste puisque pour contourner la censure il parut à Zurich. Rédaction, composition, impression se faisaient en Suisse, il restait à trouver des solutions pour le faire pénétrer en Allemagne : journal d'émigrants, interdit, sa diffusion était passible de lourdes peines. Au congrès de 1880, qui se tint également en Suisse, à Wyden, fut décidée la création d'une organisation illégale, la *Rote Feldpost* (la poste rouge de campagne), qui existait déjà de manière empirique et dont la mission était de faire entrer et de diffuser en Allemagne ce *Sozialdemokrat*, ainsi que des tracts et brochures socialistes publiés en Suisse ou ailleurs à l'étranger. L'importance de cette organisation clandestine conçue et mise sur

132 Les femmes restèrent considérées comme d'éternelles mineures pendant encore quelques décennies, puisque l'interdit ne fut levé pour elles qu'au XXe siècle.
133 *Le Social-démocrate,* organe international de la social-démocratie de langue allemande.

pied par Julius Motteler avec tout le soutien logistique de Joseph Belli est inestimable, car au-delà de l'objectif premier (mettre à disposition des socialistes des prises de position claires et non tronquées), elle devint un précieux instrument de réorganisation des militants.

Il fallut déployer des trésors d'ingéniosité pour faire entrer en fraude en Allemagne et diffuser dans toutes les régions, semaine après semaine, des milliers d'exemplaires de l'organe social-démocrate. Pour ne pas être découverts, il était nécessaire de changer constamment de méthode et surtout de s'appuyer sur le plus grand nombre possible de sympathies locales.

Même le plus haut responsable de la police berlinoise ne tarissait pas d'éloges sur l'efficacité de cette contrebande, comme en témoigne son rapport de juillet 1885 :

> « D'après les informations ci-jointes, le tirage du *Sozial-demokrat* augmente pratiquement tous les trimestres, et son introduction illégale en Allemagne suit la même évolution. Il s'est révélé impossible de s'opposer efficacement à cette contrebande. Pour tout dire, il arrive assez souvent que nous confisquions, aux frontières ou dans le pays, des lettres ou des colis contenant le journal, mais malgré cela la majorité, et de loin, du nombre total d'exemplaires parvient régulièrement dans les mains de ceux qui l'ont commandé. Les hommes chargés de l'expédition ont acquis au cours des années une grande compétence dans cette contrebande, pour laquelle ils utilisent les moyens et trajets les plus variés. » [134]

134 « Die Auflage des '*Sozialdemokrat*' wächst nach den vorliegenden Nachrichten fast mit jedem Quartal, und dementsprechend nimmt auch seine heimliche Einführung nach Deutschland zu. Diesem Schmuggel wirksam entgegenzutreten hat sich als unmöglich erwiesen. Es werden zwar recht oft an den Grenzen und im Inlande Briefe und Pakete, die das Blatt enthalten, mit Beschlag belegt, aber der bei weitem grösste Teil der Auflage gelangt doch regelmäßig in die Hände der Besteller. Die Expedienten haben im Verlaufe der Jahre eine grosse Fertigkeit im Schmuggel erlangt und wählen dabei die verschiedensten Mittel und Wege ».
Rapport du président de la police berlinoise, cité dans : J. Belli, *Die rote Feldpost, op. cit.*, p. 13-14.

Des journaux étaient dissimulés dans des colis d'apparence anodine, introduits dans des boîtes de conserve, stockés dans des églises... Paul Frölich, rejeton de militants socialistes, rapporte que sous la loi d'exception, son père emballait des exemplaires du précieux journal puis les dissimulait dans un grand panier à provisions que l'enfant était chargé de porter à des militants selon un circuit établi à l'avance [135]. Bebel livre quelques anecdotes plaisantes sur l'inventivité déployée pour la diffusion de cette presse si dangereuse :

> « Ainsi notre feuille fut stockée pendant assez longtemps dans une église, à Villingen sous l'escalier de la chaire. Le diffuseur du *Sozialdemokrat* dans le district de Leipzig, Gen Kleemann, le garda jusqu'à son expulsion de Leipzig dans une armoire à sa disposition au théâtre de la ville, où il était ouvreur. Et lorsque l'empereur Guillaume II revint un jour d'un voyage en Angleterre, il ne se doutait pas qu'un bon stock d'exemplaires du *Sozialdemokrat* était logé dans la coque de son navire. » [136]

Franz Mehring explique que le *Sozialdemokrat* était distribué ainsi en plusieurs milliers d'exemplaires toutes les semaines jusque dans les localités les plus reculées par « toute une armée de camarades du parti énergiques, habiles et absolument fiables... » [137] Cela tenait effectivement de l'exploit, et plus d'un

---

135 Paul Frölich, *Autobiographie. Parcours d'un militant internationaliste allemand : de la social-démocratie au Parti communiste (1890-1921).* Éditions Science Marxiste, Paris, 2011.

136 « So wurde das Blatt längere Zeit in einer Kirche in Villingen unter der Treppe der Kanzlei gelagert. Der Verbreiter des *Sozialdemokrat* im Leipziger Bezirk, Gen Kleemann, verwahrte es bis zu seiner Ausweisung aus Leipzig in einem ihm als Logenschliesser im Stadttheater zur Verfügung stehenden Schrank. Und als Kaiser Wilhelm II. einmal von einer Reise nach England zurückkehrte, ahnte er nicht, dass im Bauch seines Schiffes ein grosses Quantum *Sozialdemokrat* verstaut war.»
A. Bebel, *Ausgewählte Reden und Schriften*, t. 6, *Aus meinem Leben,* p. 560. Trad. A. Deffarges.

137 « Ein ganzes Heer energischer, geschickter und unbedingt zuverlässiger Parteigenossen. »
Il évalue le nombre total à 12 000 exemplaires par numéro dès 1882.
Franz Mehring, *Geschichte der deutschen Sozialdemokratie*, 2. Teil,

diffuseur pris sur le fait fit de la prison pour cela, mais contribua aussi à la reconstruction du parti. Sollicités pour dissimuler et faire circuler discrètement le journal, c'est ainsi que certains anciens adhérents renouèrent avec le parti et reprirent de l'activité. Si l'on ajoute que chaque exemplaire passait d'un militant à l'autre et était lu par dix personnes en moyenne, on peut mesurer l'importance prise par l'organe central [138].

Dès 1884, en plus des exemplaires passés illégalement, le *Social-démocrate* était également imprimé clandestinement en Allemagne même. Les plaques d'impression prêtes à être mises sous presse étaient introduites secrètement depuis Zurich puis acheminées vers des imprimeries clandestines situées à Nuremberg, Cologne puis Hambourg (après 1888). Lorsqu'en avril 1888, le gouvernement suisse céda aux pressions des autorités allemandes et expulsa de la Confédération les responsables de l'organe central Bernstein, Motteler et Schlüter, qui partirent pour un exil londonien, le système mis en place ne s'effondra pas pour autant, porté cette fois surtout par Belli. L'organe central continua à être livré ponctuellement, toutes les semaines, jusqu'à ce que la rédaction puisse être transférée à Londres en octobre 1888.

Les écrits historiques sont rares qui décrivent l'ambiance, l'ampleur de la répression, les moyens inventés pour la contourner – si rares que pour s'en faire une idée, il faut épier, collecter chaque indice. En ce sens, le témoignage de Bebel est précieux, il constitue une source vivante de détails historiques. Sa manière imagée d'évoquer des épisodes de la « guerre des nerfs » que se livraient autorités et militants comble un peu la distance qui nous sépare de cette époque ; à la lecture de ces épisodes non dénués d'humour, on a l'impression que les militants s'étaient quasiment fait un sport de rendre la vie dure à la police [139]. Bebel était « l'ennemi numéro un » ; non seulement suivi pas à pas dès qu'il sortait du Reichstag comme d'autres députés sociaux-démocrates, mais également dans tous ses autres déplacements, d'ordre professionnel, politique ou personnel : les autorités se télégraphiaient d'une ville à l'autre, annonçant où et quand il arriverait.

Dietz, Berlin, 1960, p. 568. Trad. A. D.

138 J. Belli, *Die rote Feldpost unterm Sozialistengesetz*, *op. cit.*, p. 13.

139 A. Bebel, *op. cit.*, p. 573.

Parfois, l'employé de police chargé de sa surveillance se mettait tranquillement derrière lui au guichet des chemins de fer et interrogeait l'employé ou exigeait le même billet [140]. Un jour que Bebel arrivait en gare de Mittweida, deux comités d'accueil l'attendaient : l'un composé de ses camarades, l'autre du maire et de policiers. Il proposa en aparté aux premiers de faire ensemble les cent pas dans la rue pendant qu'il leur raconterait des histoires drôles. Après quelques minutes de ce manège, la rue principale était pleine de badauds qui se moquaient du maire et des policiers [141]. Le maire, qui n'en menait pas large, se mit à l'abri dans une maison. Un autre jour, une réunion de responsables du parti ayant été démasquée, ils s'enfuirent, semèrent les fonctionnaires de police et découvrirent une auberge ; là, afin d'obtenir l'arrière-salle, ils se firent passer pour une chorale en goguette, ce qui les obligeait à ponctuer leur réunion de chants populaires. Ils quittèrent l'auberge dans la nuit en braillant dans la forêt... Comme Bebel l'apprit par voie de presse, les autorités avaient compris trop tard ; il ne put s'empêcher de rire en imaginant la stupéfaction des braves aubergistes apprenant qu'ils avaient abrité de dangereux révolutionnaires...[142]

C'est encore Bebel qui, en voyages d'affaires, avait coutume de réserver sa chambre d'hôtel sous un faux nom, pour ne pas faciliter la tâche de la police. Un jour qu'il y recevait du courrier, distraitement il signa de son nom. Lorsque quelques mois plus tard, descendu au même hôtel, il réclama son courrier à l'agent des postes, il ne fut pas peu surpris de s'entendre répliquer qu'il n'était pas du tout celui qu'il prétendait être, qu'il était «Herr Bebel ». L'agent lui expliqua, tout sourire, qu'il avait eu une belle frayeur lorsque quelques mois auparavant il avait, le soir, contrôlé ses récépissés et constaté que nom et signature ne coïncidaient pas. Il était allé s'informer à l'hôtel où il lui avait été répondu tranquillement que Bebel et Meyer étaient une seule et même personne. Son supérieur ne s'était heureusement aperçu de rien.

Bebel qui avait déjà été traîné devant les tribunaux pour tentative de haute-trahison, fut poursuivi pour crime de société

140 *Ibid.*, p. 571.
141 *Ibid.*, p. 580.
142 *Ibid.*, p. 585.

secrète et complots contre la sûreté de l'État, mais il ne se trouva pas de juge pour le condamner. Les socialistes, qui avaient organisé une contre-police et mené leur propre enquête, dévoilèrent en effet les agents provocateurs et les intrigues policières montées pour le faire condamner. Il fut alors expulsé de Leipzig puis de Berlin, où cependant les autorités étaient contraintes de tolérer sa présence pendant les sessions parlementaires, afin qu'il remplisse son mandat de député. Il fut à nouveau condamné en 1886, lors du procès des socialistes de Freiberg : il se trouva des juges pour lui infliger neuf mois de prison.

Un militant encore jeune qui avait été contraint de s'exiler aux États-Unis, avait désigné comme héritier en cas de malheur, le SAPD. Cet homme décéda subitement. L'État allemand fit alors savoir aux autorités suisses, où avait été déposé le testament, que puisqu'il n'existait plus de parti ouvrier socialiste en Allemagne, celui-ci ayant été dissous et n'étant plus toléré, l'héritier désigné n'existait pas ; les exécuteurs testamentaires (entre autres Bebel) ne pouvaient faire valoir aucun droit sur l'héritage d'un parti qui n'existait plus. Les autorités suisses finirent par se ranger à cet avis [143].

Voici le bilan que faisait Edgard Milhaud de la situation du parti dans les années 1880 :

> « La vie du parti avait repris, sinon tout à fait normale, du moins extrêmement intense, plus intense qu'elle n'avait jamais été. Toutes les mesures qui frappaient soit les individus, soit les groupements, ne faisaient que renforcer et qu'exalter les sentiments de solidarité, l'esprit de dévouement et de sacrifice : librement, joyeusement, chacun se pliait à une discipline que nul règlement, que nuls statuts ne commandaient, mais dont tous comprenaient la nécessité. » [144]

143 *Ibid.*, p. 570.
144 Edgard Milhaud, *La Démocratie socialiste*, Alcan, Paris, 1903, p. 48.

Le tout répressif cesse de convaincre les adversaires du socialisme

Tout en menant la vie dure aux organisations ouvrières, dans les années 1880 Bismarck irrita une bonne partie de la bourgeoisie avec sa série de lois d'assurances sociales (en particulier l'assurance-maladie en 1883, l'assurance-accidents en 1884 qui irrita particulièrement les employeurs car ils la finançaient seuls, et l'assurance-invalidité en 1889). Commentaire cinglant de Franz Mehring : « attaquée au porte-monnaie, la bourgeoisie montra le courage qu'elle n'eut jamais pour ses idéaux politiques » [145] . Ce qui est indéniable, c'est qu'une fraction de la bourgeoisie prit le prétendu socialisme de Bismarck bien trop au sérieux [146]. Quant à Bismarck lui-même, qui parmi les chefs d'État européens était le pionnier de ce genre de politique sociale, il ne s'en cachait pas : ces lois étaient conçues comme un complément à la politique répressive, elles n'étaient rien d'autre qu'un nouvelle arme dans son arsenal conçu pour anéantir la social-démocratie.

Cependant au cours des années 1880, un certain nombre de ceux qui dans l'atmosphère surchauffée de 1878 avaient soutenu la mise en place des lois antisocialistes – voire les avaient approuvées par leur vote – commençaient à changer d'opinion. Des intellectuels hostiles au socialisme ne les voyaient plus d'un bon œil, les jugeaient même contre-productives puisque la répression systématique ne faisait que creuser le fossé entre pouvoir et socialistes, poussant ses derniers à se radicaliser. Au fil des années, ce sentiment allait gagner du terrain jusqu'à devenir l'opinion dominante. La *Frankfurter Zeitung* écrivait déjà en 1880 :

---

145 Franz Mehring, *op. cit.*, p. 544-550.

146 Ernst Engel par exemple, grand spécialiste des statistiques sociales, directeur de l'office de statistique de Prusse et qui lui donna son efficacité et un prestige remarquable, démissionna de son poste en 1882 pour protester contre la politique de Bismarck trop socialiste à son goût.

> « Le discours de Bebel nous laisse imaginer avec effroi quelle somme de haine et de désir de vengeance s'amoncellent à la suite de la loi d'exception ; cela fait naître en nous l'intuition inquiétante de dangers cachés, qui menacent davantage la paix de la nation que cela n'a jamais été le cas auparavant de par l'agitation ouverte. » [147]

D'autre part, certains démocrates étaient choqués de la sévérité avec laquelle la loi d'exception était appliquée, désapprouvant par exemple que des peines de prison soient requises contre des personnes qui n'avaient fait qu'émettre une opinion. Une petite partie d'entre eux se mit à défendre, dans la presse ou devant les tribunaux, les victimes de la loi. Ces remises en cause étaient notamment ravivées chaque fois que le Reichstag devait se prononcer sur une nouvelle prorogation de la loi.

En 1884, lors d'un tel débat sur la prolongation des lois antisocialistes, un député libéral déclara qu'on pourrait envisager d'abroger ces lois si toutefois les socialistes renonçaient à se définir comme « révolutionnaires ». Face à cette exigence et pour armer politiquement les sociaux-démocrates et en particulier le député August Bebel, qui allait avoir à répondre, Friedrich Engels ne cédait pas un pouce de terrain et reprenait dans une lettre le thème de la révolution bismarckienne par en haut, pour dire en substance que si le pouvoir de Bismarck laissait la social-démocratie être seulement aussi révolutionnaire qu'il l'avait été lui-même quinze ans plus tôt, elle n'en demanderait pas davantage. Voici un extrait de cette lettre à Bebel du 18 novembre 1884 :

> « Après la victoire, trois trônes « de droit divin » s'effondrèrent et cela entraîna l'annexion de territoires. [...] Si cela ne fut pas révolutionnaire, je ne sais pas ce que ce mot veut dire. Mieux encore, la Prusse confisqua les possessions des princes

147 « Welche Summe von Hass und Rachsucht im Gefolge des Ausnahmegesetzes erwächst, lässt uns die Rede Bebels schaudernd ahnen ; wir erhalten den unheimlichen Eindruck geheimer Gefahren, die den Frieden der Nation mehr bedrohen, als dies je die offene Agitation vermochte. »
In: F. Mehring, *Geschichte der deutschen Sozialdemokratie*, *op. cit.*, p. 593. Trad. A. D.

> qu'elle avait chassés. [...] Le Reich allemand-prussien, considéré comme l'aboutissement de la Confédération de l'Allemagne du Nord instaurée par la violence en 1866, fut une création absolument révolutionnaire. Je ne m'en plains pas. Ce que je reproche aux gens qui ont fait cela, c'est qu'ils ne furent que de misérables révolutionnaires : ils auraient dû aller beaucoup plus loin et annexer carrément toute l'Allemagne à la Prusse. Qui opère par le fer et par le sang, renverse des trônes, avale des États entiers, confisque des propriétés privées, celui-là ne doit pas maudire d'autres personnes en les traitant de révolutionnaires. Si seulement le parti conserve le droit d'être ni plus ni moins révolutionnaire que l'a été le gouvernement du Reich, alors il aura tout ce qu'il lui faut. »[148]

Le journal *Germania* n'avait pas non plus de doute sur le caractère révolutionnaire de ce parti, qui écrivit alors : « Il est un espoir qui permet aux socialistes de tenir. Ce n'est pas celui de l'abolition de la loi d'exception, mais celui du jour proche de la revanche, à peu près vers 1889. » [149]

Ce journaliste ne croyait pas si bien dire. En 1889 s'amorça la reprise industrielle la plus importante depuis 1873 ; une vague de grèves d'une ampleur inconnue jusque-là se déclencha alors. Durant l'été 1889, les mineurs de la Ruhr étaient 120 000 en grève. Le gouvernement avait exigé en 1888 le durcissement de la loi anti-socialiste et, fin 1889, son prolongement définitif. Un procès monstre se déroulait en même temps au tribunal d'Elberfeld, le plus grand procès de ces années, destiné à démontrer que la fraction parlementaire sociale-démocrate était à la tête d'une union secrète qui s'étendait sur tout le pays. L'objectif était de condamner l'ensemble de la fraction parlementaire, et de la mettre tout entière hors d'état de nuire. L'écho fut retentissant dans la presse allemande et internationale, une publicité qui était assez peu du goût du pouvoir.

---

148 Karl Marx, Friedrich Engels, *Gesammelte Werke*, 43 vol., Berlin, Dietz, 1956 et suiv. [Marx-Engels-Werke, désormais MEW], vol. 36, p. 238-240.

149 « Eine Hoffnung hält die Sozialisten aufrecht. Nicht diejenige auf Beendigung des Ausnahmegesetzes, sondern die auf den baldigen Tag der Revanche, so ungefähr um 1889 herum.»
Cit. in : F. Mehring, *op. cit.*, p. 595.

Avec l'importante radicalisation des masses, beaucoup dans les classes dirigeantes imaginèrent effectivement, autour de 1890, que la révolution était imminente. Le grand naturaliste Gerhart Hauptmann en témoigne également, lui qui a propos de son *Emanuel Quint* rapporte combien un bouleversement social radical paraissait alors inévitable :

> « On prévoyait le plus sérieusement du monde un effondrement social radical, qui devait se produire au plus tard autour de l'an mille-neuf cent et devait changer le monde. De la même manière que ces pauvres artisans de la campagne, ceux qui avaient suivi les traces du fou [le héros du roman de Hauptmann], aspiraient à l'empire de mille ans et à la nouvelle Sion, les cercles socialistes et les jeunes intellectuels qui leur étaient proches aspiraient à la réalisation d'un futur État socialiste, social et donc idéal... Bien que l'appellation fût différente chez les uns et les autres, l'origine était au fond la même : l'ardent désir de délivrance, de pureté, de libération, de bonheur et de perfection en général. Les uns parlaient d'État social, d'autres de liberté ou encore de Paradis, d'Empire de mille ans ou de royaume des cieux. » [150]

La social-démocratie, qui apparaissait comme victorieuse de son long bras de fer avec le pouvoir, commençait à avoir une image d'invincibilité. De fait la censure, les expulsions, les interdits

---

150 « Man rechnete allen Ernstes mit einem gewaltigen, allgemeinen gesellschaftlichen Zusammenbruch, der spätestens um das Jahr Neunzehnhundert eintreten und die Welt erneuern sollte. Wie die armen ländlichen Professionisten, die den Spuren des Narren [des Helden von Hauptmanns Roman] gefolgt waren, auf das Tausendjährige Reich und auf das neue Zion hofften, so und nicht anders hofften die sozialistischen Kreise und diejenigen jugendlichen Intelligenzen, die ihrer Gesinnung nahestanden, auf die Verwirklichung des sozialistischen, sozialen und also idealen Zukunftsstaates... Was bei dem einen diesen, bei dem anderen jenen Namen hatte, war im Grunde aus der gleichen Kraft und Sehnsucht der Seele nach Erlösung, Reinheit, Befreiung, Glück und überhaupt nach Vollkommenheit hervorgegangen: das gleiche nannten diese Sozialstaat, andere Freiheit, wieder andere Paradies, Tausendjähriges Reich oder Himmelreich. »
Cit. in : Georg Lukacs, *Schriften zur Literatursoziologie*, Luchterhand, Neuwied & Berlin, 1961, p. 453-454. Trad. A. D.

et les mille vexations inventées au cours des années avaient été impuissants à enrayer son développement. Si la loi antisocialiste coûta d'importants sacrifices au jeune SPD, elle contribua effectivement à faire de lui un parti irréconciliable avec l'ordre établi, un parti dont les militants n'avaient plus aucun espoir en l'État [151]. En ce sens, malgré les souffrances individuelles (et elles furent nombreuses : prison, exil, perte d'emploi, disette), malgré les difficultés matérielles (pour se réunir, éditer une presse), cette loi contribua à faire du SPD un parti de masse, ouvrier et socialiste, aux militants aguerris capables de supporter d'autres épreuves. Le contraire d'un parti de compromis. Douze années de ce régime, le forçant à se déterminer clairement, lui interdisant toute compromission avec le pouvoir en place, obligèrent ses adhérents et cadres à acquérir une formation solide. Comme l'écrivit Hans-Ulrich Wehler, le spectre rouge hantait maintenant jusqu'à la brasserie la plus reculée.

La crise économique des années 1870 et 1880, les scandales politico-financiers semblaient donner raison au SPD, et nombre de travailleurs, d'artisans, d'employés prenaient conscience que le monde qui les entourait ne leur laissait pas de place. Les difficultés avaient forgé une génération nombreuse en opposition irréductible à l'État. Puisqu'ils étaient traités en ennemis, ils allaient le devenir vraiment. Les commentateurs cités avaient certainement vu juste : pour un parti intégré, considéré comme un interlocuteur par les autorités, la tentation eût été beaucoup plus grande d'édulcorer son langage, de prendre un air respectable.

Bebel pouvait déclarer quelques années plus tard, en 1897, devant une assemblée d'étudiants qui n'étaient pas acquis à sa cause :

> « La grande question sociale est devenue, sans aucun doute, la plus importante de toutes les questions de civilisation. Les pensées, les aspirations et même la littérature de nos hommes d'État et de ceux qui les entourent tournent autour d'elle, et ce à un degré beaucoup plus important qu'il ne

151 Rappelons-nous qu'au moins les lassalliens caressaient encore de tels espoirs peu d'années auparavant.

l'admettent officiellement. Quand le Comte Caprivi expliquait : « Je le reconnais franchement, il n'est pas de question législative pour les gouvernements alliés qui ne soit appréhendée au premier chef du point de vue de son effet probable sur la social-démocratie » – qu'est-ce à dire sinon reconnaître que chacun doit faire de la politique et se préoccuper de la social-démocratie ? » [152]

Une réponse des socialistes : l'utilisation des élections

À part la diffusion de la presse clandestine, que nous avons évoquée, comment les socialistes réagirent-ils aux lois qui devaient les soumettre ? En réalité ils tâtonnèrent et explorèrent bien des possibilités, parmi lesquelles et comme forme d'action publique directement politique il y eut en particulier l'utilisation des élections. À ce parti auquel presque tout était interdit, le pouvoir n'avait pas réussi à opposer l'interdiction de se présenter aux élections. Bismarck avait tenté, entre fin 1878 et 1880, d'obtenir que même le droit de vote soit retiré aux personnes convaincues de socialisme, mais il y avait échoué. Depuis, chaque électeur avait le droit de se présenter aux élections au moins à titre individuel, c'était donc aussi le cas pour les socialistes, même si ces militants n'eurent bien souvent pas le droit de faire campagne, de tenir des réunions publiques ou de diffuser une presse d'obédience socialiste. Drôle de situation que celle de ce parti interdit, calomnié, aux militants pourchassés, traités comme des criminels, mais auxquels il n'avait pas été interdit de se présenter aux élections – ni de les gagner.

---

152 « Die große soziale Frage ist unzweifelhaft die wichtigste aller Kulturfragen geworden, um die sich in weit höherem Grad, als das offiziell von Seiten unserer Staatsmänner und Staatslenker zugegeben wird, auch deren Denken, Dichten und Trachten dreht. Wenn Graf Caprivi erklärte: "Ich bekenne es offen, daß es keine gesetzgeberische Frage für die verbündeten Regierungen gibt, die sie nicht in erster Linie von dem Gesichtspunkte auffassen, wie wird sie auf die Sozialdemokratie wirken?" - was bedeutet das anderes, als das Anerkenntnis, daß sich jeder um Politik und um die Sozialdemokratie kümmern muß? »
August Bebel, *Ausgewählte Reden und Schriften*, t. 4 : *Akademiker und Sozialismus*, Berlin, 1897, p. 235-236. Trad. A. D.

Après le début de la loi antisocialiste, les résultats électoraux avaient brutalement chuté. La police intervint avec une brutalité inédite dans la campagne de 1880. À Chemnitz, des militants furent emmenés par la police, le candidat du parti placé en garde à vue pendant plusieurs jours, au défi de toute légalité, pour l'empêcher de faire campagne. Les tracts furent saisis et les réunions électorales du SAPD interdites ; dans les semaines précédant les élections il fut procédé à 600 arrestations, sans l'ombre d'un motif si l'on en croit Mehring[153].

> « L'agitation fut encore rendue plus difficile par l'interdiction de nombre de rassemblements électoraux, la dispersion forcée, encore plus souvent, des réunions publiques pendant un discours, ou bien leur empêchement pur et simple parce que les aubergistes refusaient de mettre à disposition leurs salles. » [154]

Il faut dire que les autorités firent souvent pression sur les restaurateurs pour les empêcher de louer leurs salles aux socialistes. De son ton désinvolte, Bebel de son côté fait remarquer que lorsque des policiers venaient dissoudre des réunions publiques, cette manière impromptue d'y mettre fin ne dérangeait personne, qu'au contraire l'orateur recueillait des applaudissements appuyés, ce qui était du meilleur effet. Les organisateurs mettaient l'incident à profit pour distribuer des feuilles volantes ou de petites brochures reprenant les points essentiels du discours prévu, écrits qui circulaient ensuite de la main à la main. Une difficulté était l'imprévisibilité des réactions de la police : impossible de prévoir si un meeting allait être dispersé, interdit, toléré ou simplement ignoré. Comme d'autre part il était souvent difficile d'obtenir une salle, les réunions se tinrent parfois en plein air à la campagne, dans une prairie, une carrière de

153 F. Mehring, *Zur deutschen Geschichte*, p. 205. Bebel de son côté raconte que quatre jours avant les élections, pour faire pression sur les électeurs, vingt-et-un socialistes furent expulsés de la ville où il se présentait. A. Bebel, *Aus meinem Leben*, p. 617.

154 « Erschwert wurde weiter die Agitation dadurch, dass viele Wahlversammlungen verboten, noch mehr während einer Rede aufgelöst oder dadurch überhaupt verhindert wurden, dass die Wirte die Hergabe der Säle verweigerten. » In: A. Bebel, *op. cit.*, p. 628. Trad. A. D.

pierres ou en forêt. En Allemagne du Nord, lorsqu'il faisait trop froid les réunions se tenaient tout en marchant, parfois sur la glace !

Pour empêcher de voter social-démocrate, il arrivait fréquemment que les bulletins soient marqués, comme par exemple pendant les élections de 1881. L'achat de voix était également pratique courante. Des résultats électoraux furent truqués ; dans un cas où le manège ayant été vraiment trop grossier les sociaux-démocrates décidèrent d'engager des poursuites, un beau matin tout le dossier de l'instruction avait disparu, mystérieusement dérobé, et le candidat faussement élu garda son siège. Dans cette ambiance marquée par l'intimidation, les 312 000 voix que la social-démocratie parvint à réunir en 1881 paraissaient loin d'avoir été un échec (contrairement à ce qu'affirment nombre d'historiens qui aujourd'hui n'y voient que le recul par rapport aux élections précédentes). Bebel va jusqu'à en faire un vif succès, comme il ressort de l'extrait suivant :

> « Et que malgré tout cela, le parti comptabilise 311 961 voix le jour du vote, seulement 125 197 de moins qu'aux élections ayant suivi les attentats en août 1878, c'était un succès énorme qui fit une peur bleue à nos adversaires. Il paraît en particulier qu'après la divulgation des résultats électoraux, une ambiance abattue a régné au château de Berlin. [...] En réalité, la loi antisocialiste était vaincue déjà le 27/10/1881. L'effet moral sur le parti fut prodigieux. On s'était compté à nouveau, et voyez-vous cela, trois quarts de la vieille garde étaient restés fidèles au drapeau. » [155]

155 « Und wenn nun trotz alledem und alledem am Wahltag die Partei 311 961 Stimmen zählte, nur 125 197 weniger als bei den Attentatswahlen im August 1878, so war dieses ein gewaltiger Erfolg, der unseren Gegnern in die Glieder fuhr. Namentlich soll nach dem Bekanntwerden des Wahlresultats im Berliner Schloss eine sehr gedrückte Stimmung geherrscht haben. (...) Tatsächlich war schon am 27/10/1881 das Sozialistengesetz besiegt. Die moralische Wirkung auf die Partei war ungeheuer. Man hatte sich mal wieder gezählt, und siehe da, drei Viertel der alten Garde stand treu zur alten Fahne.»
In A. Bebel, *op. cit.,* p. 571 et p. 632-635. Trad. A. D.
Voir aussi F. Mehring, *Geschichte der deutschen Sozialdemokratie*, p. 549 et suivantes.

C'est sans doute une vision en partie rétrospective : au moment des faits, les dirigeants ne pensaient certainement pas encore que le plus dur était surmonté. Pour l'heure, procès et condamnations s'abattaient sur eux. Rien qu'en 1882, trois procès étaient intentés à Bebel, dont l'un avait pour prétexte un tract, confisqué avant d'avoir été diffusé, dans lequel la loi antisocialiste était qualifiée de « loi infâme ». L'auteur d'une telle loi était nécessairement infâme lui-même, ce qui valut à l'auteur un mois de prison pour outrages au chancelier. Il purgea à nouveau une peine de quatre mois à la fin de l'année 1882 et neuf mois en 1886. Pour Jacques-Pierre Gougeon, « on peut parler sans exagération de persécution, laquelle perdure d'ailleurs bien au-delà de la période d'application de la loi antisocialiste » [156]. Reste qu'à partir de cette élection de 1881, les résultats électoraux du SPD progressèrent continûment pendant trente ans.

L'Allemagne n'était pas un tout homogène et la loi antisocialiste, appliquée avec plus ou moins de rigueur selon les époques, n'était pas appliquée partout aussi férocement, tant s'en faut, qu'en Prusse ou en Saxe. En particulier dans les petits États et dans le Sud-Ouest, les travailleurs qui voulaient vraiment s'organiser trouvèrent des solutions , d'abord en affluant vers les caisses de secours tolérées par la loi sur l'assurance maladie, caisses qui virent le nombre de leurs membres multiplié par quatorze (!) entre 1880 et 1885. Et, peu à peu, avant d'y être autorisés, presque tous les corps de métiers se donnèrent à nouveau leurs organisations syndicales. Les autorités mises devant le fait accompli, l'entérinèrent [157].

En 1885, la loi antisocialiste fut prolongée pour deux années supplémentaires, en 1888, elle était prolongée pour la quatrième et dernière fois.

---

156 J.-P. Gougeon, *op. cit.*, p. 101.

157 En réponse au nouveau cours de la politique de Bismarck, l'en-tête des tracts sociaux-démocrates des années 1883 et 1884 portait : « *Sein Zuckerbrot verachten wir, seine Peitsche zerbrechen wir.* » (« Son pain de sucre, nous le dédaignons, quant à son fouet, nous le briserons »), in F. Mehring, *Geschichte der deutschen...*, p. 583. Trad. A. D.

Lors des trois élections générales qui se déroulèrent entre 1881 et 1887, c'est-à-dire sous le Ministre de l'intérieur Puttkamer, un ennemi acharné des socialistes, le nombre de voix passa d'environ 312 000 à 763 000 [158]. Le SPD était sur la voie de devenir le parti le plus puissant. Peu à peu, avec l'expérience, les dirigeants acquirent une compétence incontestable, tant pour organiser le parti malgré l'illégalité que pour déterminer une ligne politique et trouver le ton lors des débats du Reichstag. En 1881, Friedrich Engels écrivait : « Le discours concernant la loi sur l'assurance-accidents nous a particulièrement plu... Ce débat nous a donné l'impression que le tourneur Bebel fût le seul homme cultivé de tout le Reichstag. » [159] Quelques années plus tard Puttkamer reconnaissait en plein Reichstag : « Bebel est connu comme le plus capable, le plus éloquent, mais aussi le plus dangereux de tous les sociaux-démocrates et agitateurs. » [160]

Durant toute cette période, le parti social-démocrate voyait donc ses écrits programmatiques et sa presse interdits, saisis ; militants de base, élus, dirigeants alternaient séjours en prison et activisme politique, d'autres étaient bannis de leur État ou se résolvaient à l'exil. Puisque tant d'autres moyens de propagande leur étaient déniés, ils firent du Parlement leur instrument pour populariser leurs idées, pour s'adresser, par-dessus la tête des députés, aux couches populaires. Ces députés en situation instable, à la merci d'une arrestation sitôt franchi le seuil du Reichstag, ne pouvaient avoir de doute sur la nature de l'État : ils étaient en guerre avec lui.

Ils se trouvèrent alors dans cette situation contradictoire d'obtenir toujours plus de voix aux élections, d'appartenir à l'un des partis les plus représentatifs, tout en restant interdits et

---

158 F. Mehring, *op. cit.*, p. 597.

159 "Die [Rede] über das Unfallgesetz hat uns ganz besonders gefallen... Die Debatte machte den Eindruck, dass der Drechsler Bebel der einzige gebildete Mann im ganzen Reichstag ist."
Lettre de F. Engels à A. Bebel au sujet de son discours au Reichstag, 28/04/1881, in : A. Bebel, *op. cit.*, t. 6, p. 714 (Note 475).

160 "Bebel [ist] als der fähigste, beredteste, aber auch gefährlichste aller Sozialdemokraten und Agitatoren bekannt"
R. v. Puttkammer au Reichstag, discours du 30/03/1886, in Bebel, *Ibid.*, p. 712 (Note 435).

accusés des pires maux. Ses élus, bien souvent ouvriers d'origine, siégeaient au Reichstag à côté de représentants de la noblesse et de la bourgeoisie, mais ne se risquaient pas à mettre le pied dans la capitale en dehors des sessions parlementaires, de crainte d'être aussitôt incarcérés. Étrange destin que celui de ces hommes.

La situation du parti lui-même n'était pas moins étonnante, un parti qui expliquait que les élections sont impuissantes à apporter le moindre véritable changement, mais auquel les élections profitèrent énormément, puisque pendant des décennies il se développa, se renforça, trouva une audience et de nouvelles recrues justement au travers des élections et des élus, au Reichstag, mais aussi dans les Landtage (parlements des divers États) et les municipalités.

Lors des élections de 1890, le choc fut considérable : avec près d'un million et demi de voix (1 427 298 voix), la social-démocratie interdite dépassait pour la première fois tous les autres partis. Il y avait là davantage qu'un symbole : Bismarck le chancelier de fer dut remettre sa démission un mois plus tard, il était contraint de renoncer au pouvoir au moment où il allait falloir légaliser ce SAPD qu'il avait tant combattu, et qui sortait considérablement grandi de l'épreuve de force. Après cela, les succès électoraux des socialistes continuèrent à s'amplifier de manière ininterrompue jusqu'en 1912, où ils obtinrent 4,25 millions de voix et 34,8 % des suffrages. La majorité de la classe ouvrière se sentait représentée par la social-démocratie.

3. Après la levée des lois : la répression, toujours

En 1890, divers facteurs vinrent se conjuguer pour faire croire à l'imminence de la révolution sociale, croyance partagée, une fois n'est pas coutume, par les partis proches du pouvoir et par nombre de socialistes. Ces craintes ou ces espoirs, selon le côté où l'on se trouvait, qui ne se réalisèrent en rien, donnent un aperçu de la polarisation de la société allemande autour de 1890, entre conservateurs et social-démocratie. Maximilian Harden appartenait moralement au premier groupe et ses convictions traditionalistes le poussaient à toujours prendre parti pour les conservateurs contre les libéraux (qui ne défendaient selon lui que leurs intérêts étroits), mais d'un autre côté, il se trouvait souvent du côté de la classe ouvrière organisée. Il estimait que ses revendications étaient indiscutables. Comme l'écrit Harry Pross :

> « Les sympathies de Harden allaient donc à la classe montante et à celle qui abandonnait le terrain. Il voyait que celle-ci avait encore le pouvoir et tenait la prise du pouvoir par l'autre pour une affaire de quelques années. La classe moyenne, la bourgeoisie, lui paraissait incapable d'exercer le pouvoir » [161].

La crise économique et la politique autoritaire avaient fait naître dans de nombreuses couches de la population un certain mécontentement, c'est pourquoi avec la radicalisation ouvrière, les près de 1,5 million de voix de la social-démocratie, la chute de Bismarck, la mise au rancart de la loi antisocialiste, en 1890 beaucoup virent pointer le spectre de la révolution. Mais tout cela n'engendra finalement qu'un revirement politique mineur [162]. La montagne avait accouché d'une souris. En effet, au moment où s'opérait ce revirement, la dépression industrielle qui durait depuis si longtemps prit fin, un puissant essor économique s'amorça. Les capitalistes et les idéologues, professeurs, journalistes et autres intellectuels, reprirent courage. L'agriculture se releva et les

161 « Die Sympathien Hardens lagen also bei der abtretenden und bei der kommenden Klasse. Er sah, dass die eine noch die Macht hatte und hielt die Machtübernahme der anderen für eine Frage von wenigen Jahren. Der Mittelstand, das Bürgertum, schien ihm ungeeignet zur Herrschaft. » Harry Pross, *Literatur und Politik. Geschichte und Programme der politisch-literarischen Zeitschriften im deutschen Sprachgebiet seit 1870*, Walter-Verlag, Olten – Freiburg /Br.: 1963, p. 59. Trad. A. D.

162 On peut rapprocher ces événements de la tentative faite en France par le boulangisme (1889) pour changer la Constitution par des moyens violents. Ajoutons que le revirement politique apporta tout de même quelques progrès sociaux, ainsi la loi du code industriel fixant à 11 heures la journée de travail maximale pour les femmes, non protégées jusqu'alors, fut adoptée en Allemagne en 1891 (la même disposition fut introduite en France en 1892).

artisans aussi eurent leur part de cet essor, jusqu'aux ouvriers qualifiés même. L'accroissement rapide de la population industrielle élargit le marché agricole.

Si la révolution ne fut pas au rendez-vous en 1890, le mouvement socialiste amorça alors un développement sans précédent, sur lequel nous reviendrons. Max Gallo compare ainsi l'état du parti allemand avec les forces des organisations socialistes françaises en 1904 :

> « [...] la puissance de la social-démocratie allemande qui, avec ses 400 000 adhérents, ses 78 journaux dont 54 quotidiens, ses organisations de masse, ses liens avec le mouvement syndical, ses millions d'électeurs paraît gigantesque quand on la compare aux faibles partis français. » [163]

Après 1890, les syndicats qui n'avaient pu se développer que lentement jusque-là par suite de la crise économique et de l'étouffement de la vie politique, prirent un essor rapide dans le sillage du SPD. Le développement fut énorme entre 1891 et 1893, et le nombre des syndiqués allemands passa de 223 530 en 1893 à 1 865 506 en 1907. Les syndicats anglais, ces vieux champions de la classe ouvrière, se virent dépassés ; les salaires, le temps de travail et certaines conditions de travail firent l'objet d'améliorations sensibles.

Mais tout cela ne se fit pas sans heurt ni dans la douceur. Car après la fin des lois d'exception, même si on en prend rarement la mesure, il n'y eut pas de retour à la normalité pour les socialistes. En réalité le climat politique ne s'arrangea guère que pendant quelques mois, ensuite le sort des adhérents redevint précaire et la répression importante. La politique que l'Empereur prétendait « sociale » après avoir congédié Bismarck fut de très courte durée, et à plusieurs reprises dans les années 1890, le pouvoir chercha sérieusement à mettre en vigueur de nouvelles lois d'exception.

---

163 Max Gallo, *Le Grand Jaurès*, Paris : Robert Laffont, 1984, p. 365.

En septembre 1893, le ministre-président et ministre de l'Intérieur Botho von Eulenburg exigeait une surveillance accrue des sociaux-démocrates, enjoignant de recourir si nécessaire à la force armée. En 1894 Guillaume II, de plus en plus hostile au mouvement ouvrier, fit présenter un projet contre les menées subversives du SPD (*Umsturzvorlage*) et il envisagea une loi exceptionnelle qui aurait abouti à l'abrogation dans le Reich du suffrage universel ! Le chancelier Hohenlohe défendit assez mal ce projet devant le Reichstag ; il fut repoussé. Le 2 septembre 1895 encore, portant un toast en l'honneur de la victoire de Sedan, l'empereur n'hésitait pas à affirmer :

> « Une bande d'agitateurs indignes de l'Allemagne ose insulter le peuple allemand, ose traîner son souverain dans la boue. Puisse le peuple tout entier trouver la force de repousser ces attaques inacceptables ! Dans le cas contraire, je vous demande de vous opposer à ces traîtres méprisables et de livrer bataille pour nous libérer de ces éléments indésirables. »[164]

Pour avoir évoqué, dans un discours au congrès du parti à Breslau, les paroles injurieuses proférées contre le SPD, W. Liebknecht était encore une fois condamné à quatre mois de prison en cette année 1895, reconnu coupable de crime de lèse-majesté. Il purgea sa peine pendant l'hiver 1897-1898, et par un curieux hasard, sortit de prison le 18 mars. Le soir même il tenait une réunion publique à Berlin, pour un double anniversaire que le mouvement ouvrier allemand n'omettait jamais de fêter : celui du début de la révolution de 1848 en Allemagne et de la Commune de Paris. W. Liebknecht était alors âgé de soixante-douze ans.

Nulle amélioration donc du climat gouvernemental à l'égard de la social-démocratie, ni même de véritable retour à la légalité après 1890. Pendant toute la décennie – les mois qui suivent immédiatement le départ de Bismarck mis à part -, la menace a pesé constamment sur les sociaux-démocrates.

---

164 Déclaration citée dans l'ouvrage de J.-P. Gougeon, *op. cit.*, p. 102.

C'était pire pour les femmes du mouvement. En effet, même les quelques droits démocratiques désormais accordés aux ouvriers socialistes, aussi précaires soient-ils, étaient refusés aux ouvrières socialistes. Dans certaines régions, les femmes restaient interdites de réunions politiques, un interdit difficile à contourner, car la présence de quelques femmes suffisait à la police comme prétexte pour les faire dissoudre. Dans d'autres États, et c'était le cas dans le Royaume de Prusse et donc à Berlin, la loi sur les associations leur interdit encore pendant des années après 1890 d'être membres de sociétés s'occupant de questions politiques. Il fallait donc organiser les femmes autrement et souvent séparément, et c'est là encore que l'expérience antérieure des associations d'éducation et de loisirs eut beaucoup d'importance. Lily Braun rapporte également que dans les années 1896 et 1897, la répression envers les organisations féminines de la social-démocratie était toujours aussi féroce, même leurs associations culturelles étant dissoutes sous les prétextes les plus légers, leurs responsables régulièrement mises sous les verrous [165].

C'est dans ce contexte que Clara Zetkin avait repris, en 1892, la rédaction du journal *Die Gleichheit (L'Égalité)*, un journal ambitieux et de forme plutôt austère, dont l'objectif, plutôt que de convaincre d'autres cercles de travailleuses, était de donner aux femmes ayant déjà rejoint la social-démocratie, une formation théorique et des arguments politiques. Il fallait s'adresser à elles en partant de leurs problèmes, mais sans se cantonner à ceux-ci ni s'intéresser particulièrement aux questions considérées comme typiquement féminines, liées à l'éducation des enfants par exemple. Au contraire, l'idée de C. Zetkin était de leur prouver qu'elles savaient s'intéresser à toutes les questions les plus

165 « Ihre Bildungsvereine waren unter den nichtigsten Vorwänden aufgelöst worden; ihre Vorkämpferinnen mußten sich wiederholt polizeilichen Haussuchungen unterwerfen, jede Korrespondenz mit Gesinnungsgenossinnen, die man auffand, genügte, um sie als staatsgefährliche Verbrecher hinter Schloss und Riegel zu setzen. [...] Für die Zusammenkünfte, die notwendig waren, bedurfte es der größten Vorsichtsmaßregeln, und nur ein kleiner Kreis vertrauenswürdiger Frauen wurde dazu eingeladen. »
Lily Braun, *Memoiren einer Sozialistin* [2 vol., 1e éd. 1908 et 1911], R. Piper, München, 1986, p. 271.

diverses et qu'elles n'étaient pas moins capables de les comprendre que les hommes. De même, si ce sont bien souvent des femmes qui se chargèrent de la propagande envers les femmes, c'était pour que le message ait plus de chance d'être entendu, pour montrer aussi qu'une femme pouvait très bien parler dans un meeting public, mais cela se faisait sans paternalisme ni complicité sur une base fausse.

La social-démocratie, seule entre tous les partis, avait inscrit à son programme, et dans la partie du programme se rapportant aux réformes immédiates, l'égalité civile et politique des femmes et des hommes ; par ailleurs, elle défendait systématiquement dans les parlements les revendications féministes, y compris celles qui, à cette époque-là, ne pouvaient intéresser que les femmes des classes aisées. Enfin, à l'intérieur du parti, les statuts accordaient aux femmes l'égalité complète avec les hommes, elles pouvaient par exemple être déléguées aux congrès ou rédactrices de presse au même titre que leurs homologues masculins.

Il s'agissait là d'une conviction profonde, selon laquelle la sujétion et l'infériorité des femmes n'avaient rien de naturel mais étaient pure construction sociale : les ouvrières subissaient une double domination, une double oppression, en tant que membre de la classe travailleuse et en tant que femme. Friedrich Engels n'avait-il pas écrit un jour : « Dans la famille l'homme est le bourgeois, tandis que la femme représente le prolétariat ». Au-delà de l'idéal d'une société sans hiérarchie et sans oppression, une autre raison leur faisait adopter cette attitude féministe : comme pour les revendications démocratiques et sociales dont ils étaient des combattants, ils savaient bien que l'exclusion de tous droits démocratiques et même du droit de se forger son opinion pour la moitié féminine de la population travailleuse représentait un affaiblissement du mouvement ouvrier dans son ensemble, en plus d'être une mutilation individuelle.

C'est à la même époque, en 1896, que fut supprimé le suffrage universel pour le Landtag (le parlement régional) de Saxe, juste au moment où on pouvait craindre que les socialistes n'y conquièrent la majorité ! En 1897, l'Empereur voulut faire voter en Prusse une loi contre les socialistes, il obtint un article additionnel à la loi prussienne sur les réunions (*Vereinsgesetznovelle*) ; en 1899 un projet de loi restreignait encore le droit de coalition tandis qu'une autre loi devait censément protéger la « liberté du travail » : il s'agissait de punir de prison les socialistes qui pousseraient des ouvriers (les « obligeraient », disait le texte) à faire grève. Pour la classe dirigeante, le SPD restait le parti de subversion qui devait être combattu, y compris en donnant un appui aux artisans et aux paysans ; toute espèce de concession à la social-démocratie était considérée comme dangereuse, car risquant de la renforcer encore. Non seulement le SPD dans l'Empire est un parti d'opposition constante mais, pire, on gouverne directement contre lui.

Nous avons évoqué la difficulté du parti à obtenir des salles de réunion sous les lois antisocialistes. Or ce problème resta entier après 1890, de sorte que nombre de réunions continuèrent à se tenir en plein air. Mais dans les régions où le parti était fort, les socialistes répliquèrent désormais en organisant le boycott, par tous les sympathisants, des restaurants qui leur refusaient l'accès à des locaux. Ce moyen de pression fut efficace, beaucoup cédèrent. Mais des réunions continuèrent à être interdites ou dissoutes par la police. Il suffisait au fonctionnaire de police, pour dissoudre une réunion, de prétexter que la salle n'était pas assez chauffée, ou encore, par exemple en Saxe, d'expliquer avoir repéré dans la salle la présence d'apprentis (lesquels y étaient toujours interdits de réunion à la fin du siècle). Même lorsqu'elles étaient autorisées, il n'était pas rare (en Saxe particulièrement, encore une fois) qu'un policier prenne place à la tribune, directement à côté de l'orateur, pour impressionner et prendre en note tout ce qui se disait. Dans les régions rurales où les socialistes n'avaient guère percé, on apprenait aux enfants des comptines contre ces ogres d'agitateurs socialistes, leur recommandant de lâcher sur eux les chiens, et on excitait les paysans contre eux, qui les accueillaient parfois à coups de bâton. Mais partout, inlassablement, les militants essayaient d'en gagner d'autres qui deviendraient des relais et se mettraient à leur tour à faire de la propagande.

Même après 1891, l'agitation électorale resta la forme la plus active de l'agitation socialiste. Les campagnes électorales, en particulier celles pour l'élection du Reichstag, avec leurs meetings, leurs tracts et les discussions que cela faisait naître, furent pour beaucoup d'ouvriers l'occasion de leur premier contact avec le SPD. Les adversaires également redoublaient alors de vigueur. Lors de la campagne de 1898, des maires firent distribuer eux-mêmes les bulletins de vote, naturellement marqués, tandis qu'une fois encore, des patrons menaçaient de licencier les travailleurs qui voteraient pour des socialistes. Les instances religieuses ne s'abstenaient pas, une partie du clergé de Bavière déclara tout net que les électeurs qui ne voteraient pas pour le candidat du *Zentrum* (Centre catholique) étaient indignes de recevoir le Saint-Sacrement. En Haute-Silésie, des prêtres menaçaient les électeurs socialistes des peines et châtiments éternels [166]... Outre le chantage et la terreur, les adversaires des socialistes recoururent aux petits cadeaux, distributions gratuites d'alcool, de vin et de bière. Parfois ils en furent pour leurs frais, quand pareil empressement fut plutôt de nature à éveiller l'intérêt ou la curiosité de certains électeurs pour le SPD, qui commencèrent à chercher ce que ce parti pouvait bien avoir de particulier.

Après 1890, le système répressif fut complété par une agitation antisocialiste de grande ampleur : les écoles, mais aussi l'Église, l'armée et... des associations culturelles et de gymnastique devinrent des armes idéologiques au service de l'État. Vers la fin des années 1880, les lois d'exception ayant visiblement échoué à diminuer l'influence du SPD tout autant que les fameuses lois d'assurance sociale (on parlait de *Zuckerbrot und Peitsche,* « la carotte et le bâton »), le jeune Empereur décida de trouver d'autres moyens, et commença à penser à l'éducation de la jeunesse et à l'école. La propagande antisocialiste s'intensifia. Auparavant déjà, en 1887, dans un essai destiné à la Chancellerie et intitulé *École et Social-démocratie* (*Schule und Sozialdemokratie*), F. Graf évoquait une « réforme profonde de l'école comme moyen le plus rationnel pour prendre à la racine le problème social-démocrate ». En 1888, quelques mois après sa prise de pouvoir le jeune Empereur avait annoncé par décret, sans ambages, qu'il s'agissait de « se servir de l'école à chaque niveau d'études pour lutter contre la propagation des idées socialistes et

166 Edgard Milhaud, *La Démocratie socialiste*, p. 82.

communistes » [167]. Guillaume II exposa ensuite clairement et à plusieurs reprises sa vision de l'école, explicitement mobilisée pour dresser les enfants contre le SPD.

Pour tenter de contrer l'influence des associations culturelles, sportives et récréatives de la social-démocratie, ces associations qui contribuèrent à la cohésion du SPD et ont fait en grande partie son succès, le pouvoir décida donc de créer lui aussi des associations culturelles ouvrières, avec une large offre de loisirs et dotées de moyens matériels importants. Il fallait passer à une contre-agitation offensive, dans tous les domaines de la vie sociale [168]. Le « contre-mouvement bourgeois » [169] créa alors des clubs qui au matérialisme cherchèrent à opposer la religion, à l'internationalisme, des cérémonies célébrant la grandeur nationale et l'armée, à la division de la société en classes, la communauté nationale... Les chorales, pour répondre aux chants engagés des socialistes, mettaient au répertoire des chants populaires et patriotiques. Ces associations proches du pouvoir tentèrent même une contre-agitation par voie de tracts, le média traditionnel des opposants !

---

167 „die Schule in ihren einzelnen Abstufungen nutzbar machen, um der Ausbreitung sozialistischer und kommunistischer Ideen entgegenzuwirken“
Cit. in: Alex Hall et Gerhard Schneider, „Politische Sozialisation im Kaiserreich: Geschichtsunterricht versus Sozialdemokratie beim Übergang von der Ära Kaiser Wilhelms I. zu Kaiser Wilhelm II“, in Angela Schwarz (Hg.), *Politische Sozialisation und Geschichte,* Margit Rottmann, Hagen, 1993, p. 175-192, ici p. 176.

168 “With the perpetual reminders in the 1890s of the growing strength of the socialist movement came the first attempts to operate a system of mass public education, through schools, churches and social groups of all kinds, as well as during the periods of compulsory military service, designed essentially to rekindle patriotic feeling within the 'estranged' masses.”
In : Alex Hall, “The War of Words: Anti-Socialist Offensives and Counter-Propaganda in Wilhelmine Germany, 1890-1914”, Journal of Contemporary History, Vol. 11, No. 2/3, Special Issue: *Conflict and Compromise: Socialists and Socialism in the Twentieth Century* (Jul. 1976), p. 14.

169 A. Hall et G. Schneider, dans leur article „Politische Sozialisation...“ (cf. supra), parlent en effet, p. 190, de *„bürgerliche Gegenbewegung“* (contre-mouvement bourgeois).

Pendant les campagnes électorales, les conservateurs multipliaient, dans leurs tracts, les attaques personnelles contre les candidats socialistes, les peignant sous les traits de profiteurs, d'exploiteurs ou d'escrocs qui abusaient les pauvres ouvriers. On se souvient que les députés ne percevant pas d'indemnité parlementaire, le parti apportait parfois une contribution à ses élus ainsi qu'aux agitateurs qui allaient d'une réunion publique à l'autre pour y prendre la parole. Eh bien, cela suffisait pour que leurs adversaires présentent les militants sociaux-démocrates comme des parasites grassement payés sur les cotisations des ouvriers miséreux, qui se serraient la ceinture pour des gens indignes. Pas un mot bien entendu sur le cas inverse, les députés au Landtag, qui eux étaient rémunérés et reversaient une partie de cet argent au SPD. Prenons un extrait de tract de conservateurs en 1898, s'attaquant aux chefs du mouvement ouvrier :

> « Ce sont des hommes, nous dit-on, qui ont échoué dans la vie, ou qui sont trop paresseux pour chercher à gagner leur pain en travaillant ; souvent jeunes gens qui n'ont pas la maturité que suppose toute pensée politique, ou qui ne connaissent pas encore les mains calleuses, les soucis et la misère dont ils aiment tant à parler. Doués de facilité de parole, ils vivent aux dépens des ouvriers qui paient ; ils voyagent en compartiment de seconde classe, louent des appartements chers. [...] Leur principal devoir est d'entretenir le mécontentement du peuple, sans lequel les contributions – les sous des ouvriers, [...] tariraient, et messieurs les meneurs socialistes devraient vivre un peu plus maigrement et gagner eux-même leur pain. »[170]

L'idée sous-jacente était que la social-démocratie était l'ennemie de la classe ouvrière, et qu'elle lui était étrangère. Ce tract prenait ensuite des bribes du programme socialiste en les caricaturant, expliquant par exemple aux lecteurs ouvriers que les chefs socialistes en voulaient à leurs petites économies, qu'ils avaient hâte de « socialiser ».

---

170 Tract cité in E. Milhaud, *La Démocratie Socialiste, op. cit.*, p. 93-94.

Mais les faits économiques étaient plus têtus que les idées de certains dirigeants. L'essor industriel, le développement économique ininterrompu, l'expansion vers les colonies rendaient les classes travailleuses de plus en plus indispensables aux classes dominantes. Les débuts de l'expansion allemande en Afrique et dans le Pacifique remontent à 1884-1885, et en 1887, la *Société allemande de colonisation* voyait le jour. Elle comptait dans ses rangs de nombreux chefs d'entreprise de renom comme Krupp, Hoesch et Stumm, des banquiers comme Hansemann, et aussi des historiens comme Heinrich von Treitschke, Heinrich von Sybel et Leopold von Ranke. Dans une lettre de l'industriel Stumm, le prince Hohenlohe-Langenburg affirmait dès 1882 que la politique coloniale pourrait constituer un « dérivatif » efficace face au péril rouge. Au fond et même s'ils ne se débarrassèrent pas immédiatement de leur hostilité, l'intérêt général des industriels et de la classe politique était d'accepter les syndicats, y compris leur immense développement par la social-démocratie, avant d'aller progressivement vers l'intégration de l'ensemble du mouvement ouvrier.

Dans un mémorandum de décembre 1884, en pleine loi antisocialiste, le directeur de la police de Berlin chargé de centraliser la lutte contre les sociaux-démocrates revenait sur les « dangers » que représentaient la social-démocratie et les syndicats dits libres (c'est-à-dire indépendants de tout lien avec des forces religieuses et politiques autres que sociales-démocrates), mais insistait aussi sur la nécessité d'une organisation professionnelle des ouvriers qui ait leur confiance et puisse servir d'interlocuteur. Une politique de répression systématique ne pouvait que détourner les ouvriers de l'État. Tout en poursuivant la lutte contre la social-démocratie, il convenait de donner au mouvement ouvrier une assise légale : il faudrait en venir à tolérer les syndicats et le parti.

La pacification et l'intégration progressive du mouvement ouvrier, c'est ce que commandait l'intérêt des classes dirigeantes, mais tant d'animosité s'était accumulée qu'elles eurent parfois du mal à s'en laisser convaincre. Par exemple, les sociaux-démocrates portèrent longtemps après leur relative légalisation, en réalité pendant encore au moins une génération, la marque d'infamie d'être des « sans-patrie » ou des « traîtres à la patrie ».

Et ce qui est significatif, c'est que même lorsque le SPD se sera rangé, avec le vote des crédits militaires en 1914 puis la participation à la politique guerrière de l'Empire, l'extrême droite sous la République de Weimar continuera imperturbablement d'utiliser ce qualificatif de « traîtres à la patrie » contre les socialistes. Sans doute faudrait-il s'interroger sur l'empreinte laissée par cette diabolisation au sein de la social-démocratie, dont la majorité de la direction agit en 1914 comme pressée d'effacer son « péché originel » en se montrant toujours plus patriote et responsable vis-à-vis de l'ordre. Et que dire de l'empreinte morale laissée dans les milieux réactionnaires et au sein de l'appareil militaire jusqu'à la fin de la Première Guerre mondiale – voire d'ailleurs jusqu'à l'arrivée des nazis au pouvoir, avec la fameuse légende du « coup de poignard dans le dos » qui aurait causé la défaite ?

Chapitre III

Un moyen de contourner les lois répressives : les associations culturelles

La répression laissait à la social-démocratie bien peu de possibilités d'apparaître politiquement et même d'exister publiquement. Comme il vient d'être évoqué dans le chapitre précédent, les élections devinrent l'un de ces rares moyens, Bismarck n'ayant pas réussi à imposer son projet de retirer jusqu'au droit de vote aux socialistes. Et tous les électeurs conservaient le droit de se présenter aux élections. Bien sûr le parti était hors-la-loi, il n'existait plus officiellement, donc les candidats ne purent pas toujours se réclamer de lui explicitement ni faire campagne en son nom. Par contre rien n'empêchait, comme je l'ai déjà signalé, un citoyen d'être candidat à titre individuel. Cela donna lieu à une situation quelque peu ubuesque, lorsque les membres d'un parti interdit, muselé, furent toujours plus nombreux à être des élus du peuple. Les socialistes utilisèrent les conseils municipaux, les parlements régionaux et surtout le Reichstag comme autant de forums pour exposer leurs idées, à une époque où ces instances suscitaient beaucoup plus de curiosité et d'intérêt qu'aujourd'hui. Les débats, les discours étaient en général reproduits au moins partiellement dans la presse, et à défaut, ils étaient imprimés et diffusés par les soins du parti. Il existait encore une véritable curiosité pour la vie parlementaire, et le SPD se servit du Reichstag comme d'une tribune, pour s'adresser à la population par-dessus la tête des députés.

La presse sociale-démocrate également était un moyen de propagande efficace pour la diffusion des idées socialistes ; elle jouait un grand rôle dans les efforts constants pour cultiver les couches populaires et leur donner l'habitude de lire. Cette presse était bon marché et très répandue. Dès 1876, moins d'un an après l'unification des deux organisations socialistes, le parti possédait vingt-trois journaux politiques, dont huit quotidiens, avec au total presque 100 000 abonnés [171]. Au moment où la loi antisocialiste fut adoptée deux ans plus tard, on en était déjà à quarante-deux organes, avec un tirage de 150 000 exemplaires. Treize étaient des quotidiens. Ceux qui considèrent ce parti comme un groupuscule avant 1890 sont donc loin du compte. Vingt-cinq de ces journaux étaient imprimés sur les presses du SPD. Ceux-là furent parmi les premières victimes de la loi. Le parti essaya d'en sauver, souvent en édulcorant son langage à l'extrême, mais 2 500 salariés du parti perdirent immédiatement leur gagne-pain. Selon Kurt Koszyk, « Le parti chercha par toutes sortes de moyens à sauver au moins une partie de la presse. Le ton devint docile, on changea le nom de certains journaux et l'on se comporta aussi innocemment que possible. » [172]

C'était peine perdue. Pour pouvoir exposer clairement le point de vue socialiste, il fallait introduire des écrits illégalement sur le territoire. Ici aussi, la difficulté fut transformée en avantage : faire entrer en fraude en Allemagne et y diffuser partout l'organe central, la revue théorique et d'autres ouvrages considérés comme subversifs devint un moyen essentiel de trouver et d'organiser des soutiens, de remettre au travail des membres actifs, et de faire face à la répression.

---

171 Kurt Koszyk, *Deutsche Presse im 19. Jahrhundert. Geschichte der deutschen Presse,* 2. Teil. Colloquium, Berlin, 1966, p. 196.

172 « Mit den verschiedensten Manipulationen versuchte die Partei, wenigstens einen Teil der Presse zu retten. Man schrieb lammfromm, benannte Zeitungen um und benahm sich so harmlos wie möglich ». K. Koszyk, *op. cit.*, p. 199. Trad. A. D.

Vers la fin de la loi antisocialiste, la presse du parti avait atteint un rayonnement jamais égalé ; elle comptait en 1890 soixante journaux dont dix-neuf quotidiens, nombre d'organes locaux ou régionaux, et un tirage total de 254 000 exemplaires. Le quotidien officiel du parti était alors le *Vorwärts*, qui tirait à 48 000 exemplaires. Bien entendu, ces chiffres allèrent croissant après la fin de la loi. En 1897, sur les désormais soixante-dix organes du parti, trente-neuf étaient quotidiens. Ces chiffres considérables prirent encore de l'ampleur jusqu'à la Première Guerre mondiale, puisqu'en 1914, on comptait pas moins de quatre-vingt-quatorze journaux, dont quatre-vingt-dix quotidiens. La presse sociale-démocrate dans sa totalité avait alors un tirage de 1,5 millions d'exemplaires ! On a du mal à imaginer aujourd'hui un parti possédant une petite centaine d'organes, quotidiens, hebdomadaires et revues. Cela laisse imaginer le rôle rempli par la presse dans l'expansion sociale-démocrate, et surtout le rôle joué par le SPD dans la société allemande au tournant du siècle.

L'activité parlementaire et cette presse déjà pléthorique, cela ne faisait pourtant pas le compte pendant la loi antisocialiste pour un parti qui avait de grandes ambitions. Puisque depuis 1878 tant d'activités politiques étaient fermées à la social-démocratie, elle trouva un biais, apparemment sans lien avec la politique, et mit en place un tissu associatif et culturel extrêmement dense. Les associations culturelles sociales-démocrates n'ont nullement été inventées alors, elles existaient auparavant, mais peu à peu l'idée s'imposa qu'elles pouvaient être un moyen de contourner les lois répressives et d'influencer au quotidien de nombreuses catégories populaires, et on leur porta alors une grande attention. La social-démocratie multiplia les associations populaires, apparemment non politiques, telles que groupes sportifs, fanfares, sociétés d'éducation, bibliothèques, etc. Elle organisa d'importantes masses populaires par le biais de fêtes et de banquets, de clubs littéraires, théâtraux, sportifs et culturels, avec leur cortège de journaux et de spectacles.

1. Organiser toute la vie sociale, « du berceau jusqu'au cercueil »

Cultiver les ouvriers avait été un enjeu constant pour la social-démocratie, mais dans les années 1880, puisque l'essentiel de ses structures était devenu illégal et les possibilités d'agitation politique étant très restreintes, elle reprit à son compte et systématisa la formule, expérimentée par la bourgeoisie libérale et héritage de *l'Aufklärung* (les Lumières), des associations culturelles ouvrières ou sociétés d'éducation (*Arbeiterbildungsvereine*).

Il y en avait vraiment pour tous les goûts : en quelques années d'inventivité débordante, elle avait développé cabinets de lecture, bibliothèques et associations théâtrales ; des associations sportives aussi, avec les premiers clubs de gymnastique, de cyclisme, de danse, de natation ou de jeux de quilles ; elle proposait des cours variés dans ses écoles du soir et universités populaires (cours d'allemand, de calcul ou de langues étrangères, de sténographie, de comptabilité ou de sciences). D'autres structures virent le jour, au premier rang desquelles les harmonies et les fameuses chorales ouvrières. Mais aussi des clubs de loisirs ou de distraction : fumeurs, joueurs de scat [173], collectionneurs (philatélie par exemple) ou colombophiles [174]. Et combien d'associations de quartiers, où par exemple les travailleurs venaient voir jouer des pièces de théâtre, avant de s'essayer eux-mêmes sur les planches ! Le SPD possédait ses propres imprimeries, ses maisons d'édition [175]. Le mouvement féministe, avec ses clubs, ses conférences, sa presse des femmes travailleuses se

173 Le *scat* ou *skat* est un jeu de cartes populaire.

174 Ces associations de colombophiles (*Taubenzüchtervereine)* restèrent en vogue, en particulier dans la Ruhr, jusque dans le SPD d'après la Deuxième Guerre mondiale !

développa considérablement [176]. Sans compter, pour se retrouver, l'organisation d'excursions le dimanche, de fêtes, de banquets accompagnés de discours.

Le SPD mit en place partout de ces associations culturelles, structures souples et légères, décentralisées, qui finirent par mailler étroitement l'ensemble du territoire. En dépit de la loi antisocialiste, à travers le mouvement culturel le parti social-démocrate avait trouvé la voie d'un développement spectaculaire. En 1887, en pleine période de la loi, ses associations comptaient plus de 120 000 membres [177]. Les participants aux banquets populaires ou fêtes locales se comptaient par dizaines de milliers ; ces festivités étaient utilisées autant que possible pour politiser le public. Ce n'était pas simple, puisque le caractère social-démocrate de l'association ne devait pas transparaître sous peine d'être dissoute, ses organisateurs inquiétés, ses biens confisqués, son activité brutalement stoppée. C'est ce qui était arrivé fin 1878 : nombre d'associations culturelles, de chant ou de gymnastique, furent dissoutes par les autorités car elles apparaissent organisées par des socialistes, et un important travail militant se trouva ainsi rayé d'un trait de plume.

Les données qui témoignent de la réussite socialiste en matière culturelle sont surprenantes, surtout si l'on se remémore à quel point la classe ouvrière était jeune, sans grande formation, composée pour partie de paysans n'ayant aucune expérience de la ville. Ses conférences attiraient également un public nombreux et motivé. Des conférenciers (qui n'étaient pas socialistes) rapportèrent l'affluence considérable et furent unanimes à souligner l'attention et le sérieux de ce public inhabituel. Ce témoignage paraît éloquent à cet égard :

---

175 Dès 1891, le parti fonda une maison d'édition, la *Buchhandlung Vorwärts,* ainsi qu'une librairie. La même année, l'ouvrier Adolph Hoffmann, devenu rédacteur du parti, fondait sa maison d'édition, qui éditait poèmes populaires, pièces de théâtre pour groupes d'amateurs, brochures de propagande.

176 Rosa Luxemburg repoussa avec indignation la proposition qu'on lui fit de se consacrer au mouvement féminin, son « champ d'activité naturel » : il n'était pas question pour elle de se limiter à ce domaine.

177 Joseph Rovan, *Histoire de la social-démocratie allemande,* Seuil, 1978, p. 74.

« Les participants viennent en tenue de travail, portant la marque visible d'un dur labeur. [...] Un exposé scientifique est annoncé, [...] un sujet auquel les participants accordent leur intérêt, ne serait-ce que parce que cela les cultive. Il règne toujours un grand sérieux, de l'intérêt vis-à-vis de ce qui est proposé, tels que je ne les ai effectivement pas rencontrés dans d'autres milieux. C'est le silence pendant tout le temps de l'exposé. Ensuite un débat discipliné qui dure souvent des heures... » [178]

À Vienne aussi, qui comptait dans le dernier quart du XIXe siècle 150 000 travailleurs membres d'un groupement socialiste, 10 000 personnes sont réputées avoir assisté régulièrement à des conférences sociales-démocrates. Cela donne une idée de l'ampleur du phénomène. En Allemagne, le mouvement socialiste renaît au début des années 1880 en grande partie au travers de ces associations, qui en permettant de retisser des liens politiques et humains, forment la base du mouvement. Il s'agit ensuite de systématiser ce réseau à la fois dense et souple. L'activité culturelle déployée alors par le SPD est telle qu'il organise effectivement toute la vie sociale de centaines de milliers de familles populaires. Même son slogan n'est pas exagéré, qui disait structurer toute la vie des ouvriers, y compris ses événements les plus importants, « du berceau jusqu'au cercueil » (*Von der Wiege bis zum Sarg*). L'expression (parfois aussi « du jardin d'enfants jusqu'à l'association d'incinération ») faisait référence à sa capacité à prendre en charge et à organiser (concurremment aux autorités) tous les aspects de la vie, mais nous rappelle également qu'à l'époque, chaque événement pouvait servir à faire une démonstration de force, à afficher la solidarité du monde ouvrier.

178 « Die Besucher kommen im Arbeitsrock, mit allen Spuren der harten Arbeit. [...] Ein wissenschaftlicher Vortrag ist angesagt, [...] etwas, dem man Interesse entgegenbringt, weil es « Bildung » schafft. [Es herrscht] ein steter Ernst, eine Anteilnahme an dem Gebotenen, wie sie mir aus andern Kreisen in der Tat nicht bekannt ist. Stille, solange der Vortrag dauert. Nach dem Vortrage eine oft stundenlange, gut geregelte Debatte... » In: Ernst Steffarths, « Berliner Arbeiterbildung » (« *Culture ouvrière à Berlin* »), in : Walter Schmähling (éd.), *Naturalismus*, Reclam, p. 78 (N° 9645). Traduction A. D.

Par exemple, le programme du SPD réclamait que les enterrements soient gratuits, entièrement pris en charge par la société, à une époque où peu de familles ouvrières pouvaient économiser en prévision de cela. Mais par ailleurs les enterrements de militants, difficiles à interdire, devenaient parfois l'occasion de cortèges énormes, avec des discours combattifs prononcés devant une foule importante.

Le parti possédait également ses lieux de convivialité, avec dans chaque ville la brasserie de la « Maison des syndicats », des auberges ouvrières et de nombreux restaurants du parti, souvent tenus par d'anciens ouvriers qui s'étaient reconvertis après avoir été licenciés pour raisons politiques. Rien que dans la ville de Leipzig, certes un bastion du socialisme, il y avait autour de 1890 une trentaine de ces petits restaurants. Avec leur repas simple et bon marché, ils jouaient un peu le rôle de cantines ouvrières et socialistes. On ne pouvait parler réellement de lieux publics, puisque les personnes n'ayant aucun lien avec le parti ne pouvaient profiter de ces restaurants, dans lesquels elles ne se seraient d'ailleurs peut-être pas senties à l'aise : le décor était militant, avec aux murs des images des barricades de 1848, des portraits de dirigeants socialistes, l'annonce par affiches de conférences à venir. L'ambiance également était particulière, des journaux socialistes étaient mis à disposition et on y lisait beaucoup, les travailleurs se signalaient tel ou tel discours marquant d'un député du parti. Des militants qui avaient été licenciés et s'étaient faits colporteurs faisaient la tournée de ces établissements, proposant de souscrire pour une publication importante du parti, ou vendant des bricoles, allumettes ou boutons de manchettes avec les portraits de Lassalle, Marx ou Bebel.

Parmi les associations culturelles ouvrières du SPD, il n'est pas toujours simple de faire la part des choses, de distinguer entre celles qui étaient de simples couvertures pour faire tout autre chose, se réunir malgré l'illégalité, et de véritables associations culturelles. Car certaines avaient réellement vocation à cultiver ou à distraire les travailleurs s'y rendant, sans arrière-pensée, tandis que pour d'autres, il n'est pas simple de mesurer quelle étaient les parts respectives des objectifs culturels et politiques. Certaines étaient uniquement des couvertures pour des organismes politiques, elles portaient des noms fantaisistes, sans lien avec la politique[179], l'accès était contrôlé et le loisir ou l'activité officiels n'étaient qu'un camouflage permettant de se réunir et d'organiser la vie du parti.

Une chorale pouvait par exemple dissimuler la direction locale ou régionale du parti, comme en Schleswig-Holstein la *Liedertafel* de Neumünster. Dans ce cas, certes pour donner le change on chantait (ailleurs ce pouvait être jouer aux quilles), mais on n'y faisait pas que cela. Périodiquement, souvent tous les mois, ces clubs de chant ou de gymnastique organisaient une réunion de bureau ou un congrès, ils envoyaient des délégués des quatre coins du pays... ce qui permit peu à peu de reconstruire une organisation. Arrivés sur place, les militants organisaient des réunions secrètes, profitaient du déplacement pour reprendre contact avec des sympathisants, leur redonner courage ou pour soutenir la fondation de nouveaux clubs... Tout cela fut d'abord improvisé, sans véritable coordination, mais la dynamique était lancée et le succès fit le reste.

L'exemple des sociétés de chant est intéressant. Des travailleurs rédigeaient, sur des mélodies de chants populaires traditionnels ou même sur des chants à la gloire de l'Empereur, les paroles de chants de lutte pour le mouvement ouvrier. Ils chantaient donc sur des airs autorisés et quand la police venait à investir les lieux pour les contrôler, ils continuaient imperturbablement, sur le même air, avec les paroles officielles ouvertes à côté des partitions. Il ne reste aujourd'hui guère de trace, dans les archives, des refrains et couplets illégaux : les paroles séditieuses, non autorisées, ils les avaient apprises par cœur [180]. La frontière n'est pas très claire : s'il s'agissait bien de chorales, les militants qui les organisaient s'efforçaient de transmettre aux membres leur propre culture, une vision du monde, avec au minimum le

179 Elles portaient des noms aussi innocents que *„Schafskopfspiel“*, *„Germania“*, *„Veilchen“*, *„Morgenrot“*... Rien qu'à Leipzig, il existe rapidement quarante de ces associations.

180 Karl-Ludwig Günsche, Klaus Lantermann, *Verbieten, Aussperren, Diffamieren. Hundert Jahre Sozialistengesetz und verwandte Praktiken*, Europäische Verlagsanstalt, Köln, 1978, p. 63.

sentiment d'appartenir à une classe sociale et la fierté d'être ouvrier [181].

Ainsi donc, le SPD se développait malgré la rigueur de lois qui tentaient de l'interdire, empruntant principalement deux voies : sous couvert électoral et au travers d'associations ouvrières. Au temps de la loi d'exception, ces dernières étaient devenues le principal moyen de contourner la répression. Si le parti a pu survivre et se développer sans organisation politique officielle, c'est grâce à ces associations de toute nature, qui servaient de points de ralliement et permettaient aux mots d'ordre de se transmettre avec une rapidité extraordinaire. Le rôle associatif et culturel de la social-démocratie prit une telle ampleur qu'une fraction significative des ouvriers se sentait étroitement liée à une collectivité, si ce n'est une communauté socialiste. Les couches populaires eurent massivement accès à ses associations sportives et de loisirs, à ses écoles, bibliothèques et théâtres, à ses syndicats aussi, ses coopératives de consommation et caisses d'entraide. Là aussi, les historiens ont tendance à faire naître ces structures dans les années 1890, lorsque leur existence est devenue officielle et qu'elles ont pu se donner progressivement des statuts supra-régionaux, alors qu'elles ont été développées et systématisées dans la période précédente, sous les lois antisocialistes, et qu'elles ont connu un essor continu durant la décennie 1880. Selon les individus, des niveaux d'implication très différents coexistaient, certains travailleurs sympathisaient et restaient inorganisés, d'autres étaient satisfaits d'une simple adhésion, mais une fraction de cadres ouvriers choisirent aussi de dédier pratiquement toute leur vie à ce parti et à la lutte. Finalement des centaines de milliers, puis des millions de travailleurs étaient, par un biais ou un autre, liés au SPD [182].

---

181 Les autorités ne s'en laissent pas conter, très attentives à cette question. Encore au mois d'août 1913 (!), la Cour constitutionnelle prussienne jugeait qu'un club de gymnastes dont le journal interne n'avait pas fait mystère de ses sympathies sociales-démocrates, devait en conséquence être enregistré en tant qu'organisation politique.
Cf. Alex Hall, “The War of Words: Anti-Socialist Offensives and Counter-Propaganda in Wilhelmine Germany. 1890-1914”, *op. cit.*, p. 15.

182 Pour rappel, SPD (*Sozialdemokratische Partei Deutschlands,* Parti social-démocrate d'Allemagne) à partir de 1891 (congrès d'Erfurt) et

2. D'autres raisons plus profondes de privilégier la culture

Des socialistes arrivés à la politique par la culture

Pratiquement toute la première génération de militants socialistes, celle des fondateurs et futurs dirigeants des deux partis ouvriers (ADAV et Parti d'Eisenach) est issue du mouvement de culture populaire. Avant de s'engager en politique, la majorité de ces hommes anima des associations culturelles ouvrières et y joua même un rôle important [183]. Mais au-delà de ces origines, une fois que l'existence du parti ne fut plus en danger, beaucoup de futurs militants rejoignirent le SPD au travers de ses activités culturelles, qui disaient-ils leur ouvrirent les yeux sur le monde et leur donnèrent envie de le changer. Il s'agit en règle générale de jeunes gens issus de milieux peu favorisés et qui n'auraient guère eu ailleurs accès à la culture, et en ce sens aussi, leur expérience éclaire sous un jour concret ce qu'étaient les associations culturelles, qui ont été indéniablement une grande réussite de la social-démocratie. En une époque où le niveau d'éducation est très bas, la soif de culture de ces jeunes gens avant toute politisation est telle qu'ils s'ôtent littéralement le pain de la bouche pour assister à un spectacle ou acheter un livre. Ces futurs militants rapportent dans leurs souvenirs combien l'accès à la culture, à défaut de changer le monde, a du moins changé... leur vie. La soif de lectures, assouvie par les structures sociales-démocrates (bibliothèques, conférences, critiques littéraires, associations théâtrales) leur a fait faire le premier pas, et dans un second temps, ils ont commencé à s'intéresser à la politique.

SAPD pour la période précédente, à partir de 1875 (*Sozialistische Arbeiterpartei Deutschlands (*Parti ouvrier socialiste d'Allemagne*)*.

183 On se rappelle que Bebel fut jusqu'en 1869 président du VDAV (Union des associations ouvrières allemandes).

C'est par exemple le parcours des futurs responsables viennois Alfons Petzold et Adelheid Popp, tous deux d'origine très modeste [184]. Ils rapportent leur soif immodérée de lectures qui sans qu'ils s'y attendent les a fait sortir de leur condition. Elle, deux ou trois ans d'école primaire pour tout bagage, devint à l'âge de vingt ans la rédactrice en chef admirée du principal journal destiné aux femmes travailleuses (*Arbeiterinnen-Zeitung*). Lui, après avoir dans sa jeunesse dormi quelque temps dans les égouts de Vienne, où il faisait du théâtre, est devenu poète ouvrier et député social-démocrate. Dans leur cas et celui de plusieurs centaines d'autres pris individuellement, certes la culture a changé leur vie.

Dans son roman autobiographique *La vie âpre,* Alfons Petzold, considéré comme le plus important poète ouvrier autrichien, raconte sa vie de jeune ouvrier, avec sa volonté farouche de ne pas être réduit à seulement travailler, dormir et manger : tout plutôt que de devenir « une bête de somme ». Il décrit sa lutte, contre le temps et contre l'épuisement, pour réussir à lire. La jeunesse de Petzold semble typique pour un ouvrier de cette époque, et nous en apprend beaucoup sur les jeunes ouvriers influencés par la social-démocratie.

Né en 1882, il fut élevé par sa mère dans un dénuement complet, son père décédant très tôt. Mais cette pauvreté est reléguée au second plan dans ses souvenirs, son jeune enthousiasme pour la culture prenant le pas sur tout le reste. Il parle d'une soirée à l'opéra comme du seul rayon de bonheur qui traversa la sombre période de son enfance ; il en était rentré « enivré ». Son billet avait été payé en plusieurs échéances. Cette expérience éveilla en lui le désir de connaître d'autres pièces ; un *Comité Viennois pour la Culture populaire* venait de fonder une bibliothèque et il harcela sa mère pour pouvoir s'inscrire sous son nom. Lorsqu'elle eut cédé, il s'y rendit souvent trois fois par semaine, faisant mine de chercher des livres pour elle. Il évoque des journées de pluies torrentielles, qui n'entamaient en rien sa

184 Du point de vue du développement du socialisme et de la répression contre les socialistes, la situation est comparable dans les dernières décennies du siècle entre ces deux pays, Autriche et Allemagne, qui viennent de se séparer.

détermination : il se rendait à la bibliothèque en courant, se délectant d'avance de toutes les nouveautés qu'il allait découvrir. Quelques années plus tard, adolescent, il fut presque soulagé de la pleurésie qui le cloua au lit pendant trois semaines, lui donnant le loisir de lire quantité de livres :

> « Pendant les deux années de ma vie d'apprenti, je n'avais pas oublié les livres que j'aimais tant, ils avaient été ma seule joie et mon seul réconfort. De même qu'autrefois ils m'avaient fait oublier les désagréments et les petits drames de l'école et m'avaient ouvert les portes d'un monde plus beau, dans ma jeune existence de prolétaire, ils m'avaient arraché à la vie quotidienne dans laquelle m'enfermaient la misère et la souffrance pour m'emmener, sous l'égide de la poésie, vers les contrées heureuses imaginées par d'autres esprits. »[185]

Lorsqu'il perdit son travail, la déchéance fut rapide : il ne réussit plus à assumer son loyer, devint « *Bettgeher* » [186], du nom de ces ouvriers dont le salaire était insuffisant pour payer la location d'une pièce et qui louaient pour huit heures un lit dans le logement d'une autre famille. Ensuite, devenu complètement sans-logis, Il fut contraint de passer ses nuits dans les égouts de Vienne, avec des centaines de ses pareils – c'était le seul endroit où il faisait chaud. Lui et un ami quittaient leur égout le matin pour tenter, avec l'énergie du désespoir, de se rendre présentables et de retrouver un travail, et ils en trouvèrent tous les deux, mais continuèrent néanmoins à « habiter » les égouts, ne retrouvant pas immédiatement de logement. Le plus surprenant est que sous terre lui et ses camarades faisaient... du théâtre. Dans cet environnement

---

185 « Ich hatte während meiner zwei Lehrjahre meine geliebten Bücher nicht vergessen, waren sie doch meine einzige Erholung und Freude gewesen. Und wie sie mich früher die kleinen Unannehmlichkeiten und Tragödien der Schule vergessen ließen und mir eine schönere Welt erschlossen, so hatten sie mich in meiner jungen Proletarierexistenz aus dem von Not und Plage ummauerten Alltag gehoben und an der Hand der Dichtung in die glücklichen Gefilde der Phantasien fremder Geister geführt. »
Alfons Petzold, Das rauhe Leben, [1920], Aufbau, Berlin – Weimar, 1985, p. 121.

186 Littéralement : « qui va au lit », « qui se met au lit ».

sordide et abject, ils parvenaient à s'évader « vers les contrées heureuses imaginées par d'autres esprits ».

Après son travail à l'usine, Alfons Petzold écrivait aussi des poèmes – pendant le travail, il se cachait parfois dans les toilettes pour griffonner à la hâte quelques notes de peur d'oublier ses idées (son contremaître l'interrogeait avec sollicitude sur ses problèmes intestinaux). En cette époque, la distraction préférée d'Alfons était de lire à haute voix des pièces de théâtre avec son ami : ils se répartissaient les rôles. Ils avaient emprunté un cours de rhétorique. Peu à peu, leur cercle s'agrandit, les soirs de semaine étaient réservés aux exercices et répétitions, le dimanche il y avait représentation. Ils transformaient de vieux tissus pour se faire des costumes de scène. Un jour il faillit s'étrangler en jouant, tellement ils y mettaient de conviction [187]. Tous les lundis, le *Deutsches Volkstheater* donnait des représenta-tions de pièces classiques : les jeunes gens renonçaient à tout pour y assister, se cotisant pour y aller à tour de rôle. C'est ainsi qu'ils virent *Egmont, Les Brigands, Guillaume Tell, Hamlet, Catherine de Heilbronn, Nathan le Sage*...

Mais comment se fit la rencontre avec le parti social-démocrate ? Ainsi qu'il le raconte ci-dessous, Petzold fut touché d'abord par un type de comportement humain dans les Jeunesses ouvrières, il fut ensuite séduit par la place accordée à la culture. L'extrait suivant donne une idée de l'ambiance qui régnait dans les clubs sociaux-démocrates :

> « J'avais remarqué avec surprise, lors de mes premières visites aux Jeunesses ouvrières, la rigueur, la sobriété, la gravité, mais aussi l'enthousiasme fanatique et sincère qui y régnaient. Au lieu de commencer la séance en buvant de la bière et en chantant, comme c'était le cas dans les associations de théâtre et de chanteurs que je connaissais, on écoutait d'abord une conférence qui traitait d'un sujet portant sur l'histoire naturelle ou l'histoire de l'art. La conférence durait une heure, pendant laquelle les membres écoutaient avec une attention exemplaire. Puis on parlait posément et objectivement de la situation des apprentis et des jeunes ouvriers, les

187 *Ibid.*, p. 113-125.

> membres plus âgés et mieux formés donnant des conseils aux plus jeunes. À la fin, l'on rendait à la bibliothèque les livres empruntés et on les échangeait contre d'autres livres. Pendant toute la soirée, personne ne buvait d'alcool, seulement des jus de fruits et de l'eau gazeuse, et il était également interdit de fumer » [188].

Par cette rencontre, il commença à prendre conscience de sa situation et devint plus attentif à tout ce qui se passait autour de lui, y compris la vie à l'usine. Au cours des années 1890 [189], la police l'arrêta alors qu'il distribuait des tracts électoraux et le garda plusieurs heures pour atteinte à la sûreté de l'État ; malgré l'interdiction, il faisait visiblement partie d'un comité social-démocrate : son patron fut averti et il fut licencié séance tenante.

> « Le lendemain, je me rendis au travail en toute innocence. (...) Le directeur me fit savoir brièvement que je pouvais me considérer comme congédié pour avoir participé aux élections régionales de la veille. Il ajouta que je n'avais pas le droit de revendiquer un préavis de licenciement parce que, malgré l'interdiction, je faisais partie d'un comité social-démocrate.

188« Mit Erstaunen hatte ich bei meinen ersten besuchen der Jugendlichen Arbeiter die Strammheit, Nüchternheit, den Ernst, aber auch die reine, fanatische Begeisterung bemerkt, die hier herrschte. Anstatt mit Biertrinken und Johlen anzufangen, wie es bei den Theater- und Gesangvereinen der Fall war, die ich kannte, wurde zuerst ein Vortrag gehalten, der ein Thema aus der Natur- oder Kunstgeschichte behandelte. Während der Stunde, die dieser dauerte, hörten die Zuschauer mit mustergültiger Aufmerksamkeit zu. Meist wurde dann mit ruhiger Sachlichkeit über die Lage der Lehrlinge und jugendlichen Arbeiter gesprochen, wobei die älteren und gebildeteren Mitglieder den jüngeren Ratschläge erteilten. Zum Schluß gab man die ausgeliehenen Bibliotheksbücher zurück, um dafür neue einzutauschen. Es wurde während des ganzen Abends kein Alkohol, sondern nur Sodawasser oder Fruchtsäfte getrunken, und auch das Rauchen war verboten. »
In : A. Petzold, *op. cit.*, p. 233-234.

189 Pour montrer ses convictions au moins à l'extérieur de l'usine, il arborait pendant son temps libre « une splendide cravate rouge vif » et il portait « un insigne à l'effigie de Lassalle ». Ce qui, soit dit en passant, montre ce que Lassalle représentait encore pour beaucoup d'ouvriers, plus de trente ans après sa mort. A. Petzold, *op. cit.*, p. 152.

> Sur le coup, tout se mit à tourner autour de moi. Je sentis le corps malade de ma mère s'appuyer contre le mien, si je tombais, il tombait aussi.
> Mets-toi à genoux – demande pardon au directeur, promets de quitter le comité. Devenir chômeur maintenant, avant l'hiver, veut dire connaître la faim, le froid. Pense à ta mère ! Ces appels résonnaient en moi.
> Je me ressaisis. Mes genoux qui pliaient sous moi se raidirent, la prière qui était sur mes lèvres ne fut pas prononcée.
> Je me redressai, quittai le bureau en saluant sans un mot, j'allai retirer à la comptabilité mon livret de travail qui portait le cachet d'appréciation : s'est montré honnête et travailleur et a été congédié après avoir reçu son salaire.» [190]

Être social-démocrate à la fin du XIXe siècle avait les mêmes conséquences en Autriche qu'en Allemagne. On le payait comptant, et on ne s'y engageait donc pas à la légère. Cependant à lire l'autobiographie de Petzold, ce qui le lia d'abord à cette mouvance ne fut pas tant un idéal politique que la possibilité d'assouvir son besoin de culture, et concrètement de trouver un milieu qui lui offre pour cela connaissances, possibilités matérielles, ambiance propice. Un milieu enfin, pour paraphraser ce qu'il exprime de sa rencontre avec les livres, qui lui ouvrait un monde insoupçonné, celui des sciences de la nature, de l'histoire,

---

190 « Ahnungslos ging ich am nächsten Tag an die Arbeit. [...] Der Direktor teilte mir in kurzen Worten mit, dass ich mich wegen Teilnahme an den gestrigen Landtagswahlen als entlassen betrachten könne. Auf Kündigungsfrist hätte ich keinen Anspruch, weil ich trotz des Verbots einem sozialdemokratischen Verein angehörte. Im ersten Moment fing alles um mich herum an sich zu drehen. Ich fühlte den kranken Körper meiner Mutter sich an den meinen lehnen - fiel ich, so fiel auch er.
Knie hin - bitte den Chef um Verzeihung, gelobe deinen Austritt aus dem Verein. Jetzt vor dem Winter arbeitslos werden, heißt hungern und frieren. Denke an deine Mutter, rief es in mir.
Da ermannte ich mich. Starrheit kam in meine sich beugenden Knie, die Bitte, die mir auf der Zunge lag, blieb unausgesprochen.
Ich richtete mich auf und verließ mit einem stummen Gruß das Büro, holte mir aus der Buchhaltung das Arbeitsbuch mit dem gestempelten Zeugnis: War ehrlich und fleißig und wurde lohnbefriedigt entlassen. »
A. Petzold, *op. cit.*, p. 252-253.

de la vie politique et sociale. Lorsqu'il évoque l'une ou l'autre diffusion de tracts, il ne fait justement que l'évoquer, comme s'il n'y avait pas accordé grande importance. Ce sur quoi il insiste est la culture qu'il trouvait dans ce parti, y compris une culture des rapports humains qu'il n'avait jamais connue jusque-là. Plus tard, les choses évoluèrent, les aspects culturel et politique étant de plus en plus étroitement mêlés, et finalement impossibles à dissocier.

Lorsque pour la première fois un metteur en scène décida de monter une de ses pièces, celle-ci fut jouée dans une brasserie, mais Petzold n'avait pas un heller en poche pour s'installer et boire une bière. Il y assista donc de l'extérieur, regardant à travers la fenêtre, guettant les réactions du public.

Sa détresse matérielle lui fit contracter « la maladie du prolétaire viennois », la tuberculose. Sa logeuse le garda plusieurs semaines dans sa propre cuisine pour le soigner alors même qu'il était contagieux pour sa famille. Se croyant proche de la fin, il emprunta encore et lut *Les Anarchistes* du naturaliste Mackay. En 1911, *l'Arbeiter-Zeitung*, organe central de la social-démocratie autrichienne, publiait un appel en sa faveur, demandant d'envoyer des dons d'urgence pour lui permettre de se soigner. L'appel portait les signatures de Hugo von Hofmannsthal et d'Arthur Schnitzler et commençait ainsi : « Le poète Alfons Petzold... qui réussit à s'arracher de son existence de prolétaire et sut acquérir un nom et une renommée - Alfons Petzold est maintenant atteint d'une grave maladie pulmonaire. Il faut l'aider, très vite ! »[191] Il put alors se faire soigner en sanatorium.

191 A. Petzold, *op. cit.*, p. 244.

Par bien des aspects, la jeunesse d'Adelheid Popp [192] ressemble à celle d'Alfons Petzold. Ce sont le même dénuement, la même absence de joies [193] ; tous deux ont vécu, enfants, les mêmes expériences de l'hôpital mouroir, les mêmes « maladies des pauvres », ils ont expérimenté jusqu'à l'âge adulte ce que cela signifie que de vivre à quatre ou cinq dans une pièce sans fenêtre. Aucun d'eux ne se sépara de sa mère, des mères au dévouement sans limite pour leurs enfants, travaillant jusqu'au dernier souffle, et dont se séparer aurait signifié les laisser sombrer dans l'indigence. Tous deux se racontent en répétant à maintes reprises que leur jeunesse est pareille à celle de milliers d'autres et que c'est la raison d'être de leur témoignage [194].

Adelheid Dworak naquit le 11 février 1869 dans une famille pauvre de Vienne. Elle était le quinzième enfant d'une femme de 47 ans qui, orpheline de bonne heure, était entrée en service à l'âge de six ans, n'avait jamais été à l'école et ne savait donc ni lire ni écrire. De l'autobiographie d'A. Popp, il ressort que tout ce qui était intellectuel ne rencontrait chez la mère qu'indifférence, voire de l'hostilité. Elle ne comprenait pas les efforts de sa fille pour se libérer de la situation indigne où le sort l'avait jetée, et s'y opposa même de toutes ses forces. Dès sa première année d'école, A. Popp dut manquer souvent : elle n'avait rien à manger ou pas de souliers [195].

---

192 Adelheid Popp, *Jugend einer Arbeiterin*, Bonn-Bad Godesberg, 1978 [2e éd.]. Pour la version française : Adelheid Popp, *La jeunesse d'une ouvrière*, F. Maspéro, Paris, 1979. Cette autobiographie parut dans un premier temps anonymement, A. Popp souhaitant souligner l'exemplarité de son destin ; une préface d'August Bebel certifiait l'authenticité du témoignage. L'ouvrage connut en une année deux tirages représentant 15 000 exemplaires, il fut traduit et diffusé en onze langues.

193 Cela est vrai jusque dans des détails, la neige que l'on attend non comme un événement naturel, mais avec ferveur car déblayer la neige permettrait de gagner quelques sous.

194 Ainsi Adelheid Popp : « Je n'ai pas fait ce récit de ma vie parce que je lui attribuais une importance individuelle ; c'est au contraire parce que mon sort est celui de milliers de femmes et de jeunes filles de la classe ouvrière... »
In : Avant-propos de l'auteur (1910), *op. cit.*, p. 13.

195 Elle raconte par exemple : « Einmal, als ich meiner schlechten Schuhe wegen nicht in die Schule ging, schickte die Lehrerin zu uns, dass ich

Sa mère lui faisait rédiger des lettres de supplique pour une duchesse des environs. Adelheid lui rendit visite dans son château pour récupérer une paire de souliers. Ce jour-là, elle aperçut une petite fille qui lui ressemblait étrangement : vêtue de la même jupe et du même châle, ses pieds étaient chaussés de sabots semblables aux siens, elle avait des cheveux tout aussi foncés... Rentrant chez elle, elle raconta cela à sa mère, et : « Nous tâchions de deviner qui cela pouvait bien être. Mais nous nous trouvions devant une énigme, ne sachant ni l'une ni l'autre qu'il existait des portes ornées de glace ; c'était en effet une glace qui m'avait renvoyé ma propre image » [196]. Quelle misère matérielle et culturelle. Après l'école, l'enfant se livrait pendant plusieurs heures à de menus travaux pour gagner quelques sous [197]. Même dans ces conditions, elle aurait aimé continuer à fréquenter l'école, mais la mort de son père la contraignit à aller travailler. Elle avait dix ans.

Comme elle le dit : « Cela représentait tout mon bagage de science pour la vie de travail qui s'ouvrait désormais devant moi ! » [198] Elle était soustraite aux huit années d'école exigées par la loi et personne ne songeait à protester. À cet âge-là, dix ans, elle devait courir à l'atelier dès six heures du matin, pour n'en rentrer que le soir à huit heures... Son sort lui paraissait d'ailleurs naturel, elle dit avoir été dominée seulement par un ardent et

---

doch zum Begräbnis einer reichen Mitschülerin kommen solle, da ich für diese Teilnahme den hierfür ausgesetzten Betrag erhalten würde. Und ich ging den weiten, schmutzigen, aufgeweichten Weg mit meinen Schuhen, die keine Sohle mehr hatten, um diese wenigen Kreuzer zu bekommen.» A. Popp, *op. cit.*, p. 30.

196 « Wir rieten hin und her, wer das sein könnte. Da wir aber keine Ahnung von Spiegeltüren hatten, denn in einer solchen hatte ich mein Ebenbild gesehen, so standen wir vor einem Rätsel. » *Ibid.*, p. 31.

197 Elle était loin d'être une exception, puisqu'un rapport datant de la veille de la guerre de 1914 constate qu'à cette date encore, quarante ans plus tard, ils sont 34 000 écoliers à être pris dans les filets de l'industrie en Autriche - les administrations des écoles constatent que les enfants sont même employés dans les houillères.
Joseph Luitpold, *Das Leid der Kinder*, Nationales Lesebuch für die deutsche Arbeiterjugend, Wien, 1912.

198 « Das war meine ganze geistige Ausrüstung für das Leben voll Arbeit, das ich nun zu beginnen hatte. » A. Popp, *op. cit.,* p. 34.

constant désir : pouvoir une seule fois dormir tout son soûl, dormir jusqu'à ce qu'elle se réveille d'elle-même. Ce qui reste le plus surprenant, c'est la véritable passion pour la lecture que développa cette enfant. Vivant avec une mère analphabète qui travailla dur toute sa vie, hostile à la culture (« une occupation de fainéants »), l'intérêt qu'y trouva Adelheid fut assez fort pour lui donner la détermination de passer tous les obstacles, la fatigue, son faible niveau de culture, le manque d'argent, l'opposition de sa mère.

Surmenée, elle tomba malade, fut hospitalisée. Mourir était alors dit-elle son « plus ardent désir », une pensée particulièrement terrible dans l'esprit d'un enfant. Mais finalement, ce séjour fut une chance :

> « Si paradoxal que cela puisse paraître, ce fut la période la plus heureuse que j'eusse connue jusque-là. Tout le monde était bon envers moi (...) Surtout, je lisais à nouveau des livres, prêtés par l'un des docteurs. J'appris à connaître les œuvres de Schiller e t d'Alphonse Daudet. Les poésies dramatiques de Schiller et, parmi les drames, *La Fiancée de Messine* m'enthousiasmèrent tout particulièrement. *Fromont Junior et Risler aîné*, de Daudet, fit aussi une grosse impression sur moi. (...) Je me rétablis et acquis une mine florissante. »[199]

Lorsque l'état d'exception fut proclamé à Vienne, A. Popp avait quinze ans. En mars 1883 se déroulait le procès pour haute trahison de 31 dirigeants du parti ouvrier. Les débats judiciaires furent annoncés à grand renfort de publicité et se déroulèrent sous le signe d'un procès politique à sensation. En condamnant les

---

199 « Es war ja, so paradox es klingen mag, die beste Zeit, die ich bis dahin verlebt hatte. Alle Menschen waren gut gegen mich [...] Dann las ich wieder Bücher, die mir einer der Ärzte lieh. Damals lernte ich die Werke Schillers und Alfons Daudets kennen. Die dramatischen Gedichte Schillers und von den Dramen Die Braut von Messina begeisterten mich am meisten. Auch Fromont junior und Rißler senior von Daudet machte großen Eindruck auf mich. [...] Ich erholte mich und bekam ein blühendes Aussehen. »
A. Popp, *op. cit.,* p. 42-43.

accusés, on voulait comme en Allemagne stigmatiser le radicalisme comme affaire de bandits et d'assassins et ainsi porter un coup fatal au parti autrichien tout entier. Et en Autriche également, ces procès contre les socialistes dont les compte rendus remplissaient les journaux eurent un retentissement énorme, contribuant à populariser leurs idées et agissant efficacement pour leur propagande. C'est par ce biais qu'Adelheid Popp – sans doute bien disposée dès l'abord à l'égard de victimes du pouvoir – découvrit les idées socialistes et en fut « enthousiasmée ».

> « Je suivais les procès des anarchistes avec une ardente sympathie. Je lisais tous les discours. Comme il arrive toujours dans ces sortes d'affaires, des socialistes se trouvaient parmi les accusés ; en réalité, c'était eux qu'on visait. J'appris ainsi à connaître leurs opinions et je fus enthousiasmée. Chaque social-démocrate dont on parlait dans les journaux me faisait l'effet d'être un héros. L'idée que je pourrais un jour combattre dans leurs rangs ne me venait même pas à l'idée. » [200]

Pourtant, les choses s'accélérèrent pour Adelheid. Elle adhéra à la bibliothèque de l'Association ouvrière, une bibliothèque sociale-démocrate fréquentée assidûment par tout un milieu de jeunes ouvriers, qui s'encourageaient les uns les autres. Adelheid qui avait commencé à lire bien avant d'entendre parler de la social-démocratie, allait étudier plus sérieusement maintenant que beaucoup d'obstacles matériels étaient levés et qu'elle avait davantage les moyens d'orienter ses choix [201].

---

200 "Die Anarchistenprozesse verfolgte ich mit leidenschaftlicher Anteilnahme. Ich las alle Reden, und da, wie das immer zu geschehen pflegt, Sozialdemokraten, die man eigentlich treffen wollte, unter den Angeklagten waren, so lernte ich deren Anschauungen kennen. Ich war begeistert. Jeder einzelne Sozialdemokrat, den ich aus der Zeitung kennen lernte, erschien mir wie ein Held. Dass ich selber Mitkämpferin werden könnte, fiel mir gar nicht ein."
A. Popp, *op. cit.,* p. 67. Notons que cette fois, les jurés déclarèrent les militants non coupables.

201 « Ich las gerne. Ich las wahllos, was ich in die Hände bekommen konnte, was mir Bekannte liehen, die auch nicht zwischen Passendem

Les bibliothèques jouèrent en Allemagne un grand rôle dans la diffusion du livre, et ce depuis les années 1830 et 1840 et à nouveau à partir de 1860 [202]. Entre 1821 et 1843, le nombre de parutions avait triplé et les livres atteignaient à cette époque le public des gros bourgs. Inquiet de cette évolution, le ministre prussien de l'Intérieur ordonnait par une circulaire de mars 1842 une surveillance accrue des bibliothèques de prêt, constatant que « l'influence de ces institutions sur l'esprit populaire est, dans un pays où même le paysan lit pendant ses temps de loisirs, incalculable ». Après un recul pendant les années 1850, la curiosité intellectuelle augmenta à nouveau dans les couches populaires à partir des années 1860 et 1870 [203]. On est moins étonné alors de l'importance des bibliothèques sociales-démocrates dans les récits d'Adelheid Popp, A . Petzold ou M.W.T. Bromme : tous ont des amis qui y adhèrent et les leur font connaître spontanément, la démarche semble naturelle. Presque toutes les biographies de militants ouvriers témoignent du plaisir qu'ils prenaient à lire avant de s'engager politiquement. Le fait d'appartenir à un groupe, de lire des critiques, d'entrer en contact

---

und Unpassendem unterschieden und was ich im Antiquariat der Vorstadt, für eine Leihgebühr von zwei Kreuzer, die ich mir vom Munde absparte, erhalten konnte. Indianergeschichten, Kolportageromane, Familienblätter, alles schleppte ich nach Hause. Neben Räuberromane, die mich besonders fesselten, interessierte ich mich lebhaft für die Geschicke unglücklicher Königinnen. (...) Ihnen reihten sich die Jesuitenromane an und in weiterer Folge die Romane mit hundert Heften, vom armen Mädchen, das nach Überwindung vieler und grauenerregender Hindernisse zur Gräfin oder mindestens zur Fabrikantens- oder Kaufherrnsgattin gemacht wurde. Ich lebte wie in einem Taumel. Heft um Heft verschlang ich... »
A. Popp, *ibid.*, p. 37.

202 J.-P. Gougeon, *op. cit.*, p. 16.

203 Dans les années 1040, les associations culturelles, religieuses, les sociétés de lecture, les associations de chant et les sociétés artistiques s'étaient multipliées et se politisaient. Elles servaient de refuge au débat politique qui intéressait une part croissante, bien qu'encore modeste, de la population dont le niveau culturel augmentait, à la suite des efforts importants engagés en matière scolaire depuis la fin du XVIIIe siècle par les États allemands. En Prusse, par exemple, le nombre de lycéens avait augmenté de 73%, mais surtout, le pourcentage des enfants suivant la scolarité obligatoire était passé entre 1816 et 1846 de 60 à 82 %, chiffre considérable pour l'époque.

avec des militants d'origine sociale plus favorisée, rendaient les choix moins éclectiques, voilà tout.

Ainsi chez Adelheid Popp ou William Bromme, comme chez Robert Schweichel ou August Bebel, l'habitude de lire précéda l'intérêt pour les idées politiques. Paul Frölich, qui fut plus tard proche de Rosa Luxemburg puis l'auteur d'une importante biographie la concernant, grandit dans les années 1880 au sein d'une famille ouvrière de militants sociaux-démocrates. Encore enfant, avant de s'intéresser personnellement à la politique, Paul distribuait un journal du parti, *Die Leipziger Volkszeitung,* à des familles du quartier. Voici ce qu'il raconte :

> « Une fois que j'avais démarré avec mon paquet, dans l'escalier de la première maison où je devais livrer des journaux, je lisais le roman-feuilleton, et je découvris ainsi Balzac, Zola, Maupassant et sans doute aussi Tchékhov. » [204]

Il ajoute que ce journal a été sa première école politique. L'adhésion à la social-démocratie ne déclenchait pas le processus de lecture, qui existait depuis l'enfance. Souvent même, à l'inverse le goût pour la lecture fut utilisé pour entrer en lien politique avec des travailleurs. Heinrich Paul Dikreiter, un ouvrier, racontait par exemple s'être abonné à la *Volksstimme* (sociale-démocrate) de Mannheim à cause du roman qui y était publié en feuilleton : *Germinal.* C'est par ce détour, en se mettant à discuter de ce roman, qu'il entra en contact avec le parti et le rejoignit :

> « À vrai dire, ce qui m'attirait d'abord, c'était le roman en feuilleton : *Germinal*, de Zola. C'est ainsi que je me mis à discuter avec un cordonnier travaillant en usine, jeune marié, qui finit par m'inviter à revenir. Ce que je fis bientôt. Nos conversations tournaient exclusivement autour du socialisme, de la social-démocratie et de ses buts. Je me mis à étudier avec assiduité le contenu de la *Volksstimme (La Voix du*

204 Paul Frölich, *Autobiographie. Parcours d'un militant internationaliste allemand : de la social-démocratie au Parti communiste (1890-1921).* Editions Science Marxiste, Paris, 2011, p. 15.

peuple), je me faisais expliquer par mon ami cordonnier ce que je n'avais pas compris. » [205]

Dans leurs autobiographies, lorsqu'ils en venaient à parler de leurs lectures passées et présentes, la plupart de ces auteurs évoquaient avec enthousiasme les réalistes du XIXe siècle ainsi que Heine, Goethe et Schiller. S'agit-il d'une reconstruction de la mémoire, d'un choix conscient de leur part, du résultat des efforts de la direction du SPD et particulièrement de Franz Mehring de privilégier toujours la « grande » littérature, y compris par rapport au naturalisme, ou avaient-ils effectivement vécu les heures de lecture les plus inoubliables en compagnie de ces auteurs-là ?

« L'écho » est invariablement le même dans les romans des écrivains socialistes aussi, August Otto-Walster, Minna Kautsky, Robert Schweichel : au cours de conversations entre personnages romanesques, le lecteur découvre Schiller ou Heine, jamais un écrivain naturaliste. Dans son roman *Die Alten und die Neuen (Les Anciens et les Nouveaux)*, Minna Kautsky dévoile les lectures d'un personnage, Georg Hofer ; ce mineur de potasse lit Goethe, Lessing, Schiller, Börne, *l'Histoire de la révolution française* de Mignet, *Le Contrat social* de Rousseau, *L'Anthologie des travailleurs* de Lassalle, *L'Origine des espèces* de Darwin [206]...

---

205 « Offen gestanden, war es mir aber mehr um den laufenden Feuilletonroman zu tun. Es war Zolas *Germinal*. Bei dieser Gelegenheit kam ich mit einem jungverheirateten Fabrikschuster in eine Unterhaltung, die damit endete, dass er mich zum Wiederkommen einlud. Ich kam bald wieder. Unsere Unterhaltungen drehten sich ausschließlich um den Sozialismus, die Sozialdemokratie und ihre Bestrebungen. Ich machte mich eifrig hinter die *Volksstimme* her, studierte ihren Inhalt und ließ mir von meinem schusternden Freunde erklären, was ich nicht begriffen hatte. »
In: Dr. Walter Barton, Dr. Jürgen Kühnel, Prof. Dr. Peter Marchal, Prof. Dr. Karl Rika (Hrsg.), Was haben Arbeiter gelesen? Veröffentlichungen des Forschungsschwerpunkts Massenmedien und Kommunikation an der Gesamthochschule Siegen, 1979, p. 20. Trad. A. D.

206 *Die Alten und die Neuen* parut dans la *Neue Welt*, la revue sociale-démocrate la mieux diffusée et la plus souvent empruntée en bibliothèque. Le passage où il est beaucoup question des lectures du héros se trouve chapitre 13 du roman ou *Neue Welt*, N° 13, 1884, p. 296.

W . Bromme donne, dans ses *Souvenirs*, une bonne vue d'ensemble des habitudes de lecture dans la fraction non organisée de la population laborieuse. En effet, en dehors de son temps de travail il était colporteur de livres pour financer ses propres achats de livres. Il rapporte que beaucoup lisaient de préférence des romans faciles d'accès : romans d'aventures, de préférence avec de l'action et quelques meurtres, romans à l'eau de rose, médiocres et parfois vulgaires (*Hintertreppenromane*, *Schund*). Fort de son expérience de colporteur, Bromme commente ainsi les habitudes de lecture des ouvriers non organisés :

> « Seules les personnes avec lesquelles nous autres, qui avions une certaine culture socialiste, étions en contact direct suivaient nos conseils et s'abonnaient aux *Heures libres*, à *La Révolution française* de Blos ou à *L'histoire du Monde* de Vogt, (...) ou bien encore à *L'Univers des animaux et des plantes*. Les gens instruits de 19 à 22 ans de leur côté aimaient des histoires de guerre ou bien quelque chose de piquant, montrant si possible un maximum de femmes nues. Et puis il y avait les fous de lecture avec *Livre pour tous* et *Gartenlaube*. Les ouvriers adultes et politisés, par contre, étaient abonnés aux journaux du parti comme *Der Wahre Jakob*, *Süddeutscher Postillon* ou d'autres. (...) Les romans de bonne qualité se vendaient bien également, dans le cas où ils n'avaient pas encore été publiés dans nos journaux du parti. Par exemple *Iéna ou Sedan* de Beyerlein, *L'Ingénieur Hostmann* de Hegeler et *Le pain quotidien* de Clara Viebig. Nous nous sommes approvisionnés également en classiques bon marché de la société d'édition Deutsche Verlagsanstalt : Goethe, Schiller, Heine, Uhland , Lessing, Lenau, Shakespeare. » [207]

---

207 « Nur diejenigen, mit denen wir Aufgeklärten direkt in Berührung kamen, folgten unserm Rat und abonnierten die *Freien Stunden*, oder die *Französische Revolution* von Blos oder *Vogts Weltgeschichte* (...) oder *Tier- und Pflanzenwelt*. Die 19-22jährigen gelernten Leute liebten wieder Kriegsgeschichten oder etwas Pikantes, etwas, wo möglichst viel entblößte Weiber abgebildet waren. Dann folgten die Lesewüteriche mit *Buch für Alle* und *Gartenlaube*. Die erwachsenen politisierenden Arbeiter hielten sich dagegen den *Wahren Jakob*, *Süddeutschen Postillon* und

Avec la politisation, les lectures deviennent plus systématiques : les romans médiocres sont abandonnés au profit des grands classiques, de lectures historiques, politiques et de bons romans.

Dans ses mémoires, l'ouvrier Karl Klingel rapporte que, jeune, il avait des lectures « inconciliables » les unes avec les autres : il s'enthousiasmait tout à la fois pour Heine, Herwegh et Marlitt[208]... Klingel n'a pas honte de son enthousiasme passé pour Marlitt, et c'est au fond sympathique. Avec l'engagement politique, le choix des lectures se faisait avec davantage de discernement. Mais ce sont les lois d'exception contre les socialistes qui l'encouragèrent à étudier de plus près les idées socialistes : des idées que l'État mettait tant de rage à combattre devaient être bonnes pour les travailleurs.

> « Je commençai alors à lire avec avidité les publications socialistes. Je me lançai dans les principaux écrits d'Engels, et le *Capital* de Karl Marx réclama désormais toutes les heures qu'il me restait le soir, après le travail. Je ne compris pas tout, mais une telle somme d'impressions des plus profondes et de connaissances nouvelles s'amoncelait devant

---

sonstige Parteischriften. Auch die besseren Romane, wenn sie nicht schon in unseren Parteiblättern gestanden hatten, wurden gekauft. So Beyerleins *Jena oder Sedan*, Hegelers *Ingenieur Hostmann* und Clara Viebigs *Das tägliche Brot*. Dann schafften wir uns auch die billigen Klassikerausgaben der Deutschen Verlagsanstalt: Goethe, Schiller, Heine, Uhland, Lessing, Lenau, Shakespeare an. »
M. William T. Bromme, *Erinnerungen*, cité in : W. Barton, J. Kühnel [et al.], *Was haben Arbeiter gelesen*, Siegen, 1979, p. 20-21. Trad. A. D.

208 « Ich begeisterte mich für Heine, der in glänzender Sprache seinen prachtvollen Hohn, seine beißende Satire über weltliche und geistliche Reaktionäre ausgoß. Seinen Atta Troll konnte ich fast auswendig. Herweghs "schwertesscharfe und glockentönige" Lieder gleichfalls. Freiligraths *Ça ira* hatte mir's am meisten angetan. Die Romane der Marlitt las ich mit Vorliebe. Verfocht sie doch, was viele ihrer heutigen Kritiker vergessen haben, demokratische Gedanken mit einem für ihre Zeit bewunderungswürdigen Mut. Sagt doch kein geringerer als Gottfried Keller von ihr: "Diese Person besitzt ein tüchtiges Freiheitsgefühl und sie empfindet wahren Schmerz über die Unvollkommenheit des Weibes". »
In : *Was haben Arbeiter gelesen? op. cit.*, p. 21.

> moi que je me faisais l'impression d'être un chercheur de trésors qui serait tombé contre toute attente sur une mine d'or, de laquelle je n'arrivais plus à me détacher. »[209]

Sa lecture achevée, Klingel alla frapper à la porte du SPD. À cette époque, le besoin d'apprendre, de comprendre, était donc suffisamment fort pour qu'un ouvrier du rang lise, de sa propre initiative et sans aide, *Le Capital*. Combien d'autres en étaient-ils venus à bout, dans les mêmes conditions ?

Adelheid Popp, pour revenir à elle, adhéra au syndicat de son usine textile et commença à militer à l'Association d'éducation des femmes travailleuses. À cette époque, les assemblées politiques étaient interdites aux femmes, et il fallut toute la ténacité de Popp pour qu'un jour les organisateurs cèdent à ses instances et l'aident à déjouer la surveillance de la police. Dès octobre 1892, Adelheid Popp devenait rédacteur en chef de *l'Arbeiterinnen-Zeitung,* nouveau journal qui paraissait depuis le 1er janvier de l'année. Le parti socialiste osait engager comme rédacteur en chef une ouvrière de vingt-trois ans pourvue pour toute instruction de trois ans d'école primaire – et bien lui en prit [210]. Elle mena une vaste campagne pour la protection des ouvrières et l'égalité politique

---

209 « In der Folge fing ich nun an, mit wahrer Begier die sozialistischen Hefte zu lesen. Nach Engels Hauptschriften griff ich und das *Kapital* von Karl Marx beanspruchte nunmehr alle Abendstunden, die mir die Berufsarbeit freiließ. Nicht alles erschloß sich willig meinem Verständnis, aber eine Summe tiefster Eindrücke und neuer Kenntnisse häufte sich vor mir auf, dass ich mir vorkam wie ein Schatzgräber, dem sich unerwartet eine gleißende Goldgrube geöffnet, von der ich nimmer los kam. »
Ibid., p. 21. Trad. A. D.

210 Ce « phénomène » intrigua la bourgeoisie comme en témoigne cette description du *Interessantes Blatt* („*Journal intéressant*") de décembre 1892 :
« Cette jeune fille d'à peine vingt ans, qui, il y a peu de temps, était encore ouvrière dans une fabrique de traitement du liège pour un salaire hebdomadaire de 6 gulden qui lui servait aussi à nourrir sa vieille mère, s'est hissée en autodidacte appliquée au rang de rédacteur en chef de *l'Arbeiterinnen-Zeitung* et manie actuellement la plume et la parole avec le même brio. »
A. Popp, *op. cit.,* Introduction à la version française, p. 7 & 8.

des femmes ; très vite, l'influence de cette jeune militante s'étendit au-delà du parti.

Une femme qui non seulement participait à une réunion politique, mais y prenait la parole, c'était un phénomène ; après certaines réunions, des participants affirmaient qu'elle était en fait un homme déguisé en femme. Elle devint une bête noire des autorités ; arrêtée et traduite en justice à plusieurs reprises, elle acquit la réputation d'une meneuse dangereuse. Après son mariage, elle fut emprisonnée à cause d'une critique... sur l'institution du mariage. Au début du mouvement des femmes travailleuses, pratiquement aucune oratrice n'échappa à la prison.

Pour terminer, disons quelques mots du destin bien différent de Lily Braun. Autant les deux témoignages précédents possèdent une valeur d'exemplarité, autant son destin à elle est hors du commun. Aristocrate et fille d'officier née en 1865, elle se fraya sa voie vers le mouvement féministe puis peu à peu vers la social-démocratie. Sa famille était aimante mais imprégnée de morale et de religion, les valeurs conservatrices prenaient le pas sur toute autre considération. Lily disposait certes de toutes les facilités matérielles, pourtant il ne fut pas simple pour elle non plus de se cultiver, qui fut contrainte pour cela d'affronter résolument son milieu. Le premier scandale eut lieu lorsque son entourage découvrit la passion de Lily pour... Goethe ! Estimant que la soif de connaissances ne seyait pas à une jeune fille, sa mère fit tout pour la détourner de l'étude, multipliant les tâches domestiques et obligations de la vie sociale. Lorsque arguments et récriminations se révélèrent impuissants, elle confisqua les livres, ferma à clef la bibliothèque familiale, recourut aux interdits. Il en fallait plus pour décourager la jeune fille : elle se retrancha dans les bibliothèques publiques et les archives, réussit à acquérir une solide culture.

Parvenue à l'âge adulte, elle rencontra un professeur de philosophie berlinois, von Gizycki, un homme gravement malade. Lui qui ne pouvait se déplacer qu'en fauteuil roulant, il lui avait été montré du doigt lors d'une promenade comme un dangereux socialiste. En réalité, il était « seulement » athée et positiviste, défendant un humanisme proche de celui des « socialistes de la chaire » (*Kathedersozialisten*) . Les socialistes de la chaire n'avaient de socialistes que le nom : intellectuels du monde savant et universitaire, ils appartenaient à l'aile gauche de la bourgeoisie, leur dessein était de conseiller l'État pour une politique plus sociale. Le rôle des intellectuels était essentiel pour eux, en tant qu'élite scientifique devant guider et éclairer rationnellement le monde du travail au travers de l'État. C'est-à-dire qu'à sa manière, ce courant posait la question sociale ; la solution devait venir de l'action réformiste de l'État.

Lily devint l'élève de Gizycki, lisant tous les ouvrages philosophiques qu'il lui donnait. En 1893, âgée de vingt-sept ans, la jeune femme n'ayant pas obtenu le consentement de ses parents se sauvait de chez elle : pour obtenir sa liberté, dont d'abord la liberté de se consacrer pleinement à ses études, elle se maria avec Gizycki. Moins de deux ans plus tard, en mars 1895, Gizycki décédait.

Lily Braun se rendit compte alors que bien que s'étant rapprochés insensiblement de la social-démocratie, le maintien de leurs idées de société « éthique » avaient été surtout un moyen de rester craintivement à une certaine distance de la social-démocratie. Effectivement, à lire ses mémoires, on ne peut s'empêcher de penser à ces « demi-socialistes » de l'intérieur ou de l'extérieur du parti, qui étaient légion, qui tous cherchaient à élaborer leur propre système philosophique, économique, politique, pour justifier théoriquement le fait de rester à distance du SPD. Selon Lily, ils habillaient de théorie ce qui n'était, selon le cas, que peur de franchir le pas, quant-à-soi, prétention, réticence personnelle ou sociale. En même temps, vivant dans une ville où environ 100 000 personnes appartenaient à la social-démocratie, plusieurs centaines de milliers à l'échelle du pays, ils ne pouvaient ignorer ces idées ; l'air du temps faisait que leurs discours étaient teintés d'un certain socialisme.

Une fois seule, Lily fit siennes les idées socialistes, ce qui signifiait cette fois la rupture complète et définitive avec sa famille [211]. C'est alors qu'elle rencontra Heinrich Braun, rédacteur

211 Sa tante par exemple, qui n'avait pas eu d'enfants, lui avait toujours destiné toute sa fortune ; elle se ravisa car Lily était « à gauche », ne la

et militant social-démocrate, qui était divorcé et venait de se remarier ; le scandale était déjà suffisamment grand sans qu'il ne divorce à nouveau pour se marier avec Lily. C'est pourtant bien ce qu'il fit, et cela fit jaser tout le monde – naturellement davantage contre la fille d'officier que contre le journaliste – y compris dans les rangs sociaux-démocrates.

Heinrich Braun, issu d'un milieu aisé, n'épargnait aucun effort pour gagner l'intelligentsia. Il pensait qu'il fallait pour cela adapter son langage à ce public, pour ne pas l'effrayer par trop de radicalisme. Il concevait son rôle comme celui de médiateur, de relais entre le mouvement ouvrier socialiste et l'intelligentsia allemande [212]. C'est dans cet esprit qu'avec Lily, alors qu'ils appartenaient à l'aile réformiste, ils firent paraître leur propre revue au tout début du XXe siècle. Ils étaient de plus en plus en marge de la social-démocratie, finalement Lily renonça à l'action politique pour se consacrer à l'écriture. Ses romans traitaient du socialisme, du féminisme, d'art, d'érotisme et de culture [213]...

De son témoignage, on retient l'envie de vivre, de se battre, de se cultiver, et on ne peut que respecter son courage. Car du courage, il en fallait pour rejoindre ce parti honni dans son milieu d'origine. L'adhésion avait signifié la rupture de toute relation avec sa famille. De ce point de vue, son témoignage montre bien à quel point la social-démocratie était encore diabolisée dans les années 1890, ses militants perçus comme des voleurs, des êtres dépourvus de sens moral, des assassins même. Nous terminerons par un extrait de ses *Mémoires* dans lequel elle relate sa rencontre avec son milieu d'adoption, un monde auparavant inconnu d'elle, celui d'ouvrières socialistes :

---

mentionnant même pas dans son testament.

212 Dans l'introduction aux *Mémoires* de Lily, Braun est décrit comme suit : « Er widmete sein Leben ganz der Aufgabe, zwischen der sozialistischen Arbeiterbewegung und der geistigen Welt Deutschlands Brücken zu schlagen. » Cf. ses Mémoires en forme de roman :
Lily Braun, *Memoiren einer Sozialistin*, éd. par Elisabeth Fetscher, München : Piper, 1985, Introduction, p.13.

213 Tous thèmes chers aux naturalistes, dont il sera plus particulièrement question dans le chapitre suivant.

« Si la police, constamment sur notre dos, avait su combien les questions dont nous débattions étaient peu à même de changer la face du monde, elle nous aurait tranquillement abandonnées à notre destin. [...]
J'appris à connaître la vie de ces femmes. [...]
Un jour, je rendis visite à Madame Wengs, une petite femme corpulente. Elle avait accouché de son septième enfant trois jours plus tôt, je la trouvai déjà à la lessive. Était-il surprenant qu'elle soit irritable ? Toutes ces femmes se trouvaient confrontées à de dures corvées de travail. N'était-il pas beaucoup plus remarquable qu'elles aient gardé malgré tout de la force, l'abnégation et la capacité d'enthousiasme leur permettant de consacrer au parti leur peu de temps libre, leur repos nocturne si cruellement nécessaire ? Elles donnaient le maximum de ce qu'elles pouvaient. Ce n'était vraiment pas de leur faute, si c'était malgré tout si peu. » [214]

Effectivement, comme pour les récits d'Alfons Petzold dans *La vie âpre*, ce qui surprend le plus de la part des ouvriers décrits n'est pas ce qu'ils ont d'opprimé ou d'écrasé, ni même la misère morale qui en découle parfois. Ce qui est surprenant et aurait mérité d'être décrit dans un roman contemporain, c'est bien plutôt cette force que des dizaines ou des centaines de milliers d'entre eux trouvaient, malgré des vies usantes physiquement et nerveusement, pour défendre un idéal. Ce qui est surprenant, autant pour Adelheid Popp, pour les amis de Petzold s'essayant au théâtre dans les égouts, que dans le cas des femmes décrites

---

214 Lily Braun, *op. cit.*, p. 278-279.

« Wenn die Polizei, die uns ständig auf den Fersen war, gewußt hätte, wie wenig welterschütternd die Fragen waren, über die wir debattierten, sie würde uns ruhig unserem Schicksal überlassen haben. [...]
Ich lernte das Leben dieser Frauen kennen. [...]
Einmal besuchte ich die kleine dicke Frau Wengs; sie war vor drei Tagen ihres siebenten Kindes genesen, und ich fand sie schon wieder hinter dem Waschfaß. War es erstaunlich, dass sie reizbar war? All diese Frauen standen in harter Arbeitsfron; war es nicht viel merkwürdiger, dass sie sich dabei die Kraft, den Opfermut, die Begeisterungsfähigkeit erhalten hatten, die es ihnen möglich machte, ihre spärliche Freizeit, ihre ihnen so bitter nötige Nachtruhe dem Dienst der Partei zu widmen? Sie leisteten das äußerste, was sie leisten konnten; es war nicht ihre Schuld, dass es trotzdem so wenig war. »

par Lily Braun, c'est qu'ils trouvèrent l'énergie, l'enthousiasme pour parvenir à se hisser malgré tout par-dessus leurs conditions de vie si défavorables.

Ainsi donc des futurs militants, en particulier d'origine ouvrière, arrivèrent à la politique par la culture. C'est l'histoire d'Adelheid Popp, d'Alphons Petzold et de beaucoup d'autres. Pour autant, l'objectif du parti n'était absolument pas de trouver des renforts militants au travers de l'activité culturelle, et le recrutement n'était rien de plus qu'un sous-produit de cette activité. Mais alors, quels étaient ces objectifs ?

Les raisons qui sous-tendent cet important travail culturel

Sans les lois antisocialistes, les dirigeants n'auraient pas systématisé ainsi les associations culturelles, et si le parti avait pu déployer une activité directement politique, la culture aurait été à n'en pas douter moins prépondérante, sa place moins imposante.

Cependant, il est vrai aussi que ce travail d'éducation populaire n'est pas qu'affaire de circonstances. Pour écrire les choses de manière un peu carrée, les dirigeants considéraient alors que l'heure n'était pas à la révolution ouvrière, que c'était à la bourgeoisie de succéder vraiment à la noblesse pour mettre en place une République et développer l'industrie, le système bancaire et les moyens de communication. La situation n'étant pas mûre pour que la classe ouvrière soit candidate au pouvoir, le rôle essentiel du parti socialiste, dans ces conditions, était de s'implanter dans les masses, de les cultiver dans tous les domaines de connaissances, de les sortir du quotidien, de leur donner le goût de l'organisation, de la collectivité, de leur apporter la conscience de leur situation sociale, quitte à ce qu'ensuite, une partie d'entre elles puisse s'intéresser aux idées politiques, se former à la théorie socialiste, et que certains travailleurs adhèrent au parti ou deviennent membres actifs. La culture était un préalable, mais le recrutement n'était pas le but premier, plutôt un sous-produit espéré.

En pleine loi antisocialiste, le jeune dirigeant social-démocrate Karl Kautsky s'engagea pour la création d'une revue théorique, *Die Neue Zeit,* dont il fut rédacteur en chef dès son lancement en 1883, tandis que sa responsabilité politique était assumée par Bebel, secondé de Liebknecht et d'autres membres du groupe parlementaire (dont Hasenclever), seuls à pouvoir justifier le fait de se réunir. Il y avait urgence à résorber le décalage toujours plus important entre le développement organisationnel et le niveau théorique du parti, c'est pourquoi tous les problèmes de fond devaient être abordés dans cette revue théorique, en n'écartant aucun aspect de la vie sociale : théorie politique, économie, histoire, découvertes scientifiques et techniques, littérature, art et culture... Dans son article programmatique du premier numéro (en janvier 1883), Kautsky s'expliquait longuement sur ses objectifs : les revues étaient innombrables qui promettaient éclaircissements et culture, mais pas une seule revue de qualité n'était écrite à l'intention des couches populaires. La *Neue Zeit* voulait se distinguer par le public qu'elle visait : elle serait écrite « pour le peuple ». Voici quelques extraits de ce premier numéro :

> « Pour élever le peuple à la hauteur de sa tâche, il faut lui donner accès à tout ce qui est intéressant dans tous les domaines du savoir. *Pas de monopole du savoir !* Démocratisation, généralisation de la science ! Le fossé profond qui existait et qui existe encore entre la petite communauté des initiés et l'énorme troupeau des ignorants doit être comblé ou franchi. Le niveau de culture idéal requis aujourd'hui pour l'intellectuel ne doit pas être réservé à une infime minorité, *mais doit être le lot commun.* [...]
> Combien de nos ouvriers, artisans, paysans connaissent Shakespeare, Lessing, Schiller et Goethe ? Connaissent un Raphaël, Mozart, Beethoven ? Connaissent les écrits de Humboldt et de Darwin? » [215]

215 « Um das Volk auf die Höhe seiner Aufgabe zu erheben, muss ihm alles Wissenswerte auf allen Gebieten des Wissens zugänglich gemacht werden. *Kein Monopol der Wissenschaft!* Demokratisierung, Verallgemeinerung der Wissenschaft! Die breite Kluft, welche bisher zwischen der kleinen Gemeinde der Wissenden und der erschreckend grossen Herde der Nichtwissenden gähnte und noch gähnt, muss ausgefüllt oder überbrückt werden. Was nach dem heutigen Bildungsideal der *Gebildete*

L'esprit qui l'animait était de combattre la spécialisation du savoir, de transmettre des connaissances aussi universelles que possible. La *Neue Zeit* était conçue comme le complément indispensable au *Sozialdemokrat* : tandis que celui-ci relatait l'actualité immédiate et répondait à des préoccupations tactiques, le mensuel théorique devait former ses lecteurs sur les question de fond. Dans les premières années de la loi antisocialiste, le *Sozialdemokrat* illégal avait maintenu un lien moral, politique et organisationnel entre sympathisants, à présent la *Neue Zeit,* créée en Allemagne en tant qu'entreprise privée et légale, devait contribuer à rendre plus solides, plus conscients, ces choix politiques.

Les plus grands noms du socialisme international y collaborèrent : leurs ouvrages, y compris les plus célèbres, furent souvent publiés en feuilleton dans la *Neue Zeit* avant de paraître en volume. Mais la majorité des rédacteurs restaient des ouvriers. La plus grande importance devait être accordée à la correction de la langue et au choix des mots : il ne s'agissait pas d'être négligent sous prétexte que les lecteurs ne s'en rendraient pas compte, car comment s'instruire dans des textes parsemés de fautes ? Une langue concise et claire encouragerait le désir de se former et poussait à la réflexion personnelle. L'objectif affiché était ambitieux pour une population adulte qui n'avait guère eu le loisir de s'instruire et vivait dans des logements peu propices à l'étude (exiguïté, inconfort, bruit...). Il s'agissait de faire prendre conscience aux lecteurs ouvriers qu'ils n'étaient pas moins aptes à apprendre, et de leur donner l'enthousiasme et le courage d'étudier.

Kautsky poursuit son article en citant Euclide : « Les rois n'ont pas de voie d'accès privilégiée à la géométrie » [216], qu'il commente

---

wissen muss, das soll nicht eine winzige Minderheit, *das soll ein jeder wissen*. [...]
Wie viele unserer Arbeiter, Handwerker, Bauern kennen Shakespeare, Lessing, Schiller und Goethe? Kennen einen Raffael, Mozart, Beethoven? kennen die Schriften eines Humboldt und Darwin? »
Karl Kautsky, *Die Neue Zeit, Revue des geistigen und öffentlichen Lebens,* Januar 1883, Heft 1, Dietz, Stuttgart 1883. Trad. A. D.

216 « Zur Geometrie gibt es keinen besonderen Weg für Könige. »

en disant que cela vaut pour toutes les sciences ; il appelle donc les lecteurs à être exigeants avec eux-mêmes et persévérants. Il n'était pas question pour la rédaction de proposer une littérature au rabais, une science vulgarisée ; impossible de mâcher le travail (« man nennt es in der Volkssprache bezeichnend: 'Vorkauen' ») [217]. Pour s'imprégner d'une culture, pour assimiler des connaissances, il était une seule voie : l'étude. Peut-être pour ne pas paraître par trop moralisateur, trop professoral, Kautsky conclut en se mettant dans le lot : « Il nous faut réfléchir » (« Wir müssen denken! »), et ajoute que de ce point de vue, il fait entièrement confiance aux lecteurs : oui, ils réfléchissent. Plus loin, il explique encore :

> « Nous ne promettons pas l'impartialité. Aujourd'hui personne ne peut faire autrement que prendre parti. [...] Celui qui veut tromper l'autre en déformant la vérité, se trompe immanquablement lui-même. « La ruse de l'esprit universel », pour reprendre le mot de Hegel, ne permet pas de déjouer la vérité. Même si nous sommes attachés à une opinion bien ancrée, la vérité doit l'emporter. « La vérité par-dessus tout ! » Et comme la vérité ne fait pas d'étincelles sans « l'affrontement des esprits », comme le bon dicton est encore valable ici : 'Les paroles d'un seul homme ne sont les paroles d'aucun homme', nous donnerons toujours à nos lecteurs l'occasion de les entendre « tous les deux » et davantage encore, c'est-à-dire : propos et ripostes. Notre journal est donc ouvert à tout adversaire qui prend les choses au sérieux. »[218]

---

217 « L'expression populaire, significative, parle de 'mâcher le travail'. »

218 « Unparteilichkeit versprechen wir nicht. Heute kann ein Mann nicht parteilos sein. [...]. Wer durch Beugung der Wahrheit betrügen will, betrügt unfehlbar sich selbst; 'die List des Weltgeistes', um an das Hegelsche Wort anzuknüpfen, lässt keine Überlistung zu. Ist eine festgefasste Meinung uns lieb, so soll doch die Wahrheit uns lieber sein. 'Wahrheit über alles!' Und da die Funken der Wahrheit nicht entlockt werden ohne ein 'Aufeinanderplatzen der Geister', und da auch hier der gute Spruch gilt: 'Eines Mannes Rede ist keines Mannes Rede', so werden wir unsern Lesern stets Gelegenheit geben, 'alle beide' und noch mehr zu hören, das heißt: Rede und Gegenrede. Jedem Gegner, dem es um die Sache ernst ist, steht daher unser Blatt offen.»
Harrry Pross, *Literatur und Politik. Geschichte und Programme der politisch-literarischen Zeitschriften im deutschen Sprachgebiet seit 1870,*

Quelques années plus tard, la *Neue Zeit* était devenue la revue la plus prestigieuse du socialisme international. Il fallait une revue de cette envergure à un SPD qui se voulait véritable parti de masse – terme qui évoque le nombre de membres (une fraction significative de la population ouvrière doit être organisée en son sein) et caractérise surtout la forme organisationnelle, en particulier le fait qu'aucun préalable ne soit posé à l'adhésion des membres. C'est donc une structure large, lâche, et il faut faire une grande différence entre les nombreux sympathisants qu'il s'agit de cultiver, la politique n'étant qu'un aspect, et les militants actifs auxquels il faut s'efforcer de faire acquérir une solide formation politique [219].

Bebel, Liebknecht ou Bracke, en bref les dirigeants socialistes, sont eux-mêmes passés par le mouvement d'éducation populaire, nous l'avons évoqué, et c'est ainsi qu'ils ont repris ces structures héritées de la bourgeoisie libérale, même s'ils leur ont donné un autre contenu. Un homme comme Bebel n'aura de cesse de rappeler ce qu'il doit aux associations culturelles ; c'est toujours avec reconnaissance qu'il évoque les heures qu'il y passa dans sa jeunesse, celles dirigées par des démocrates-libéraux, hommes dont il devint un adversaire politique, et aussi celles d'obédience chrétienne par lesquelles il passa d'abord quand il était compagnon. Il dit sa gratitude, expliquant qu'elles seules, mettant à disposition dans leurs locaux presse et ouvrages divers, permettaient à de jeunes compagnons ou apprentis de s'ouvrir un peu au monde. Il rapporte dans son autobiographie concernant la fin des années 1850 (il avait moins de vingt ans) :

> « Pendant mon séjour en Allemagne du Sud et en Autriche, j'ai fait partie à Fribourg et Salzbourg de l'association catholique des compagnons. Je ne l'ai pas regretté. Le *Kulturkampf* n'exlstalt heureusement pas encore à cette époque. Il régnait déjà alors, dans ces associations, une totale tolérance envers des personnes de confession

---

Olten - Freiburg im Breisgau, 1963, p. 153-162.

219 August Bebel, artisan tourneur et parmi les fondateurs du parti, se réjouit presque en 1872 d'avoir enfin des mois de calme pour lire et étudier... en prison.

différente. Le président en était toujours un curé. [...] Il y avait parfois des conférences et différentes matières étaient enseignées, par exemple le français. Ces associations étaient donc des sortes d'associations culturelles. [...] Dans ses locaux, on trouvait des journaux, uniquement catholiques il est vrai, mais dans lesquels on pouvait apprendre ce qui se passait dans le monde. Pour moi c'était essentiel, car je m'intéressais déjà vivement à la politique au moment où je terminais l'école et ensuite pendant mes années d'apprentissage, lorsqu'éclata la guerre de Crimée. » [220]

Au début des années 1860, quand le poids de la réaction diminua et que les associations culturelles connurent un développement rapide, Bebel espérait énormément de la culture, y compris qu'elle permette d'émanciper les ouvriers ; il n'était pas encore question pour lui de changements de leur situation matérielle. Quand il dirigeait l'Union des associations culturelles ouvrières allemandes (VDAV), Bebel s'engagea pour qu'elles offrent aux ouvriers des cycles ambitieux de conférences. La culture comme moyen d'émancipation des opprimés, cette idée qui prenait ses racines dans l'*Aufklärung* et devait connaître bien des réminiscences, Bebel s'en détourna lorsqu'il se politisa vraiment, expliquant alors que la culture ne pouvait être un but en soi et que pour les travailleurs, la seule émancipation possible devait se faire collectivement. Pour autant, non seulement il n'oublia jamais son passé dans les associations culturelles de la

220 « Während meines Aufenthaltes in Süddeutschland und in Österreich habe ich in Freiburg und Salzburg dem katholischen Gesellenverein als Mitglied angehört und habe es nicht bereut. Der Kulturkampf bestand zum Glück zu jener Zeit noch nicht. In diesen Vereinen herrschte daher auch damals gegen andersgläubige volle Toleranz. Der Präses des Vereins war stets ein Pfarrer. [...] Es wurden zeitweilig Vorträge gehalten und Unterricht in verschiedenen Fächern erteilt, so zum Beispiel im Französischen. Die Vereine waren also eine Art Bildungsvereine [...]. In dem Vereinszimmer fand man eine Anzahl allerdings nur katholischer Zeitungen, aus denen man aber doch erfahren konnte, was in der Welt vorging. Das war für mich, der schon am Ende der Schuljahre und nachher in den Lehrjahren, als der Krimkrieg entbrannt war, sich lebhaft um Politik bekümmerte, eine Hauptsache.»
August Bebel, *Ausgewählte Reden und Schriften.* t. 6 *: Aus meinem Leben*, p. 28. Trad. A. D.

bourgeoisie et leur sut gré jusqu'à la fin de sa vie d'avoir su les accueillir, lui et ses pareils, pour assouvir leur soif de connaissances, mais au-delà, par la place qu'il lui accorde dans ses écrits, August Bebel[221] ne laisse aucun doute sur l'importance qu'avait pour lui la culture. Et lorsqu'en 1869, il contribua à fonder le Parti d'Eisenach, une large majorité du VDAV (l'Union des Associations culturelles) adhéra en bloc ou nouveau parti. La continuité était inscrite aussi dans les hommes qui composèrent les deux groupements.

C'est ce passé et cet état d'esprit qui lui permirent, ainsi qu'à quelques autres dirigeants, d'imaginer ces associations de culture ouvrière, de les concevoir avant de les systématiser. Le préalable était d'avoir l'esprit tourné vers la culture, la littérature et la science. Lors de l'entrée en vigueur des lois contre les socialistes à la fin des années 1870, ce sont ces habitudes et ce passé qui donnèrent aux organisateurs l'idée ou le réflexe de se servir de cette forme d'organisation apparemment non politique pour organiser et influencer les travailleurs.

Mais ironie de l'histoire, ce parti qui contribua tant à rendre la culture accessible à de larges masses, continuait dans les années 1890 à être décrit par les classes dirigeantes comme parti des barbares prêts à tout détruire, qui mettraient en danger l'ensemble de la culture humaine. Pour se défendre des calomnies contre la social-démocratie, August Bebel s'expliquait ainsi lors d'une conférence tenue à l'université de Berlin en 1897 sur le thème « Les étudiants et le socialisme » :

> « Nous ne voulons donc pas détruire la culture. Nous ne voulons pas partager, comme certains ont coutume de le dire, nous ne voulons pas rejeter l'humanité dans la barbarie. Bien au contraire, nous voulons élever toute l'humanité au niveau de culture le plus élevé possible. Nous voulons donner accès, à chacun sans exception et selon ses capacités et ses

221 Voir aussi le volume 1 de ses œuvres choisies : A. Bebel, *Ausgewählte Reden und Schriften*, t. 1 (1863-1878).

besoins, à tous les moyens de culture et de formation. C'est là l'idéal le plus élevé que l'humanité pouvait se donner... »[222]

Son discours insistait sur le fait que le mouvement ouvrier était un mouvement culturel et les véritables intellectuels les vecteurs de la culture traditionnelle, que la social-démocratie souhaitait prolonger et non pas abandonner. Ainsi le développement de la culture par et dans la social-démocratie correspondait à l'idéal des dirigeants, et ils estimaient que cultiver les ouvriers permettrait ensuite à ces derniers d'acquérir une conscience claire de leurs intérêts. Jusque vers la fin du XIXe siècle, le mouvement socialiste, loi antisocialiste ou pas, se donnait essentiellement pour objectifs l'éducation des ouvriers et la propagande parmi eux. Cela devait laisser le temps à la classe ouvrière encore jeune et inexpérimentée de mûrir politiquement et de s'aguerrir ; l'autre objectif qui paraissait réalisable était de populariser l'idéal socialiste.

Aujourd'hui, prenant la mesure de cette incomparable réussite à organiser la vie culturelle et sociale de plusieurs centaines de milliers de travailleurs, l'historiographie tend à relativiser le caractère politique de la social-démocratie, jusqu'à en faire un mouvement essentiellement culturel. Les associations sont perçues avant tout comme lieux de sociabilité, leur contenu politique considéré comme négligeable, tandis que même l'aspect culturel lui-même, plus exactement la volonté de transmettre des contenus culturels, est considérée comme secondaire par rapport à l'objectif d'encadrer la vie sociale des couches populaires. D'après moi, la réussite en ce domaine ne suffit pas pour relativiser son caractère politique, tant les deux aspects, culture et

222 "Wir wollen also nicht die Kultur zerstören. Wir wollen nicht teilen, wie man zu sagen pflegt, wir wollen nicht die Menschheit in die Barbarei zurückschleudern; im Gegenteil, wir wollen die gesamte Menschheit zur denkbar höchsten Kulturstufe emporheben. Wir wollen alle Kultur- und alle Bildungsmittel jedem ohne Ausnahme nach seinen Fähigkeiten und seinen Bedürfnissen zuteil werden lassen. Das ist das höchste Ideal, das die Menschheit sich stellen konnte..."
Discours prononcé devant des étudiants à Berlin le 14/12/1897. A. Bebel, "Akademiker und Sozialismus", in *Ausgewählte Reden und Schriften*, t. 4, p. 235-236.

politique, étaient intégrés et intimement liés [223] - comme les deux faces d'une même médaille.

D'ailleurs, les enquêtes montrent que le besoin d'apprendre était particulièrement impérieux dans les couches les moins défavorisées de la classe ouvrière : chez les travailleurs qualifiés, moins exténués, à l'existence moins précaire [224]. Cette catégorie d'ouvriers était celle aussi qui formait le plus grand nombre des adhérents au SPD. Les plus favorisés des travailleurs étaient donc ceux qui se cultivaient le plus et qui s'organisaient le plus (politiquement et syndicalement), d'autre part ces deux effets s'entraînaient l'un l'autre. Car le rythme de lecture suivait les événements sociaux : il augmentait en cas de grèves, peut-être à cause du temps devenu disponible, et aussi dans l'espoir d'un avenir meilleur. Les années 1890 qui suivent la levée des lois antisocialistes sont révélatrices de cette situation. Au contraire de ce à quoi on aurait pu s'attendre, les associations culturelles ouvrières, loin de décliner, prirent en effet une ampleur inconnue. Au moment où le parti retrouvait une légalité et pouvait se consacrer aux activités directement politiques, loin de négliger l'activité culturelle, il l'intensifia encore.

Parmi les plus connues des associations sociales-démocrates qui virent le jour autour de 1890, on peut citer les associations de chant (*Arbeiter-Sänger-Vereinigungen*), de sport (*Arbeitersport-vereine*), des amis de la nature, déjà (*Naturfreunde-Bewegung*), et plus tard, à l'aube du vingtième siècle, des clubs d'abstinents (*Arbeiter-Abstinenten-Bund*, fondé en 1903), un mouvement de libre penseurs créé en 1905 (*Freidenker-Bewegung*) ou encore d'espérantistes (*Arbeiter-Esperanto-Bund,* 1903). Les années 1890, celles d'une montée ouvrière, sont souvent qualifiées de

223 Dieter Groh argumente dans le même sens. Dieter Groh, *Negative Integration und revolutionärer Attentismus,* Propyläen Verlag, 1984, p. 59.

224 « Der Lese- und Bildungshunger war am höchsten bei denen, welche den höchsten Lohn, die kürzeste Arbeitszeit und die beste Organisation hatten. »
Cit. in: A. H. Th. Pfannkuche, *Was liest der deutsche Arbeiter ?* Tübingen-Leipzig, 1900. Voir aussi : Rudolf Schenda, *Volk ohne Buch. Studien zur Sozialgeschichte der populären Lesestoffe 1770-1910*, Frankfurt/Main, 1970, et dans Georg Fülberth, *Proletarische Partei und bürgerliche Literatur*, Neuwied/Berlin, 1972, le chapitre "*Arbeiterlektüre*" (p. 110-114).

période « d'euphorie culturelle », tant les théâtres ouvriers, les bibliothèques, les fêtes et lectures publiques eurent de succès. Les *Théâtres Populaires Libres (Freie Volksbühne)* de la social-démocratie regroupèrent bientôt, rien qu'à Berlin, des milliers de membres. C'est en réalité une constante du dernier quart du XIXe siècle : la radicalisation politique, l'augmentation des grèves revendicatives, vont de pair avec une soif accrue de connaissances et de lectures.

3. Les conceptions sur l'art dans le mouvement socialiste

Le parti social-démocrate a commencé très tôt à s'interroger sur le rôle de l'art dans la vie sociale. Dès le mois de février 1872, peu avant l'ouverture de son procès en haute trahison à Leipzig, Wilhelm Liebknecht tint successivement le même discours lors des fêtes inaugurales des Associations culturelles ouvrières de Dresde et de Leipzig, discours dans lequel on peut considérer qu'il posait les fondements des conceptions sociales-démocrates en matière d'art et de culture. De manière polémique et pour frapper les imaginations, Liebknecht retournait la célèbre formule de la bourgeoisie combattant le féodalisme, qui dit que le savoir donne le pouvoir : de « *Wissen ist Macht, Bildung macht frei* » (« Le savoir c'est le pouvoir, la culture rend libre »), il faisait « *Wissen ist Macht, Macht ist Wissen* » (« c'est le pouvoir qui donne le savoir »).

Il expliquait que les puissants et les dirigeants avaient de tout temps cherché à conserver un monopole sur le savoir, et que pour être assurés de régner sans partage, ils étaient contraints d'ôter aux dominés la possibilité de se cultiver réellement. En retournant volontairement le fameux *Wissen ist Macht*, il insistait sur l'idée qu'on ne pouvait substituer le mouvement culturel au mouvement politique[225]. Pour la population laborieuse, il ne saurait y avoir d'émancipation véritable sans conquête préalable du pouvoir. Liebknecht soulignait l'importance de la culture pour les socialistes mais combattait l'illusion selon laquelle la culture pourrait par elle-même changer la situation des opprimés et les émanciper. La différence est de taille : il faut bien sûr cultiver le plus grand nombre possible d'ouvriers, c'est même une tâche essentielle vis-à-vis de ceux qui sont prêts à consacrer à cela une part de leur temps, de leur énergie (à un moment où on travaille souvent treize heures par jour). Mais il ne faut pas en attendre plus qu'elle ne peut donner, et selon Liebknecht il faut se rappeler que pour pouvoir se cultiver réellement, la classe opprimée devra d'abord s'être émancipée socialement. Tout en encourageant et même en initiant le travail de culture populaire, les principaux dirigeants s'opposaient donc à la conception selon laquelle l'émancipation des masses passait par la culture.

Le fond de la pensée de Liebknecht n'était pas nouveau [226]. Cependant, dans le contexte de la construction d'une organisation ouvrière indépendante, son discours marquait la fin de toute une période d'éducation populaire. En effet, la rupture avec la bourgeoisie libérale avait été consommée en 1869, et depuis, nombre de bourgeois quittaient les associations culturelles ouvrières qu'ils avaient fondées mais qui étaient toujours plus dominées par les socialistes. Ces derniers s'efforçaient d'inculquer aux ouvriers une conscience de classe et souhaitaient donc les organiser séparément, donnant aux associations des buts nouveaux. L'activité culturelle du parti ouvrier était certes inspirée de celle des libéraux, mais il y avait une différence de taille : non seulement il était légitime pour les travailleurs de se préoccuper de

---

225 Ce discours de Liebknecht, *Le savoir c'est le pouvoir, le pouvoir donne le savoir* parut en brochure, et fut avec *La Situation de la classe laborieuse en Angleterre* de F. Engels, des pamphlets de P. Lafargue et des écrits de F. Lassalle parmi les premiers écrits socialistes à influencer Adelheid Popp. Voir Adelheid Popp, *op. cit.*, p. 82.

226 Marx et Engels avaient exprimé l'idée que la victoire politique du prolétariat et la disparition de la propriété privée des moyens de production étaient indispensables à cela déjà dans *L'Idéologie allemande* (1846).

politique, mais ils étaient même vivement incités à le faire. Du reste cela se ressentait dans la manière de concevoir les activités culturelles.

Dans leurs associations, les dirigeants de la bourgeoisie avaient fait de la culture un but en soi et le remède à tous les maux sociaux, prônant aux ouvriers une éducation politiquement neutre. Les socialistes considéraient cela comme un jeu de dupes : à leur avis la neutralité cachait un soutien à la bourgeoisie, alors qu'il s'agissait de mener un travail d'éducation ouvertement politisé, c'est-à-dire défendant en première ligne les intérêts politiques du monde ouvrier. C'est cet objectif que W. Liebknecht souhaitait faire comprendre dans son discours de 1872. Le message était clair : seule la prise du pouvoir par la classe ouvrière lui permettrait de s'émanciper, y compris sur le plan culturel. En 1898 encore, il affirmait dans un discours :

> « Le prolétariat n'est certes pas aussi heureux que la bourgeoisie française à la fin du siècle dernier – lorsqu'elle commença son œuvre émancipatrice, elle était la détentrice du savoir, de la science et de l'art, alors que l'esclavage économique exclut le prolétariat du temple de la science et de l'art ... » [227]

Dans ces conditions, on peut se demander ce qu'attendait ce parti de son immense travail dans le domaine culturel. Si la classe ouvrière ne pouvait s'émanciper ni s'approprier réellement la culture qu'après avoir pris en mains les rênes de la société, à quoi bon investir tant d'efforts militants dans les associations théâtrales, les clubs de lecture ou les écoles du parti ?

---

227 « So glücklich wie die französische Bourgeoisie am Ende des vorigen Jahrhunderts ist freilich das Proletariat nicht – jene war die Trägerin des Wissens, der Wissenschaft und Kunst, als sie den Emanzipationskampf begann ; dieses ist durch die ökonomische Sklaverei aus dem Tempel der Wissenschaft und Kunst ausgesperrt… »
W. Liebknecht, "Zum Jubeljahr der Märzrevolution", 1898 (« *Pour l'anniversaire de la révolution de mars* »). Cit. in Helmut Barth (Hrsg.), *Zum Kulturprogramm des deutschen Proletariats im 19. Jahrhundert*, VEB Verlag der Kunst, Dresden, 1978, p. 282.

En cette fin de XIXe siècle, le mouvement socialiste, qui prônait l'émancipation de l'humanité par la prise du pouvoir par le prolétariat, considérait que ce dernier, jeune, non formé, n'était pas mûr pour cela, et que de toute façon la société n'en était pas encore là. C'était d'abord à la bourgeoisie de prendre directement le pouvoir, de mettre en place une république et de développer encore l'économie. En attendant, les socialistes devaient inlassablement faire de la propagande, animer les grèves qui surgissaient ça et là, leur permettre de trouver une expression aussi accomplie que possible, renforçant ainsi la confiance des travailleurs en leurs propres capacités. Il leur revenait d'injecter cette conscience de classe dans les rangs ouvriers. Mais au-delà de la propagande, la prise du pouvoir n'était pas à l'ordre du jour. Il leur fallait préparer le terrain, c'est-à-dire finalement, cultiver, donner le goût du savoir, transmettre la rage de s'approprier cette parcelle d'humanité. Il s'agissait aussi de donner le goût de s'organiser, de prendre ses affaires en main, pour qu'un jour, la classe ouvrière en soit à se poser le problème du pouvoir. C'est dans ce cadre que prenait place la politique culturelle de la social-démocratie : privilégier la culture, une formation générale aussi poussée que possible (en langue allemande aussi bien qu'en économie, en sciences et en politique). La social-démocratie, consciente que la période ne lui laissait pas d'autre choix et lui assignait précisément cette fonction, consacrait donc à la culture une grande partie de ses efforts.

Elle avait beau être puissante, implantée dans toute l'Allemagne, dans chaque ville industrielle de quelque importance, elle ne touchait néanmoins qu'une fraction de la classe ouvrière. C'est ici qu'intervint parfois un glissement dans le raisonnement. Le SPD avait pris l'habitude de s'exprimer au nom de « la classe ouvrière », de toute la classe ouvrière, lui qui voulait être son représentant. Comme il menait un important travail d'éducation et de propagande, une partie de ses membres traduisit cette préoccupation ainsi : le prolétariat ne pourrait s'émanciper que s'il était, globalement, profondément cultivé – chose que la direction n'avait jamais prétendue.

Des intellectuels et notamment les écrivains naturalistes dans le parti soulignaient ainsi la primauté de la formation culturelle de la classe ouvrière (sans toutefois rejeter l'idée d'émancipation sociale). Elle devait permettre aux prolétaires de mieux comprendre quelles étaient leurs tâches. L'étape suivante était vite franchie : la culture devenait le moyen de l'émancipation, il s'agissait, de proche en proche, de cultiver au préalable l'ensemble de la classe ouvrière – ce qui était tout le contraire du discours de Liebknecht [228]. Lui s'élevait contre l'idée que culture, connaissances, savoir seraient des valeurs absolues, en elles-mêmes et pour elles-mêmes. Il allait jusqu'à considérer que « certaines nourritures spirituelles » (comme les romans de colportage) étaient « de l'opium pour l'esprit » (pour Bebel, il y avait quelque chose à tirer de n'importe quelle lecture). Les écoles n'étaient pas des institutions éducatives, mais de dressage (*Dressuranstalt*), destinées d'abord à préparer les jeunes gens à la vie de caserne. Seules des conditions sociales convenables donneraient naissance à des conditions de scolarisation correctes, et non l'inverse. Ce n'était donc pas la culture qui conduisait à la liberté, mais au contraire, la liberté conduisait à la culture. Il n'était pas de véritable savoir pour le peuple sans suppression de l'oppression. Et sans jamais rejeter la culture, il soulignait la primauté de l'éducation politique sur l'éducation culturelle.

Les conceptions concernant le rôle et la place de la culture énoncées ici paraissent éloignées de l'image véhiculée par les travaux de spécialistes de la jeune social-démocratie tels que Georg Fülberth, Gustav Auernheimer, Dietger Pforte ou Hans-Christoph Buch[229], qui tous prêtent des arrière-pensées à la social-

228 Quelques extraits de son discours se trouvent dans l'ouvrage de Herbert Scherer, *Bürgerlich-oppositionelle Literaten und sozialdemokratische Arbeiterbewegung nach 1890. Die "Friedrichshagener" und ihr Einfluß auf die sozialdemokratische Kulturpolitik,* Stuttgart: J.B. Metzler, 1974.

229 Hans Chrisoph Buch (Ed.), *Parteilichkeit der Literatur oder Parteiliteratur? Materialien zu einer undogmatischen marxistischen Ästhetik*, Rowohlt Taschenbuch, Reinbeck bei Hamburg, 1972. *Gustav Auernheimer, « Genosse Herr Doktor. Zur Rolle von Akademikern in der deutschen Sozialdemokratie 1890-1933 », Focus-Verlag, Giessen, 1985.*

Georg Fülberth, *Proletarische Partei und bürgerliche Literatur. Auseinandersetzungen in der deutschen Sozialdemokratie der 2. Internationale über Möglichkeiten und Grenzen einer sozialistischen*

démocratie. Elle tenait simplement à cultiver une population la plus large possible, ce qui était en outre nécessaire pour rendre le marxisme accessible à ceux qui, ensuite, le souhaitaient. Elle avait l'ambition de former son milieu dans tous les domaines de la vie intellectuelle et sociale, ce que la variété des clubs ou l'exhaustivité des sujets traités par ses revues montrent à l'envi. G. Fülberth voit un paradoxe dans le fait qu'un parti « prolétarien » fasse le choix d'une littérature « bourgeoise ». Il n'y a pas de paradoxe, seulement le désir de donner accès au meilleur de la culture et donc à ce qu'il appelle la culture « bourgeoise »[230], qui était la seule existante et que les socialistes considéraient comme universelle, humaine[231]. Si en se cultivant certains militants s'émancipaient personnellement par la même occasion, c'était tant mieux, s'ils pouvaient échapper individuellement à l'exploitation aussi. Mais la culture n'était pas une fin en soi et l'objectif restait de changer le monde, car il était inconcevable que l'ensemble des ouvriers échappe à l'exploitation.

Herbert Scherer, lui, regrette que ce travail culturel n'ait pas été politisé et que seules les questions directement politiques aient été

Literaturpolitik, Neuwied – Berlin, 1972.

230 Dans une lettre sur la social-démocratie allemande, Jean Longuet (l'un des gendres de K. Marx), impressionné par les moyens dont elle dispose, décrit la maison des syndicats à Berlin, les reproductions d'Albert Dürer, Rembrandt, Raphaël qu'il y voit, et exprime l'idée que la classe ouvrière entend ne pas se priver des chefs-d'oeuvre artistiques :
« Sur son bureau, un superbe buste de Dante. Le grand poète florentin n'est pas le seul indice des préoccupations esthétiques du prolétariat germanique. (...) Voilà qui vaut mieux, n'est-ce-pas, que les affreux dessins à prétention plus ou moins révolutionnaire et dont les figures grimaçantes et laides « ornent » trop souvent les murs de nos locaux en France? La classe ouvrière allemande entend ne pas laisser aux seuls bourgeois la jouissance des chefs-d'oeuvres, le culte de la beauté ! »
Cit. in : F. Domela Nieuwenhuis, *Le Socialisme en danger* (éd. établie par Jean-Yves Bériou), Payot, 1975, p. 245.

231 W. Liebknecht disait d'ailleurs au début des années 1890, dans une préface à *Macht ist Wissen*, que la classe ouvrière était devenue le porteur de la culture moderne depuis que la bourgeoisie avait cessé de l'être.
« Die Arbeiterklasse ist die Trägerin der modernen Kultur, seit die Bourgoisie aufgehört hat, es zu sein… »

discutées sous cet angle [232]. Il voit en cela de la part des sociaux-démocrates un divorce entre pratique et théorie : sinon, ils auraient dû respecter le primat du politique également dans leur travail culturel concret. Mais que signifie politiser les activités culturelles ? Dans le cas d'activités telles que la danse, la gymnastique, cela pouvait signifier à l'époque les rendre mixtes ; dans le cas de la lecture, de faire lire certains auteurs, certains journaux de préférence à d'autres, en les assortissant de commentaires. Pour des cours d'histoire, est-ce que cela signifiait enseigner la Révolution française plutôt que l'histoire des rois de France ? En ce sens, il me semble que les activités culturelles sociales-démocrates étaient « politisées » : elles étaient marquées par l'idéologie de leurs animateurs. Si par contre, il faut comprendre « politisé » dans le sens d'utiliser les structures culturelles ou sportives pour faire de la propagande, effectivement elles ne l'étaient pas. En dépit des effets de mode, ce parti ne chercha pas même à faire lire davantage les romans de Zola, par exemple, que ceux des Goncourt ou de Balzac, sous prétexte que le premier aurait été politiquement plus proche. La philosophie socialiste était présente dans les activités culturelles, le prosélytisme ne l'était guère.

Ce qu'il faut dire aussi, c'est que les objectifs développés par W . Liebknecht en 1872 furent loin d'être toujours compris et partagés par ses camarades. Dès les années 1880, les associations culturelles invitaient aussi des conférenciers contre honoraires, qui avaient ainsi l'occasion de faire pénétrer leurs idées parfois fort éloignées du socialisme, dans le mouvement ouvrier. Ils étaient souvent compétents et leur présence pouvait désamorcer les doutes des autorités sur la couleur politique de telle ou telle société. Mais les ouvriers qui formaient l'assistance n'avaient pas forcément conscience qu'ils étaient des orateurs rétribués et ils bénéficiaient de la caution morale du parti. Dans les rédactions sociales-démocrates également, il n'était pas toujours simple de distinguer si les contributions étaient celles d'adhérents ; c'était autant de voies de pénétration d'idées non-socialistes.

232 H. Scherer, *Bürgerlich-oppositionelle Literaten und sozialdemokratische Arbeiterbewegung nach 1890*, p. 7-8.

Peu à peu, insensiblement, une frange du SPD glissait vers l'idée que la culture permettrait de faire l'économie d'une révolution. Pour certains intellectuels dans le parti et notamment pour les naturalistes, bien travailler à l'école, apprendre, permettait à chacun de s'émanciper [233] : par l'école nouvelle, on créerait des individus nouveaux, qui répercuteraient leur expérience et de proche en proche changeraient la société. Quel besoin dès lors d'une révolution ? Mais les discours sur la culture comme vecteur de libération paraissaient en décalage complet avec la vie des ouvriers, qui constataient que les mines, les usines absorbaient un nombre toujours plus important d'entre eux : il était impossible que par des diplômes tous échappent à l'exploitation.

Dans le même temps, la classe ouvrière allemande était devenue, collectivement, la plus cultivée au monde. Tandis que pour ne pas perdre toute influence, des associations bourgeoises voyaient le jour qui proposaient aux ouvriers une grande variété d'activités culturelles ou d'écoles du soir, d'autres se cultivaient grâce au SPD et étaient toujours plus nombreux à le rejoindre. Jacques-Pierre Gougeon écrit à ce propos :

> « Avec le temps se constitue ce que l'on a pu appeler « le milieu social-démocrate », où se retrouvent membres d'associations, syndicalistes, membres du parti, ouvriers électeurs sociaux-démocrates. En opposition aux forces dirigeantes et aux valeurs qu'elles véhiculent se forme alors une « culture » autonome, marquée par le double sceau de la convivialité et de l'activisme politique. » [234]

Et plus loin :

> « La persécution subie par les sociaux-démocrates sur tous les fronts a certainement consolidé le ferment identitaire et renforcé la volonté d'entretenir une « contre-culture ». Cette évolution se traduit dans les années 1890 par le souhait des ouvriers de constituer leurs propres associations de sport, de chant et plus généralement de loisirs, en opposition à celles

233 C'était aussi les idées du mouvement de réformes pédagogiques, qui se développa dans les années 1890 en Allemagne.

234 J.-P. Gougeon, *op. cit.*, p. 118.

entretenues et dirigées par la bourgeoisie. [...] Le même processus s'est manifesté lors de la fondation en 1892 des associations ouvrières de chant, dont la ligue nationale, en 1914, regroupe 200 000 membres. Ces associations initient leurs membres à la gestion et aux pratiques démocratiques. Cette cimentation du monde ouvrier est couronnée par l'organisation de grandes fêtes...» [235]

Les textes et ouvrages concernant le SPD reprennent systématiquement l'affirmation selon laquelle les associations culturelles du parti se seraient créées à partir de 1890. En réalité, nous l'avons vu, elles furent créées dans les années 1860 et systématisées dès 1880. Bien entendu, elles ne clamaient pas leurs liens à la social-démocratie, il suffisait de moins que cela pour être interdites, leurs responsables passibles de poursuites. Simplement, après 1890, à l'aube du XXe siècle, les clubs locaux se fédérèrent pour former officiellement des unions nationales, comme celles de gymnastique ou de chant. Dans la décennie 1880, c'est uniquement le contenu des enseignements, le sujet des conférences, le comportement des militants qui indiquait leur couleur politique. Après la levée des lois d'exception, elles avaient intérêt par contre à afficher leurs liens à la social-démocratie, et les associations nationales qui se créèrent alors à grand renfort de tambours et trompettes, devaient constituer comme une bannière, un signe de ralliement : pour être attirantes, la plus grande visibilité était requise.

Simultanément, pour ne pas en laisser le monopole à la social-démocratie, nombre d'organisations culturelles ouvrières d'obédience bourgeoise virent le jour, tentant de regagner de l'influence sur les couches populaires. Et si on peut affirmer avec raison que les organisations bourgeoises et sociales-démocrates se livrèrent ensuite une rude concurrence, il ne paraît pas juste par contre de parler de « ferment identitaire » ni de « contre-culture » socialiste. Les socialistes ne souhaitaient pas créer une contre-culture, et l'eussent-ils souhaité, ils n'en avaient absolument pas les moyens. La réalité est plus prosaïque. Dans les années d'interdiction du SPD, les organisateurs se servaient des associations pour donner

235 J.-P. Gougeon, *op. cit.*, p. 118-119.

aux travailleurs, malgré l'oppression, le goût de s'organiser, de se retrouver et de se cultiver – si possible, ensuite, le goût des idées socialistes. Pour avoir l'oreille des travailleurs, ils n'avaient guère d'autre choix, et c'est pourquoi ils systématisèrent ces clubs. Il n'est nullement question ici de « double sceau » de la convivialité et de l'activisme politique, bien que cette manière de voir les choses soit celle de nombreux travaux contemporains, qui opposent les deux aspects. Il n'y avait pas d'opposition, au contraire une profonde unité.

D'ailleurs, la systématisation des associations culturelles ayant résulté de la nécessité de contourner les lois répressives, comme cela avait été le cas auparavant pour la bourgeoisie oppositionnelle, on aurait pu logiquement s'attendre à ce que qu'après la levée de ces lois, les sociaux-démocrates délaissent ces associations, leurs bibliothèques, théâtres et autres banquets, consacrant leur énergie aux formes d'organisation plus directement politiques. Or la radicalisation ouvrière des années 1890, l'afflux considérable de nouveaux militants, leur immense demande culturelle, tous ces effets devaient se conjuguer pour au contraire développer les associations culturelles à un degré jusque-là inconnu. Sans compter que les socialistes furent alors confrontés à une concurrence accrue du côté des organisations culturelles bourgeoises, étatiques ou mises en place par les Églises [236]. Parfois financées par des industriels, elles étaient naturellement bien dotées en moyens et donnèrent une motivation supplémentaire aux socialistes pour ne pas céder un pouce de terrain : au moment où tous se disputaient l'influence sur la classe ouvrière, il n'était pas question de risquer de perdre leur public au profit des adversaires.

L'année 1890, qui marque la fin de la crise économique et voit la chute du chancelier de fer, fut ressentie comme une énorme libération [237] ; c'est aussi l'année de la radicalisation ouvrière (en

---

236 Ce fut par exemple la création du *Gesamtverband der evangelischen Arbeitervereine* en août 1890 et celle, en novembre de la même année, du *Volksverein für das katholische Deutschland.*

237 Toute analogie s'arrêtant là, risquons une comparaison avec un événement plus proche de nous, à la fin du XXe siècle : l'Espagne à la mort de Franco. Les autorités craignaient tellement les troubles sociaux à

Allemagne comme en France), un moment où la révolution semblait s'approcher à pas de géants, où tous les espoirs étaient permis aux sociaux-démocrates. Ce pic de 1890 coïncide, c'est remarquable, avec une demande aiguë de la part des travailleurs en matière culturelle (et aussi avec l'apogée du naturalisme allemand). De fait, les années 1890-1891 sont parfois définies comme celles d'une « euphorie culturelle » ! En termes statistiques, les chiffres de participants aux réunions, conférences, cours et clubs socialistes ne furent jamais aussi élevés qu'immédiatement après la levée de la loi, particulièrement en 1891. Plus généralement, l'augmentation de la demande culturelle et de l'activité culturelle du SPD coïncida toujours avec les montées de radicalisme ; à tel point qu'il serait possible peut-être d'utiliser la demande culturelle comme baromètre de la vie politique!

Alors si pour comprendre la social-démocratie, il faut prendre la mesure du considérable travail d'éducation populaire qu'elle réalisa jusqu'à toucher des centaines de milliers de personnes, s'il est utile de connaître les raisons circonstancielles et celles plus profondes qui ont présidé à ses choix, céder à une tendance actuelle qui relativise le rôle politique de ce parti reviendrait à écarter une partie non moins fondamentale de ce qui faisait son identité. L'opposition entre culture et politique est essentiellement une reconstruction contemporaine, et si les socialistes ne pouvaient concevoir la politique sans culture, la culture sans politique était pour eux absolument dénuée de sens. Les deux aspects, activité culturelle et action politique, loin d'être exclusifs, apparaissent étroitement liés, un peu comme les deux faces d'une même médaille.

---

la mort du Caudillo qu'on en retarda l'annonce de huit ou dix jours, bien que la succession (Juan Carlos) fût déjà assurée. Entre 1977 et 1980, ce fut l'explosion d'un mouvement culturel, ou peut-être plus exactement politico-culturel : la Movida, expression d'une liberté retrouvée. Alors, l'euphorie culturelle de l'Allemagne de 1890, comparable à une Movida avant l'heure et à l'allemande ?

Chapitre IV

Entre art et politique, la voie étroite

La situation politique avait donc permis la création d'un parti ouvrier précoce, mais dont les tâches étaient pour partie celles traditionnellement assumées par la bourgeoisie. Après le congrès unificateur de 1875, le parti social-démocrate devint même la première force d'opposition à Bismarck. Son programme comprenait deux volets, socialisme et démocratie, car seule l'obtention de tous les droits démocratiques lui permettrait de s'organiser et de faire librement de l'agitation pour ses propres revendications de classe. Sans compter que d'après la social-démocratie, la limitation des libertés publiques avait en permanence été utilisée par les entrepreneurs et l'État pour imposer aux travailleurs des reculs économiques ou des aggravations de leurs conditions de travail. Ajoutons que si elle était ouvertement un parti de classe, elle n'était en cela pas différente des autres : c'était le cas de tous les partis allemands, des conservateurs (*die Konservativen)* aux libéraux (*die Liberalen*) [238], à l'exception du Parti du Centre (das *Zentrum,* qui se voulait le représentant des catholiques de toutes classes).

Quoi qu'il en soit, le SAPD lutta pour des libertés essentielles qui en France avaient été conquises de haute lutte par la bourgeoisie (même si bien des limitations les avaient ensuite entamées) [239], combat opiniâtre qui lui valut sinon la sympathie, du moins l'estime de certains cercles issus de la bourgeoisie petite et grande. Selon l'historien de grand renom Hans-Ulrich Wehler :

> « De quelque manière qu'on juge forces et faiblesses de la social-démocratie allemande jusqu'en 1918, ce qu'on ne peut nier, c'est qu'elle fut le mouvement d'émancipation qui depuis les années 1860 défendit avec la plus grande fermeté et le plus résolument tous les droits démocratiques visant à l'égalité des citoyens. » [240]

238 Dans une première approche, on peut considérer que les conservateurs représentaient la noblesse, et les libéraux la bourgeoisie dans sa montée en puissance.

239 Dans la première moitié du siècle, et bien entendu dans la période de réaction qui suivit 1848-1849, il n'existait pratiquement pas de presse libre en Allemagne. Quotidiens, revues et tous écrits de moins de vingt feuillets, perçus comme un danger par les autorités, étaient soumis à censure avant publication. En Prusse, c'était même le cas pour l'ensemble des livres et imprimés. La défense de la liberté de la presse avait donc ici un sens particulier.

240« Wie immer man auch die Stärke und Schwäche der deutschen Sozialdemokratie bis 1918 beurteilen mag, es läßt sich nicht bestreiten, dass sich hier seit den 1860er Jahren eine Emanzipationsbewegung organisierte, die am nachdrücklichsten alle demokratischen Gleichheitsrechte verfochten hat. »
In Hans-Ulrich Wehler, *Das Deutsche Kaiserreich 1871-1918*, 7e éd., 1994, p. 87. Trad. A. D.

1. Le SPD champion des droits démocratiques

Quand en France, les ouvriers étaient parmi les combattants républicains les plus résolus, ils étaient en Allemagne souvent les seuls. Le mouvement ouvrier socialiste y obtenait ou non l'appui de fractions de la bourgeoisie libérale, mais il donnait le ton, ce sont les autres qui jouaient le rôle de forces d'appoint. Inlassablement, il continuait à revendiquer pour tous le suffrage universel, secret et égal pour toutes les élections, la liberté de la presse, les libertés de réunion, d'organisation et de coalition, etc.. Alors, tandis qu'en France les ouvriers s'alignaient derrière les différentes fractions parlementaires républicaines et radicales, en Allemagne le SPD se mit à influencer des milieux plus larges que celui des ouvriers dont il voulait être le porte-parole.

La social-démocratie qui avait repris à son compte les idéaux les plus généreux et enthousiasmants de la bourgeoisie combattante devint le champion des droits démocratiques, bientôt presque hégémonique en ce domaine. Elle acquit en quelques années une audience et une autorité lui permettant de peser sur les événements.

Rejoindre le parti pour la conquête de nouveaux droits démocratiques

Dans la décennie 1870, les mutations économiques avaient été spectaculaires, mais les anciennes structures sociales demeurèrent quasiment inchangées. Qui plus est, l'hétérogénéité politique entre États allemands restait grande, et les compétences de l'Empire étaient limitées à certains domaines tels que politique étrangère, défense, régime douanier, monnaie, chemins de fer [241]. Provincial, le pays restait empêtré dans une organisation sociale

241 Et jusque dans ces domaines, l'unité n'était pas complète, puisque la Bavière, la Saxe, le Wurtemberg maintinrent leur armée.

dépassée ; politiquement, l'ensemble de la vie publique était sous l'éteignoir de Bismarck. Il avait concédé, il est vrai, l'élection au suffrage universel pour le Reichstag, et cela avait beau être un scrutin majoritaire (à deux tours), c'était particulièrement progressiste pour l'époque. Mais le rôle politique de ce parlement était très limité ; il n'avait pas le pouvoir d'élire le chancelier ou le gouvernement, il n'y avait même pas de tradition de choisir le chancelier dans la majorité du parlement : l'empereur le choisissait librement. Plus, Hans-Ulrich Wehler fait de la discrimination systématique contre toute forme d'opposition un signe distinctif de l'Empire, avec la ferme volonté de maintenir les partis dans l'antichambre du pouvoir [242]. Selon Bebel, « Toutes les résolutions du Reichstag qui ne convenaient pas au chancelier prenaient directement le chemin de la corbeille à papier » [243]. D'autre part les députés ne percevaient aucune indemnité, ce qui écartait les moins fortunés et donc les ouvriers.

Et si le Reichstag était élu au suffrage universel, c'était l'exception ; les élections aux parlements régionaux obéissaient à différents types de suffrages beaucoup moins progressistes. Les plus importants d'entre eux, les Diètes d'État (*Landtag*) de Prusse et à partir de 1896 celle de Saxe étaient élues selon un système de suffrage dit des trois classes, dans lequel les électeurs étaient répartis en trois groupes très inégaux possédant chacun le même poids électoral en fonction de la somme totale des impôts directs payés. Dans certaines municipalités de Rhénanie prussienne aussi, ce système était en vigueur, qui conduisit à cette époque, dans la ville d'Essen (région de la Ruhr), à ce que le seul Alfred

---

242 « In dem Land ohne Revolution bildete sich dagegen ein eigenartig verschwommenes Geflecht von Parteibeziehungen heraus. [...]
Die unablässige Diskriminierung von Opposition ist jedoch ein Kennzeichen des deutschen Kaiserreichs, damit auch eine der Bedingungen seines Untergangs gewesen. Das läßt sich zuerst deutlich an der Stellung der Parteien zeigen, die mit Absicht im « Vorhof der Macht » gefangen gehalten wurden. »
Hans-Ulrich Wehler, *Das Deutsche Kaiserreich 1871-1918*, p. 78-79.

243 « Alle Beschlüsse des Reichstags, die dem Reichskanzler nicht passten, wanderten in den Papierkorb...» August Bebel, *Aus meinem Leben*, p. 402 (et. voir aussi p. 351 : « Le Reichstag cédait toujours à la pression des gouvernements, c'est-à-dire de la Prusse, porte-parole de toutes mesures réactionnaires. »)

Krupp était en situation de décider de l'identité d'un tiers de l'ensemble des conseillers municipaux. À Berlin, la voix d'un contribuable riche pesait entre quinze et vingt fois plus lourd que celle d'un citoyen sans fortune [244]. Karl Kautsky écrivait encore en 1909 :

> « C'est le particularisme prussien qu'il faut briser avant tout ; il faut que la Chambre prussienne cesse d'être l'asile de toutes les réactions. Conquérir le suffrage universel et le scrutin secret pour les élections aux Parlements d'Allemagne du Nord et surtout à la Chambre prussienne, transférer au Reichstag l'autorité suprême, voilà des problèmes politiques qui comptent parmi les plus urgents de l'heure présente. » [245]

Même pour le Reichstag, le découpage des circonscriptions électorales avantageait les campagnes au détriment des villes, déséquilibre qui s'accrut de façon éhontée alors que la population rurale fondait littéralement au profit de la population urbaine et qu'aucune mesure ne vint réviser le découpage des circonscriptions, qui resta le même de 1874 jusqu'en 1918 [246]! Aux élections législatives de 1907 le SPD obtint 29 % des suffrages exprimés mais seulement 10,8 % des mandats au Reichstag [247], tandis qu'avec 19,4 % des suffrages le Centre catholique obtenait 26,4% des mandats, et les conservateurs, avec 9,4% des

---

244 Pierre-Paul Sagave, *op. cit.*, p. 23.

245 « Der preussische Partikularismus vor allem muß gebrochen werden, sein Landtag muß aufhören, der Hort aller Reaktion zu sein. Eroberung des geheimen und gleichen Wahlrechts für die norddeutschen Landtage, vor allem den preussischen, aber auch Erhebung des Reichstages zur herrschenden Macht gehören mit zu den dringendsten politischen Aufgaben des Tages. »
Karl Kautsky, *Der Weg zur Macht*, p. 89. Pour la traduction française : *Le Chemin du Pouvoir*, Paris, Ed. Anthropos, 1969.

246 Alors qu'en 1871, chaque circonscription comptait environ 100 000 électeurs, en 1912 elles étaient complètement disparates, comptant selon les cas entre 12 000 et 300 000 électeurs. Chacune de ces circonscriptions élisait naturellement un seul député.

247 Ainsi arrivait-il que des députés conservateurs soient élus au Reichstag avec le dixième des voix obtenues par un député berlinois du SPD - moins de voix encore leur suffisaient pour entrer au Landtag (parlement régional). Cité dans H.-U. Wehler, *Das Deutsche Kaiserreich*, p. 89.

suffrages, 15,7 % des mandats. Les socialistes exigeaient une réorganisation des circonscriptions qui les défavorise moins. Face à des modes de suffrages inégalitaires, indirects et non secrets, le premier article du programme d'Erfurt (1891) revendiquait le droit de vote universel, égal, direct et secret pour toutes les élections, et ce pour tous les membres de l'Empire de plus de vingt ans, sans distinction de sexe. Il exigeait donc que soit mis un terme à l'infériorité légale des femmes.

Mais avec chaque élection, toutes marquées par de nouveaux records de voix au SPD, les autres partis refusaient avec plus de force de modifier le système électoral. Un système plus démocratique n'aurait-il pas amplifié encore l'impression de succès socialistes irrésistibles ? Hans-Ulrich Wehler voit dans cette crainte l'une des raisons majeures pour lesquelles le système électoral fut maintenu en Prusse jusqu'en 1918 [248].

La bourgeoisie, prise entre son hostilité envers cet État autoritaire et la menace du mouvement ouvrier, était comme paralysée, incapable de s'imposer. La situation était contradictoire : les partis politiques n'étaient toujours pas pleinement acceptés comme acteurs de la vie publique, tandis que les grèves qui périodiquement secouaient le pays rappelaient qu'il fallait déjà compter avec un nouvel acteur : le mouvement ouvrier. Étranger et menaçant, il était lui aussi potentiellement candidat au pouvoir, et plus il se développait, moins les libéraux étaient capables d'initiative. C'est une clé de l'attitude hésitante de la bourgeoisie libérale, qui eut tendance à se résigner à la situation politique, pour insatisfaisante qu'elle fût [249].

Le ralliement d'une grande partie de la bourgeoisie à Bismarck avait été précoce et assez brutal ; beaucoup avaient opéré ce

248 H.-U. Wehler, *op. cit.*, p. 89. « Zum zweiten hat gerade die unaufhaltsam wirkende Entwicklung der Sozialdemokratie bei allen anderen politischen Gruppen das Gefühl der Bedrohung verstärkt und damit indirekt zur Verhärtung ihrer Abwehrbemühungen beigetragen.» « Nicht zuletzt wegen dieser Furcht vor der SPD blieb es bei der Wahlkreiseinteilung. »

249 Dans un article de 1895, Max Weber pointe les dangers de la situation politique ambigüe et précaire de l'Allemagne, cf. "Der Nationalstaat und die Volkswirtschaftspolitik", in *Gesammelte politische Schriften*, Tübingen: Johannes Winckelmann, 1958, p. 19.

revirement dès le milieu des années 1860, en particulier en 1866-1867 avec la victoire de la Prusse sur l'Autriche et la mise en place du premier État fédéral et de son parlement, le Reichstag de la Confédération d'Allemagne du Nord (*Norddeutscher Bund*). Parmi eux, il y eut plusieurs grandes figures du libéralisme qui avaient été forcées de s'exiler de longues années après 1849 pour leur participation à la révolution, comme Ludwig Bamberger ou Ludwig August von Rochau, ou qui avaient goûté du cachot pour leurs prises de positions publiques en faveur de la démocratie, comme Hermann Baumgarten. Ces hommes qui jusqu'alors n'avaient pas de mots assez durs pour qualifier Bismarck furent alors convaincus que lui seul était de taille à résoudre la question allemande, et ils justifièrent leur ralliement parfois en termes dithyrambiques. Ainsi L. A. von Rochau considérait encore en 1862 Bismarck comme « le dernier et le pire gourdin de la réaction » [250] - puis il y eut Sadowa et il effectua une volte-face. De la même manière, le juriste libéral Rudolf von Ihering écrivait à un ami en mai 1866 à propos de la guerre fratricide :

> « Jamais peut-être aucune guerre n'a-t-elle été déclenchée avec autant d'impudence, avec une aussi horrible légèreté, que celle que Bismarck essaye actuellement de provoquer contre l'Autriche. Le sentiment intime se rebelle à l'idée de cette ignominie perpétrée contre tous les principes du droit et de la morale.... » [251]

"Auf die Dauer aber ist es mit dem Interesse der Nation unvereinbar, wenn eine ökonomisch sinkende Klasse die politische Herrschaft in der Hand hält. Noch gefährlicher ist es aber, wenn die Klassen, die dabei sind die wirtschaftliche Macht zu übernehmen, politisch noch nicht reif sind. Diese beiden Gefahren bedrohen zur Zeit Deutschland und sind der Schlüssel zu unserer ungewissen Lage."

250 Cité in H-U. Wehler, « Einleitung », in Ludwig August von Rochau, *Grundsätze der Realpolitik. Angewendet auf die staatlichen Zustände Deutschlands (1853-1869)*, éd. et présenté par H.-U. Wehler, Francfort/Main-Berlin-Vienne, Ullstein, 1972, p. 9.

251 « Mit einer solchen Schamlosigkeit, einer solchen grauenhaften Frivolität ist vielleicht noch nie ein Krieg angezettelt worden wie der, den Bismarck gegenwärtig gegen Österreich zu erheben sucht. Das innerste Gefühl empört sich über einen solchen Frevel an allen Grundsätzen des Rechts und der Moral.... »
Rudolf von Ihering an Julius Glaser, 1/5/1866. In: Karl-Georg Faber,

Trois mois plus tard, après la victoire prussienne de Königgrätz, le même homme écrivait :

> « Je m'incline devant le génie d'un Bismarck, qui vient de livrer un chef-d'œuvre de stratégie et de dynamisme politiques. J'ai pardonné à cet homme tout ce qu'il a fait auparavant, oui, plus encore, je me suis convaincu qu'il était indispensable de faire ce qui, à nous qui n'étions pas initiés, nous a paru alors n'être que criminelle agitation. [...] Je donnerais pour un tel homme capable d'agir... cent hommes de convictions libérales, d'impuissante honnêteté. »

Il ajoutait avec un certain humour : « Est-ce que j'aurais pu imaginer il y a neuf semaines que j'en viendrais à écrire un vrai dithyrambe pour Bismarck? » [252]

Jusqu'alors, l'hostilité de la bourgeoisie vis-à-vis de cet État qui la combattait se reportait sur l'armée, une armée permanente qui coûtait des sommes folles et formait l'appui le plus solide de l'État. Elle considérait une armée permanente comme inutile, n'ayant pas du tout l'intention d'entreprendre de guerres de conquêtes. Mais dans les années 1860, elle se mit à la voir d'un œil plus favorable. La signification de ses brillantes victoires était évidente : elles étaient une solution même imparfaite à l'unification, et cela donna une popularité à l'armée. L'adhésion de la bourgeoisie libérale à cette armée forte et donc coûteuse était un aspect, et parmi les plus visibles, de son retournement à l'égard de Bismarck.

Realpolitik als Ideologie. Cit. in: Hagen Schulze, *Der Weg zum Nationalstaat. Die deutsche Nationalbewegung vom 18. Jahrhundert bis zur Reichsgründung,* dtv, München, 4e éd., p. 117. Trad. A. D.

252 « Ich beuge mich vor dem Genie eines Bismarck, der ein Meisterstück der politischen Kombination und Tatkraft geliefert hat. Ich habe dem Manne alles, was er bisher getan hat, vergeben, ja mehr als das, ich habe mich überzeugt, dass es notwendig war, was uns Uneingeweihten als frevelhafter Übermut erschien [...]. Ich gebe für einen solchen Mann der Tat... hundert Männer der liberalen Gesinnung, der machtlosen Ehrlichkeit. » « Hätte ich vor neun Wochen geglaubt, dass ich noch einen Dithyrambus auf Bismarck schreiben würde? »
Rudolf von Ihering an Bernhard Windscheid, 19/8/1866. Cit in: Hagen Schulze, *Der Weg zum Nationalstaat, op. cit.,* p. 118. Trad. A. D.

Le chancelier de son côté resta méfiant. Dès 1879 et pratiquement jusqu'à son départ, il mena une politique protectionniste (opposée à celle préconisée par les libéraux) qui contribua à ce moment-là à regrouper derrière lui l'ensemble des propriétaires fonciers et des grands industriels, notamment les dirigeants de l'industrie lourde. Les libéraux avaient connu au sortir de la noire période de réaction des années 1850 une très courte période de développement prometteur pendant laquelle ils créèrent pléthore d'associations culturelles ouvrières, mais dès la fin des années 1860, le jeune mouvement ouvrier et l'aile gauche des libéraux progressistes s'en détachaient, décidant de mener une existence indépendante. Les libéraux perdaient la seule réserve d'électeurs et d'adhérents susceptible de former la base d'un parti de masse, et à la fin des années 1870, la dépression économique qui durait depuis 1873 avait achevé de discréditer leurs idées. La crise anéantit aussi les illusions des petits artisans ruinés quant à leur propre ascension sociale. De plus en plus, la vie politique se polarisa entre le pouvoir d'un côté, largement incarné par Bismarck, et le mouvement socialiste.

Il ne faudrait pas imaginer d'ailleurs que les socialistes aient fait pour l'obtention des droits démocratiques et politiques le même genre de propagande que celle des autres démocrates opposés à Bismarck. Il n'était pour eux pas question, sous prétexte qu'il s'agissait des libertés de l'ensemble du peuple, d'oublier ou de mettre entre parenthèses la situation particulière faite aux prolétaires. Vingt ans après le début de la loi d'exception, lors de la campagne électorale de 1898, la propagande du parti expliquait que la loi de 1878 avait en réalité surtout servi à empêcher les ouvriers de lutter pour des augmentations de salaires ou pour la diminution de la durée légale du travail. Voici un bref extrait d'un tract du SPD de cette année-là : « Tous les partis d'exploiteurs [...] brûlent du désir de dépouiller la classe ouvrière, par de nouvelles lois d'exception, de ses droits politiques, afin de pouvoir librement l'exploiter au point de vue économique. La situation est la même qu'en 1878 [...] » [253]. Sous la plume des socialistes, même les libertés et droits démocratiques n'étaient pas socialement neutres, et recevaient un contenu économique.

253 Tract cité in Ed. Milhaud, *La Démocratie socialiste, op. cit.*, p. 107.

La rançon du succès : le parti attire nombre d'intellectuels

Suite à la mort de Guillaume Ier en mars 1888 puis à celle de Frédéric III au mois de juin de la même année après un règne « de 99 jours », ce fut l'avènement du second héritier, Guillaume II. L'espace politique paraissait s'ouvrir. Bismarck était âgé de 73 ans : il ne resterait pas éternellement aux commandes. Le nouvel empereur était jeune, il s'opposait à Bismarck et cela plaisait ; certains se mirent à espérer qu'un changement puisse venir de lui.

En mai 1889 éclatait la grève des mineurs de la Ruhr, la plus grande que l'Allemagne ait connue jusque-là. Les grévistes, plusieurs dizaines de milliers, s'adressèrent au jeune empereur. Il se montra en paroles bienveillant à leur égard, les mit en garde contre le SPD et demanda au gouvernement de faire pression sur le patronat pour l'amener à composer. L'armée réprima le mouvement, mais le patronat céda des augmentations de salaires et la réduction progressive de la durée du travail à neuf heures : les grévistes cessèrent leur mouvement sur un sentiment de victoire. Les déclarations de Guillaume en cette occasion, alors que le pays entier observait cette grève, son intérêt apparent pour les problèmes du monde du travail, contribuèrent à sa popularité. La chance de Bismarck semblait tourner. Aux élections de février 1890, avec plus de 1,4 million de voix le succès électoral du SPD eut quelque chose d'un raz-de-marée, et beaucoup d'électeurs eurent le sentiment que par là, les socialistes venaient de porter le coup de grâce à Bismarck.

Avec sa disgrâce, on s'attendait à des bouleversements politiques d'envergure. Les socialistes avaient espéré que les démocrates et libéraux de gauche se saisiraient de l'occasion sinon pour prendre directement les commandes politiques, du moins pour exiger d'être davantage associés à l'exercice du pouvoir. Il n'en fut rien, le mouvement démocrate disparut de la scène politique, la chute du chancelier fut réduite à une affaire dynastique.

Ce qui devint très visible en 1890, c'est que ce SPD qui avait continué à s'investir dans la défense des droits démocratiques avait beau être toujours réprimé et traité en pestiféré, il n'en avait pas moins continué à se développer, à la fois avec impétuosité et comme sereinement. Certaines mouvances de la bourgeoisie libérale se trouvèrent au coude à coude avec lui sur des objectifs précis [254] chaque fois que c'était possible. Theodor Mommsen, libéral de gauche, se disait par exemple partisan d'un front « social-libéral », une alliance entre social-démocratie et libéraux. Il se plaisait à répéter qu' « avec une seule tête comme Bebel, on pourrait « équiper » une douzaine de hobereaux de l'Est de l'Elbe de telle sorte qu'ils se mettraient à briller parmi leurs pareils » [255].

D'autres ne se contentèrent pas d'alliances circonstancielles ; déçus par les partis qui les représentaient peut-être mieux politiquement, ils décidèrent purement et simplement de rejoindre le SPD. Il faut dire qu'en devenant un parti de masse, ses dirigeants décidaient dès 1890 de chercher à élargir leur recrutement traditionnel et de ne plus s'adresser uniquement aux « prolétaires » de la ville et de la campagne, mais désormais aussi à certaines couches petites-bourgeoises, parmi lesquelles paysans petits et moyens, étudiants et diverses professions intellectuelles. Parmi les nouveaux arrivés, en France certains auraient été les adhérents potentiels d'un parti radical ou libéral, qui étaient drainés vers le SPD sans adhérer pleinement au socialisme, le rejoignant car le succès appelle le succès, et aussi pour la probité, le courage ou la ténacité de ses membres. Jean-Yves Bériou va jusqu'à parler de la tendance de « toutes les forces vives » à rejoindre la social-démocratie :

> « La social-démocratie était une véritable société dans la société, un État dans l'État, avec ses syndicats, ses permanents, ses députés, ses unions féminines, ses

254 Les sociaux-démocrates soutinrent les premières organisations de défense des droits des femmes qui virent le jour dès 1871, les jugeant progressistes y compris lorsqu'elles n'accueillaient que des femmes issues de la bourgeoisie.

255 ... « mit einem Kopf wie Bebel ein Dutzend ostelbische Junker so ausgestattet werden können, dass sie unter ihresgleichen glänzen würden ». In: H.-U. Wehler, *op. cit.*, p. 89.

organisations de jeunesse, ses journalistes et sa presse (qui ira jusqu'à 89 journaux quotidiens !), son école du Parti, véritable Université, ses élus municipaux, ses sociétés culturelles, athlétiques ou musicales, ses maisons de repos, son argent, ses actions, etc. (...) Toutes les "forces vives" de la société allemande rejoignirent l'organisation : professeurs, intellectuels, universitaires, docteurs, écrivains, juristes, économistes, etc. » [256]

Ces adhésions qui eurent pour effet de renforcer numériquement le parti étaient en partie fondées sur un malentendu et conduisirent aussi à la cohabitation de sensibilités politiques encore plus variées au sein du SPD.

2. Le milieu des intellectuels dans la social-démocratie

Même sans considérer avec Bériou que « toutes les "forces vives" de la société allemande rejoignirent l'organisation », il est indéniable que certains parmi les meilleurs éléments de la bourgeoisie cultivée choisirent de rejoindre la social-démocratie. Et parmi les autres, dont les idées n'étaient décidément pas conciliables avec le socialisme, beaucoup eurent envers elle des gestes de solidarité, si ce n'est de sympathie.

De la sympathie à l'adhésion : une endurance qui force le respect

Theodor Fontane, qui se situait en 1848 dans le camp des démocrates, se résigna suite à l'échec de la révolution. Il se fit ensuite chroniqueur des guerres d'unification (1864-1871). Devenu le grand romancier réaliste de la fin du siècle, avec une

256 Jean-Yves Bériou, postface à l'ouvrage de F. D. Nieuwenhuis, *Le Socialisme en danger*, p. 217.

fine ironie il pointe dans ses romans les divisions de la société, et avec son curieux mélange de critique et de conservatisme, sa plume égratigne les conventions sociales. Comme dans nombre de romans allemands de cette époque, ses personnages de bourgeois sont quant à eux dépourvus de grandeur, voire même privés de véritables qualités humaines. On peut dire avec Jacques le Rider que « dans ses œuvres perce une admiration nostalgique pour la tradition culturelle, morale et patriotique de l'aristocratie prussienne » [257]. Dans son roman *Quitt*, Fontane qui ne peut guère être soupçonné d'extrémisme ou d'accointances avec le prolétariat, choisit cependant de rendre sympathique au lecteur le personnage d'un ancien communard en exil. Surtout, cet homme mesuré et si réservé reconnaissait que l'honnêteté et le désintéressement des militants socialistes forçaient son admiration, et il déclara même que s'il devait appartenir à un parti, ce serait celui-là.

Le dramaturge Henrik Ibsen, lui aussi jaloux de son indépendance politique et méfiant à l'égard des partis, exprimait en 1890, dans une lettre ouverte à la *Münchener Post*, sa sympathie pour le socialisme ; c'était l'année où le SPD paraissant plus fort que jamais, déchaînait les passions de tous, adversaires et amis [258]. Il expliquait que son rôle essentiel était de représenter des personnages et des destinées humaines, mais qu'il n'en était pas moins arrivé dans certains domaines aux mêmes conclusions que la philosophie socialiste.

Bruno Wille, dirigeant de la *Freie Bühne (Le Théâtre Libre),* l'un des fondateurs de l'association avant-gardiste *Durch!* et très influent parmi la jeune génération d'écrivains comme l'un des principaux animateurs de la vie culturelle, affichait publiquement une position de sympathie réservée. À plusieurs reprises, Wille fut près d'adhérer au SPD. Pour rendre publiques de telles positions

---

257 Jacques Le Rider, *L'Allemagne au temps du réalisme. De l'espoir au désenchantement (1848-1890).* Albin Michel, 2008, p. 18.

258 Il était arrivé, écrivait-il encore, dans certains domaines aux mêmes conclusions que la philosophie socialiste, mais son rôle essentiel était de représenter des personnages et des destinées humaines. Il ajoutait qu'il ne faisait pas partie de la social-démocratie, ni d'aucun autre parti non plus.

en 1890, avant que la loi antisocialiste ne soit levée, il fallait un certain courage et de l'indépendance d'esprit. En même temps, ces prises de positions de la part de quelques-uns des plus grands intellectuels demeureraient inexplicables sans l'énorme popularité dont jouissaient les socialistes.

Georg Brandes également, intellectuel danois qui vécut plusieurs années en Allemagne sous les lois antisocialistes et y joua un grand rôle en tant que médiateur des littératures européennes, prit position au sujet de la social-démocratie. Critique littéraire et historien de la littérature réputé, il était davantage que cela : Stefan Zweig et Gerhart Hauptmann, parmi d'autres, rapportèrent combien il les influença ; Zweig qui disait de lui : « Brandes est le guide spirituel des pays du Nord. » [259] Georg Brandes exprima toujours sans équivoque son opposition aux lois contre les socialistes, comme ici en 1881 : « Même le semblant d'égalité devant la loi qui subsistait encore est maintenant réduit à néant par une loi qui prévoit les peines les plus lourdes pour des gens qui ne se rendent coupables de rien ». Lui qui était un collaborateur de premier plan de la prestigieuse *Deutsche Rundschau*, le pendant allemand de la *Revue des Deux Mondes*, eut à subir des reproches pour cette prise de position démocratique. Il allait plus loin en 1885, toujours en pleine loi répressive, en affirmant de lui-même : « Je ne suis pas loin d'être socialiste » [260], ce qui venant de cet homme réputé qui était plutôt un libéral de gauche, dut faire un certain effet. Il ne fut sans doute jamais considéré comme « à demi socialiste » par les autorités, mais ce n'était pas rien de dire cela lorsque le socialisme était criminalisé, calomnié, accusé de tous les maux.

L'estime et l'intérêt de Brandes allaient d'ailleurs plutôt à des socialistes marginaux, en rupture de banc ou iconoclastes, tels Eugen Dühring et Ferdinand Lassalle, auxquels il consacra des

---

259 Voir pour cela : Klaus Bohnen (éd.), *Brandes und die 'Deutsche Rundschau', Unveröffentlichter Briefwechsel zwischen Georg Brandes und Julius Rodenberg*, Kopenhagen–München: Wilhelm Fink, 1980, p. 12. *(Brandes et la 'Deutsche Rundschau'. Correspondance inédite entre G. Brandes et J. Rodenberg.)* (« *der geistige Führer des Nordens* »).

260 Précisément, il écrivit : « Ich bin ein halber Sozialist » (littéralement : « Je suis à demi socialiste »).

écrits élogieux (pour Lassalle, trente-six ans encore après sa mort, en 1900), ce qu'il ne fit pour aucun des dirigeants en place. On peut voir dans son attitude envers le SPD, comme d'une certaine manière envers les naturalistes dont il contribua à introduire les écrits en Allemagne, l'application de cette idée de Voltaire, dont il était d'ailleurs un admirateur : « Je ne partage pas vos idées, mais je me ferai tuer pour que vous ayez le droit de les exprimer ». Ce sont les persécutions subies qui déclenchaient sa sympathie.

Eugen Dühring justement se considérait comme social-démocrate et était de ces universitaires qui essayèrent d'améliorer le marxisme dès l'époque où il s'élaborait. Pour entrer à l'université à cette époque, il fallait montrer patte blanche et n'être ni Juif, ni socialiste, ni femme [261]. Les professeurs qui n'étaient pas en odeur de sainteté pouvaient tout au plus accéder à des postes d'enseignants sans chaires, moins bien rétribués et instables, et devenir *Privatdozent* [262]. En 1874-1875, sur 1271 enseignants dans le Supérieur, 694 avaient le statut de professeurs et 552 étaient *Privatdozent*. L'habitude, notamment en Prusse, était que les professeurs d'Université soient nommés par les autorités, sans prendre en compte l'avis des universités concernées [263]. Eugen Dühring cumulait plusieurs handicaps : *Privatdozent* à Berlin, il était de surcroît aveugle et socialiste. Ses cours connaissaient une affluence hors du commun, attirant un public considérable et en particulier l'avant-garde littéraire (naturaliste) et politique (socialisante). Remercié en 1877, son cas eut un retentissement important en raison aussi de ce que sa situation avait de représentatif : il devint le symbole du *Privatdozent* pauvre et persécuté.

---

261 L'accès de l'université était interdit aux femmes à Berlin - le prétexte était le manque de place. Comme le disait Werder : « Da Damen der Zutritt zur Universität in Berlin verwehrt ist - der Vorwand ist die Enge der Plätze, der Grund sind Vorurteile… »
G. Brandes, *Berlin als deutsche Reichshauptstadt, Erinnerungen aus den Jahren 1877-1883*, Berlin : Colloquium, 1989, p. 28.

262 Alexander Busch, *Die Geschichte des Privatdozenten : eine soziologische Studie zur großbetrieblichen Entwicklung der deutschen Universitäten*, Stuttgart, F. Enke, 1959.

263 B. von Brocke, *Hochschul- und Wissenschaftspolitik in Preussen und im Deutschen Kaiserreich 1882-1907*, Stuttgart: Klett-Cotta, 1980, p. 96-118.

Mais personne n'aurait retenu son nom jusqu'à aujourd'hui sans l'ouvrage de Friedrich Engels *Monsieur Dühring bouleverse la science*, plus connu sous le nom d'*Anti-Dühring*. En effet les deux vieux marxistes de Londres, constatant que ce premier « révisionniste » du marxisme non seulement connaissait un franc succès dans l'intelligentsia, mais qu'il influençait également le SPD jusqu'à la direction du parti, qui ne voyait pas en quoi les idées de Dühring étaient en contradiction avec celles de Marx et d'Engels (alors même que Dühring s'en prenait parfois violemment à eux), Engels finit par se résoudre à lui apporter une réponse tour à tour cinglante et ironique. Son texte fut d'abord accueilli avec réticence par les dirigeants du SPD, mais il connut ensuite un grand succès, au point de devenir l'un des ouvrages socialistes les plus lus et de contribuer beaucoup à la clarification et à l'unification idéologiques du parti.

Près de vingt ans plus tard, une autre affaire du même type fit beaucoup de bruit. Le physicien Leo Arons, également beau-fils du grand banquier Julius Bleichröder, était membre de la social-démocratie. Leo Arons contribua largement au financement de deux revues du parti éditées par le mathématicien Joseph Bloch, *Der Sozialistische Akademiker (L'intellectuel socialiste)* créée en 1895 et à partir de 1897 *Die Sozialistischen Monatshefte (Les Cahiers mensuels socialistes)* plus généraliste ; l'objectif des deux revues était de s'adresser plus particulièrement aux milieux cultivés. Toujours est-il qu'en raison de ses idées politiques, non seulement la nomination en tant que professeur mais même la possibilité d'exercer en tant que *Privatdozent* à l'université de Berlin furent refusées à Leo Arons. Cela créa un certain émoi, les articles de protestation contre cette situation se succédaient, d'autant que les lois d'exception contre les socialistes étaient levées [264]. La situation de *Privatdozent* était rien moins qu'enviable, nous l'avons évoqué ; le seul avantage était que leur enseignement était moins sous la coupe du gouvernement, dont

264 Sur la discrimination d'intellectuels en raison de leurs idées politiques, voir en particulier des articles dans la *Neue Zeit* en 1891, 1897 et 1898. Sur cette affaire précisément, voir Eduard Erdmann, “Zur Bedeutung der Privatdozenten. Zur Kritik der Lex Arons” , *Sozialistische Monatshefte*, Berlin, 1898, p. 26.

ils ne dépendaient pas. Eh bien, une loi prussienne fut mise en place spécialement pour Arons, la « *Lex Arons* », qui étendait aux *Privatdozenten* l'autorité disciplinaire étatique s'appliquant aux professeurs fonctionnaires [265].

Un autre intellectuel de premier plan, Franz Mehring, qui était essayiste, historien et critique littéraire, finit par rejoindre le SPD au terme d'un parcours politique original. Né en 1846, F. Mehring fut pendant de longues années, dans les rangs des libéraux, un adversaire véhément des idées socialistes. Il se félicita de la mise en place des lois antisocialistes, jugeant qu'il fallait combattre « l'ennemi de la culture et de la civilisation » et que ces idées subversives qui conduisaient à des attentats mettaient la société en danger. Il avait ajouté foi aux déclarations du ministre de l'Intérieur Puttkamer selon lesquelles la loi serait appliquée avec clémence, et se sentit trompé en découvrant au contraire l'extrême sévérité et parfois l'arbitraire avec lesquels elle était exécutée. Toujours opposé au socialisme, il commença néanmoins, en véritable démocrate, à s'élever lui aussi contre les lois d'exception, avant de défendre des victimes de la loi, tant et si bien que le courage et l'optimisme de ces militants confrontés à la répression infléchirent son jugement. Comme il l'expliqua alors, il ne s'était pas attendu à une telle capacité de résistance des petites gens, à tant de grandeur de la part d'ouvriers, et leur comportement força son admiration.

Il reprit des relations, de type professionnel, avec des dirigeants du SAPD, dont A. Bebel et P. Singer, dans le but d'être informé le mieux possible des faits concrets de la répression et de pouvoir les dénoncer dans l'organe de presse dont il était rédacteur en chef, la *Volkszeitung (Le Journal du Peuple)*. En certaines périodes de la fin des années 1880, pratiquement chaque éditorial était voué à la dénonciation de la « loi infâme » et à la défense du parti persécuté. Mehring se mit à étudier de plus près les idées socialistes, il adopta le matérialisme historique et connut une évolution intellectuelle surprenante. En 1891, âgé de quarante-cinq ans, il rejoignait finalement la cause du socialisme. Le vieux

265 Gustav Auernheimer, *« Genosse Herr Doktor.» Zur Rolle von Akademikern in der deutschen Sozialdemokratie, 1890-1933 , Giessen: Focus-Verlag, 1985,* p. 63-64.

F. Engels resta longtemps dubitatif et se montra même glacial à l'égard de cette nouvelle recrue qui avait été un adversaire si véhément, répondant par le silence ou le mépris aux premières lettres que lui envoya un Mehring chaleureux et un brin contrit, qui caressait l'espoir d'obtenir de lui la consultation de plusieurs lettres de Marx (en vue d'une biographie qu'il projetait sur le grand penseur, qu'il écrivit beaucoup plus tard). *La Légende de Lessing*, ouvrage dans lequel Mehring livrait une importante histoire de l'État prussien, finit de convaincre Engels que l'évolution de Mehring et son engagement n'étaient pas si superficiels, et il lui répondit enfin en 1893. La réputation intellectuelle de Mehring était telle qu'en 1892 encore, Maximilan Harden était prêt à passer outre à son étiquette socialiste pour fonder en commun avec lui un organe de presse [266]. Harry Pross décrit ainsi son rôle dans la *Neue Zeit*, la revue théorique du SPD :

> « Franz Mehring l'éleva provisoirement au rang de l'un des organes de critique littéraire les plus importants. Niée par la science officielle, calomniée par la bourgeoisie, la *Neue Zeit* a fourni jusqu'à la fin des contributions de valeur universelle. » [267]

---

266 Disons ici quelques mots sur les journaux précoces du SPD, dans leur ordre de parution. Le premier organe central d'avant la fusion avec les Lassalliens était le *Volksstaat,* qui reprenait nombre d'articles de la presse socialiste mondiale. Après l'unification, le nouvel organe central fut le *Vorwärts,* qui parut à partir d'octobre 1876 et avait vocation internationale. Des émigrés allemands, comme Johann Philipp Becker, Leo Frankel et Carl Hirsch y collaboraient. Le *Vorwärts* répondait aux questions d'actualité immédiate et essayait de former les lecteurs au travers d'articles de fond ; les marxistes du SPD réussirent à imposer la parution de L'*Anti-Dühring* dans l'organe central contre la résistance des non marxistes. Depuis 1877, le parti s'était doté en outre d'une première revue théorique, qu'il avait choisi d'appeler *Die Zukunft,* en une époque où l'avenir était ouvert (parmi les étrangers appartenant à sa rédaction, on relève le nom de Jules Guesde, alors radical qui commençait seulement à se rapprocher du marxisme).

267 « Franz Mehring erhob sie vorübergehend zu einem der wichtigsten literarkritischen Organe. Von der offiziellen Wissenschaft verleugnet, vom Bürgertum geschmäht, hat *Die Neue Zeit* bis zu ihrem Ende immer wieder allgemeingültige Beiträge geliefert. »
H. Pross poursuit: "Ähnliches gilt für den sozialistischen Vorläufer des

De défenseur du parti, Mehring devint son historien, lui qui s'attela dès lors, sur mandat du SPD, à une *Histoire de la social-démocratie allemande*. L'ouvrage, deux tomes de près de huit-cent pages chacun, parut en 1897-1898 et concernait l'histoire du socialisme allemand avant l'arrivée de Mehring : des années 1830 jusqu'en 1890. Son nouveau parti, sachant fort bien qu'il avait auparavant publié une tout autre histoire de la social-démocratie, à savoir un pamphlet antisocialiste qui reprenait les préjugés des adversaires, lui faisait suffisamment confiance pour lui demander ce livre.

Dans l'Allemagne de la fin du siècle, au-delà du cas emblématique de Mehring, c'est donc tout un milieu d'intellectuels, médecins, scientifiques, avocats, journalistes, écrivains, l'avant-garde culturelle aussi, qui se retrouvait dans le SPD [268]. Certains avaient beaucoup à y perdre. L'ensemble de la société était fortement polarisé entre les tenants de l'Empire bismarckien et une puissante social-démocratie qui influençait une partie des milieux cultivés et aisés. Des intermédiaires entre ces deux pôles existaient certes, les libéraux de gauche, les socialistes de la Chaire, mais ils représentaient peu de chose eu égard aux deux géants qui s'affrontaient.

Certains rejoignent le SPD par défaut

Quand en France, la classe ouvrière portait le fardeau de ses défaites et que le socialisme des artisans continuait à survivre parmi les ouvriers et que le parti ouvrier eut du mal à naître, en Allemagne les villes se construisaient comme si elles sortaient de terre toutes faites. L'industrie fut immédiatement moderne et concentrée et la classe ouvrière, également jeune et concentrée dans de grandes entreprises, s'organisa très vite ; n'ayant encore

---

Simplizissimus, den *Wahren Jacob* (1884-1933), dessen karikaturistische Prophetie sich leider vielfältig bewahrheitet hat."
Harry Pross, *Literatur und Politik*, p. 40.

268 En France, le milieu intellectuel équivalent se trouvait chez les radicaux ou délaissait la scène politique.

subi aucune défaite et nullement embarrassée du poids du passé, elle passait directement aux formes d'organisation qui lui seraient les plus profitables. Dans la France des années 1870, les ouvriers s'alignaient derrière les différentes fractions parlementaires républicaines et radicales. En Allemagne le parti social-démocrate, parti très largement ouvrier tant par sa composition sociale que par ses moyens de lutte, allait devenir progressivement, en se développant, un refuge pour des éléments issus des couches moyennes ne se satisfaisant pas de la situation. Presque toute l'opposition se retrouvait à la remorque des socialistes ou obligée de se déterminer par rapport à eux, ce qui signifie que les intellectuels, les couches moyennes oppositionnelles étaient à la remorque des ouvriers – une situation politique originale.

D'un autre côté, certains de ces hommes se trouvaient dans le SPD par malentendu ou par défaut, défaut d'un autre parti qui leur convienne mieux, qui représente mieux leurs aspirations. Ceux-là avaient pour les sociaux-démocrates l'inconvénient de peser sur les décisions du parti. En Allemagne, s'il y avait une confusion entre radicaux, libéraux, républicains, libertaires et marxistes, elle se produisait au sein même de la social-démocratie !

L'une des raisons à cela était que le succès attire le succès. Ses réussites le faisaient paraître très fort et lui donnaient un caractère entraînant qui put décider des intellectuels à le rejoindre. Pour un esprit contestataire il n'y avait pas alors de possibilité de carrière dans un parti radical, républicain ou libéral. Par contre, qu'en était-il des possibilités de carrière au sein du SPD ? Hans-Ulrich Wehler explique :

> « L'égalité des droits dans la société bourgeoise lui étant contestée tout autant que, depuis son affiliation à l'Internationale, la loyauté nationale, elle se replia sur elle-même et développa dans la société sa propre sous-culture. Des syndicats, des écoles de parti, d'innombrables associations amicales, clubs de sport, journaux et bibliothèques ouvrières montraient à quel point la social-démocratie prenait au sérieux son émancipation, mais renforçaient également la tendance à l'isolement. Au lieu de viser avec opiniâtreté des changements sociaux globaux, beaucoup se trouvaient satisfaits de l'état presque parfait de

> la sous-culture – les possibilités d'ascension en son sein étaient loin de jouer un rôle négligeable – perdant de vue le programme politique... » [269]

Effectivement, certains « travailleurs intellectuels » venaient grossir les rangs du parti dans l'espoir d'y faire la carrière qu'ils n'avaient pas réussi à faire dans la société. Et pour beaucoup d' autres, les articles pour la presse sociale-démocrate étaient prosaïquement le moyen de gagner leur vie.

Mehring pointait un autre danger, représenté par ceux qui rejoignirent le parti et qui, pas encore acquis au socialisme, cherchaient d'emblée à imposer leur domination sur lui. Il a ces mots très durs : « À peine l'intelligentsia bourgeoise a-t-elle compris ne serait-ce que le b.-a.-ba de la lutte des classes qu'elle voudrait en prendre tout de suite le commandement. » [270] Dans la correspondance de Friedrich Engels avec les dirigeants allemands, on retrouve l'idée que les succès de la social-démocratie attireraient « des foules » d'avocats, de professeurs, de journalistes en mal de contrats, d'écrivains, « d'étudiants ayant raté leurs études », et cela non pour s'en réjouir, mais pour s'en plaindre : ils ne viendraient pas à la social-démocratie par conviction, mais attirés par l'espoir de faire carrière par ou dans le SPD, après avoir bien souvent essuyé des échecs auparavant ; toute une population qui n'aurait de socialiste que le nom ou dont

---

269 "Da ihr sowohl die Gleichberechtigung in der bürgerlichen Gesellschaft als auch seit dem Anschluß an die Internationale die nationale Loyalität bestritten wurde, kapselte sie sich ab und bildete eine eigene Subkultur in der Gesamtgesellschaft aus. Gewerkschaften, Parteischulen, zahllose gesellige Vereine, Sportklubs, Zeitungen und Arbeiterbibliotheken zeigten auf der einen Seite, wie ernst die Sozialdemokratie ihre Emanzipation nahm, verstärkten aber auch die Absonderungstendenz. Statt gesamtgesellschaftliche Veränderung beharrlich anzustreben, trat oft genug Befriedigung über den fast lückenlosen Ausbau der Subkultur - nicht zuletzt auch der Aufstiegsmöglichkeiten in ihr! - an die Stelle des politischen Programms..." In: Hans-Ulrich Wehler, *Das deutsche Kaiserreich 1871-1918*, p. 88-89.

270 « Die bürgerliche Intelligenz, sobald sie etwa nur das Abc des proletarischen Klassenkampfes begriffen hat, möchte ihn nun auch gleich kommandieren. » Dans F. Mehring, *Geschichte der deutschen Sozialdemokratie*, 2e partie, 6e livre, p. 609.

le socialisme ne serait qu'un vague sentiment à base d'humanisme et de philanthropie. Dès le début des années 1880, il fulmine et répète qu'avec cette mentalité, à user du SPD, à s'en servir au lieu de le servir, « ils pourrissent le parti ». Il ajoute qu'ayant été étudiants, ils viennent occuper les places de généraux dans le parti avant d'avoir fait leurs premières armes. Longtemps après encore, K. Kautsky s'attaquait aux arrivistes du parti, à ceux qui s'en servaient pour leurs ambitions personnelles :

> « S'il est un moyen de nous faire perdre la confiance de tous les éléments honnêtes des masses, de nous attirer le mépris de toutes les couches de prolétaires qui sont capables et ont envie de se battre, d'entraver notre progression, ce moyen serait la participation de la social-démocratie à une politique de coalition. Les seuls qui en profiteraient seraient les éléments pour lesquels notre parti sert de marche-pied pour réussir personnellement, les arrivistes et les carriéristes. Moins nous attirons d'éléments de ce genre, plus nous en écœurons, mieux cela vaudra pour notre combat. » [271]

Les rédacteurs étaient en mesure d'influencer des choix indépendamment du crédit politique dont ils disposaient personnellement : c'est leur situation qui leur donnait de l'importance. Au début des années 1880, les tensions se firent vives avec des jeunes gens qui parce qu'ils avaient été à l'université avaient des facilités pour écrire. Les responsables politiques s'irritaient de les voir, souvent bien loin d'être socialistes, en prendre à leur aise, occuper les places de rédacteurs et utiliser les organes du parti pour défendre leurs propres idées dans les domaines scientifique, historique, littéraire ou même politique. Le conflit latent devait finir par éclater.

---

271 « Wenn es ein Mittel gibt, uns das Vertrauen aller ehrlichen Elemente in den Massen zu rauben, uns die Mißachtung aller kampffähigen und kampflustigen Proletarierschichten zuzuziehen, unseren Aufstieg zu hemmen, dann besteht es in der Teilnahme der Sozial-demokratie an einer Blockplolitik. Gedeihen würden dabei nur jene Elemente, denen unsere Partei nichts ist als die Leiter, um persönlich höher zu kommen, die Streber und Ämterjäger. Je weniger solcher Elemente wir an uns ziehen, je mehr wir davon abstoßen, desto besser für unseren Kampf. » In: Karl Kautsky, *Der Weg zur Macht*, p. 111.

3. La social-démocratie, un mouvement essentiellement culturel ?

La colonie d'artistes de Friedrichshagen

Friedrichshagen était une charmante bourgade, à la fois champêtre et proche de Berlin, qui à partir de la fin des années 1880 vit affluer pratiquement toute l'avant-garde artistique et politique. Plusieurs dizaines d'écrivains, d'artistes et de militants, en général proches du courant naturaliste et souvent socialisants, y élurent domicile. Friedrichshagen devint synonyme de colonie d'artistes. Il en existait d'autres en Allemagne, mais celle-ci, en banlieue berlinoise, est très évocatrice, avec ces intellectuels proches à la fois du naturalisme et du socialisme.

Les *Friedrichshagener* étaient souvent des hommes jeunes (entre vingt et trente ans en 1890), la plupart d'entre eux n'étaient pas des écrivains reconnus et devaient exercer une autre activité professionnelle pour vivre, souvent comme journaliste ou professeur, quand ce n'était pas précepteur. Ils avaient la particularité d'être actifs (culturellement et politiquement) dans le mouvement ouvrier. La « question sociale » était pour eux sans équivoque la question déterminante, et plutôt que de divertir, leur littérature devait traiter des conflits sociaux. La rencontre avec le prolétariat fut un choc dans la vie de nombre de ces jeunes intellectuels. Témoins de sa misère et des persécutions contre le mouvement ouvrier, ils sentaient qu'il leur fallait prendre position. Partagés entre commisération et peur, beaucoup essayèrent de rejoindre le SPD, mais la plupart s'en détournèrent finalement. Ils avaient honte de leur situation privilégiée, se sentaient de tout cœur avec la social-démocratie réprimée, mais ne savaient comment s'y prendre : ce n'était pas leur monde.

L'écrivain naturaliste Wilhelm Hegeler rapporte dans un récit autobiographique (*Lebensskizze,* 1900) les sentiments ambivalents de ces jeunes dont il était, mal à l'aise, littéralement torturés par un sentiment d'injustice à réparer. Hegeler raconte combien, jeune, il était profondément malheureux de vivre avec toutes les facilités matérielles, de pouvoir aller au restaurant quand bon lui semblait, alors qu'autour de lui, tout n'était que misère. Il se demandait sans cesse : « pourquoi moi ? »

> « Le sentiment d'injustice se fit si fort en moi que chaque bouchée me restait en travers de la gorge et que devant chaque mendiant déguenillé, j'avais honte de ma chemise propre... Je méditais le projet de prendre un métier : l'ébénisterie. Je commençai par quitter le quartier étudiant et louai une chambre le plus loin possible dans les quartiers nord, je mangeais dans des bistrots ouvriers, déambulais sans trouver la sérénité, oppressé à l'idée de mon avenir incertain, car j'avais définitivement renoncé à ma carrière juridique... Le soir, je me rendais à des réunions publiques et à des clubs socialistes. Là, je fis connaissance avec beaucoup de monde... » [272]

Son témoignage, souvenir de jours angoissés, aurait pu être signé par beaucoup d'autres, pétris comme lui de mauvaise conscience, proches du SPD pour cette raison et non pas attirés par quelque sentiment positif. Beaucoup restèrent irrésolus, adversaires du capitalisme sans être vraiment partisans du socialisme. Peu à peu ils formèrent un groupe d'amis, élaborèrent

---

272 « Das Gefühl des Unrechts wurde so stark in mir, dass mir die Bisse im Halse schwollen, und ich mich vor jedem zerlumpten Bettler wegen meines reinen Hemdes schämte... Ich trug mich während der Zeit mit dem Plan, ein Handwerk zu ergreifen: Schreinerei. Vorerst zog ich aus dem Studentenviertel fort und mietete mir ein Zimmer im äußersten Norden, aß in Proletarierkneipen, trieb mich ruhelos umher, bedrückt von der Unsicherheit meiner Zukunft, denn auf meine juristische Karriere hatte ich endgültig verzichtet... Abends besuchte ich Volksversammlungen und sozialistische Klubs. Ich lernte hier viele Menschen kennen...»
Die Gesellschaft 1900, II, p. 230/231. Cit. In R. Hamann, J. Hermand, *Naturalismus, op. cit., p. 215.*

collectivement des conceptions politiques ou concernant la fonction sociale de l'art.

À Friedrichshagen, naturalistes, artistes et militants socialistes se côtoyaient au quotidien. La grande majorité étaient des écrivains naturalistes aux idées socialisantes. Mais certains étaient « seulement » militants socialistes, sans activité artistique, et une poignée étaient uniquement artistes ou écrivains, sans convictions politiques affichées. Ce qui vaut sans doute pour tous les Friedrichshagener, c'est qu'ils ne se sentaient pas en paix avec le régime et que leur champ d'action était le mouvement ouvrier.

Parmi les naturalistes actifs dans le mouvement ouvrier berlinois tout d'abord, on compte Bruno Wille. Il avait été en 1886 l'un des membres fondateurs de la très influente association de promotion des avants-garde littéraires *Durch!* avant d'être cofondateur en 1889 et dirigeant du *Théâtre Libre* berlinois (*Freie Bühne,* devenu *Die Freie Volksbühne, Théâtre Populaire Libre).* Wille avait longtemps hésité à adhérer au SPD, puis, lorsque dans les années 1890-1891, il devint un porte-parole de la fraction dite des *Jeunes*, il ne se posa plus ce problème. Les *Jeunes* étaient fortement représentés à Friedrichshagen ; il s'agissait d'une tendance minoritaire du SPD composée d'intellectuels qui critiquaient vivement le parlementarisme des dirigeants, craignant l'émergence d'une forme d'électoralisme voire l'embourgeoisement du parti. Ils étaient aussi partisans politiques du naturalisme contre la direction du parti. Seuls les porte-parole étaient jeunes, d'où le surnom du groupe (*die Jungen*). Bon nombre d'entre eux furent ensuite attirés par l'anarchie. Les compromissions de certains parlementaires alimentaient les courants qui flattaient la méfiance des ouvriers à l'égard des intellectuels et des idées. Bruno Wille, très actif dans différents cercles intellectuels [273], s'était construit un système idéologique entre idées socialisantes et libertaires, retour à la nature, camaraderie, bohème littéraire et mode de vie libre, débarrassé de préjugés et de morale, autorisant la liberté sexuelle.

À côté de Bruno Wille, deux autres des principaux porte-parole de la fraction des *Jeunes* habitaient également la colonie : Wilhelm

273 Dans les mêmes années, Wille fonda le club éthique (*Ethischer Klub*) et le *Genie-Konvent.*

Bölsche, qui fut un peu l'âme de Friedrichshagen, et Paul Ernst. Ils étaient clairement sociaux-démocrates, et même lorsque leur opposition les eut fait exclure du SPD en 1891, ils continuèrent à publier dans la presse sociale-démocrate pendant de longues années. Naturalistes et membres actifs de la social-démocratie allemande, Bölsche et Ernst ne sont pas complètement oubliés dans l'historiographie allemande, et ce pour les deux volets de leur activité politico-littéraire. Les frères Kampffmeyer, Bernhard et Paul [274], faisaient également partie de la fraction des *Jeunes* du SPD (ils étaient plus proches de l'anarchisme) et furent également exclus en 1891 ; Paul, publiciste, revint pourtant au SPD au tout début du XXe siècle. À partir de 1890, la maison des Kampffmeyer à Friedrichshagen fut un important lieu de rendez-vous : nombre d'écrivains membres du cercle sans vivre à Friedrichshagen s'y retrouvaient volontiers, parmi lesquels Frank Wedekind, alors naturaliste, Erich Mühsam ou Gerhart Hauptmann.

Citons encore, parmi la bohème de Friedrichshagen, Ludwig Jacobowski, rédacteur de la revue *Die Gesellschaft* (*La Société*, revue munichoise très influente de M.G. Conrad), John Henry Mackay, anarchiste et rédacteur des *Berliner Monatshefte* et Wilhelm Hegeler que nous avons évoqué ci-dessus, l'auteur de *Mutter Bertha (La Mère Bertha)*, roman paru en 1896 dans le supplément social-démocrate *Neue Welt (Nouveau Monde)* qui déclencha le débat houleux sur le naturalisme lors du congrès du SPD de 1896. Chez beaucoup, activisme politique et culturel étaient tellement mêlés qu'il n'est pas toujours facile de discerner ce qui primait. Le nom de Gustav Landauer par exemple est resté connu comme celui de l'un des principaux anarchistes allemands, assassiné en 1919 en Bavière par des corps-francs; mais trente ans auparavant, il faisait lui aussi partie de notre colonie d'artistes, avait hésité entre anarchisme et socialisme et appartenu au groupe des *Jeunes ;* il était connu à la fois comme écrivain naturaliste, traducteur et militant socialiste.

D'autres naturalistes allemands de Friedrichshagen étaient actifs culturellement dans le mouvement ouvrier, mais guère

274 Dont Bernhard devint plus tard anarchiste tandis que Paul restait fidèle au SPD et était rédacteur des revues *Neue Zeit*, *Neue Welt* puis *Sozialistische Monatshefte.*

politiquement. Parmi eux, les frères Hart (Julius et Heinrich), qui introduisirent le naturalisme en Allemagne, Karl Henckell, Hans Land, auteur de *Der neue Gott (Le nouveau dieu)*, roman également paru dans la *Neue Welt* et discuté lors du débat de 1896. La troisième catégorie d'habitants de la colonie, relativement la moins nombreuse, était constituée d'écrivains sans lien avec le mouvement ouvrier, tels O. Hansson, L. Marholm, August Strindberg qui y vécut quelque temps, et l'écrivain et dramaturge Felix Hollaender.

Réciproquement, des sociaux-démocrates sans activité culturelle ni artistique vivaient à Friedrichshagen. C'était le cas des députés au Reichstag Max Schippel, qui plus tard évolua vers le révisionnisme, et Georg Ledebour, qui au contraire eut un parcours parallèle à celui de Franz Mehring, rejoignant le SPD en 1891 alors qu'il avait atteint la quarantaine, pour évoluer par la suite vers son aile gauche. Des courants entiers du SPD étaient attirés par cette bohème, dont le rayonnement allait au-delà de Friedrichshagen. Les formes organisationnelles du SPD faisaient que sauf pour les responsables et les députés, les limites étaient en partie floues entre membres et non-membres. Et c'est aussi par le biais de ce genre de relations personnelles et professionnelles, de voisinage ou amicales, que des courants de pensée extérieurs au parti exerçaient une influence sur lui.

Les écrivains de Friedrichshagen, s'opposant en cela à la conception de Zola, ne tenaient pas à apparaître comme neutres ou objectifs. Ils considéraient même que ç'aurait été esquiver la réalité et se targuaient de ne pas s'en tenir, eux, à une description superficielle. Admirateurs d'Ibsen et de Zola, ils ne répugnaient pourtant pas à avoir un point de vue clairement exprimé dans leurs œuvres et cherchaient plus explicitement que leurs modèles à établir un nouveau rapport entre art et vie sociale, soutenus par la volonté de gagner à soi le prolétariat comme public et comme lectorat. Bruno Wille et Hans Land exprimèrent clairement cet objectif d'apporter la culture au peuple, et le *Théâtre Populaire Libre* (*Freie Volksbühne)* naquit en 1890 de cette volonté de lier littérature moderne et besoins des masses. Dans ce but, un langage cru tint lieu parfois de radicalisme politique.

Les préoccupations de ces intellectuels pénétraient naturellement leurs œuvres et leurs romans [275], dont bon nombre plus ou moins autobiographiques, avaient pour thème les états d'âme d'un jeune homme issu des classes moyennes, qui choisissait le mouvement ouvrier. Dans ces romans, les « prolétaires de la plume », personnages en souffrance, étaient considérés comme l'avant-garde de la révolution, et comme ils étaient cultivés, un rôle de direction leur était dévolu. Ils n'imaginaient pas que la classe ouvrière puisse être l'artisan de sa propre libération. Elle était objet de pitié, mais rarement perçue comme acteur, sujet capable de s'émanciper. Leurs positions revenaient à se considérer comme étant au-dessus des antagonismes de classes, donc loin d'être exploités, et en ce sens, leur manière de se caractériser comme le « prolétariat intellectuel » n'était qu'une fleur de rhétorique. D'ailleurs, l'art était instrument de libération de l'humanité et eux-mêmes étaient intimement persuadés être des sujets libres. L'idée généreuse de mettre l'art au service des opprimés, comme celle de leur donner le goût d'apprendre grâce à une littérature accessible, revenait finalement à placer l'art au-dessus des autres rapports sociaux, pour en faire un objet éthéré et intemporel, un absolu.

La particularité de la situation des naturalistes faisait qu'ils mêlaient intimement art et politique. La tendance la plus achevée de ce courant pensait que c'était par l'éducation artistique, littéraire, théâtrale qu'on pouvait émanciper les prolétaires, et que leur émancipation culturelle était la condition de leur émancipation politique. Par ailleurs et en conséquence, ils pensaient tout naturellement que c'était à eux, hommes éduqués et cultivés, de diriger le parti. Nous l'avons dit, les dirigeants socialistes s'agaçaient de ce désir de diriger une armée avant d'avoir fait ses premières armes.

Plus généralement, les sociaux-démocrates reprochaient aux jeunes écrivains de n'avoir aucune idée des fondements économiques de la société, de se sentir avec les travailleurs sans étayer leurs sentiments par des raisonnements, finalement de se

---

275 Avec leurs préoccupations, un certain vocabulaire y faisait son entrée, comme les termes de « Geistesproletariat » et « geistiges Proletariat » (prolétariat de l'esprit, prolétariat intellectuel).

croire intellectuels mais de suivre uniquement leurs sentiments. Les naturalistes pensaient en termes de riches et pauvres, de rassasiés et d'affamés, plutôt que d'opposer ceux qui avaient le pouvoir de décider à ceux qui produisant toutes les richesses n'avaient le droit de décider de rien, et finalement, les contradictions sociales étaient souvent ramenées dans leurs romans aux contradictions entre jeunes et vieux, hommes et femmes, entre ville et nature aussi (une nature idéalisée). Ils n'étaient pas loin de proposer comme remède aux travailleurs la promenade du dimanche, l'épargne ou une pièce de théâtre hebdomadaire, et comme réponse à la misère, de cultiver son jardin.

Les relations entre naturalistes et socialistes

Au-delà des relations habituelles de l'avant-garde littéraire, artistique et politique par exemple à Friedrichshagen, il faut voir ce qu'il en est de la proximité réelle des deux mouvements, politique et littéraire, donc des relations entre naturalistes et socialistes en général.

Parmi les écrivains naturalistes, Paul Ernst et Wilhelm Bölsche militèrent dans la social-démocratie à un certain niveau de responsabilité, tandis que Arno Holz et Johannes Schlaf appartinrent temporairement à la social-démocratie, sans y avoir joué de rôle politique. Max Kretzer, dont certains ouvrages paraissent fort éloignés des idées socialistes, expliqua également avoir adhéré au parti. Franz Diederich, biographe de Zola et de Daudet, proche des naturalistes, évolua du naturalisme au darwinisme puis à la social-démocratie. Même Gerhart Hauptmann, beaucoup plus réticent, eut des relations avec des dirigeants socialistes : avec August Bebel puis Friedrich Ebert – relations sur lesquelles on a peu de détails [276].

Le pendant de la politisation des écrivains était, du côté des « politiques », leur intérêt soutenu pour la littérature. On estime à

276 In *Le Mouvement Social*, 1967, p. 59.

plusieurs centaines le nombre des ouvriers du SPD qui au cours du dernier tiers du siècle s'essayèrent assidument à l'écriture de poèmes, de nouvelles et de romans, et furent publiés. Hermann Molkenbuhr, député social-démocrate au *Reichstag*, originairement ouvrier dans une usine de fabrication de cigares, fut l'ami du poète Detlef von Liliencron, qui louait ses connaissances littéraires et le considérait comme le meilleur spécialiste contemporain de Goethe. Georg von Vollmar, leader de la social-démocratie bavaroise, fréquentait assidûment artistes et écrivains.

Il devait être plus difficile autant aux socialistes qu'aux naturalistes de combattre l'idéologie les uns des autres dès lors que les liens qui les unissaient étaient multiples, non seulement organisationnels et politiques, mais également d'ordre privé et amical.

Et nous ne parlons ici que des relations habituelles entre représentants des deux courants, laissant de côté pour l'instant certaines relations privilégiées. Il s'agissait bien d'un phénomène général, et non de cas isolés : les deux mouvements s'interpénétraient, en particulier dans les grandes concentrations urbaines, à Munich et Berlin ; il n'est pas abusif de dire que les courants littéraires et artistiques modernes étaient au moins en partie dans la social-démocratie, qui en retour était omniprésente jusque dans les œuvres de fiction. Tous les écrivains eurent à un moment ou à un autre à se déterminer par rapport à elle.

Naturalistes et sociaux-démocrates posaient tous le problème de la « question sociale ». Les naturalistes montraient dans leurs écrits un intérêt constant pour les phénomènes de société : la place de la femme, la question religieuse, la situation de la classe laborieuse, la vie dans les grands centres urbains. La social-démocratie répondait à ces questions par des postulats politiques tels que la socialisation des moyens de production, les naturalistes tentaient de mettre en œuvre d'autres manières de vivre les rapports humains (comme dans les colonies d'artistes). Si les réponses n'étaient pas les mêmes, le mouvement politique et celui à prédominance littéraire voyaient tous deux dans les travailleurs une classe sociale nouvelle et originale ; les premiers cherchaient à la gagner, les autres souhaitaient en faire leur public.

Ainsi les naturalistes allemands, depuis Arno Holz jusqu'à Johannes Schlaf, Max Halbe, Gerhart Hauptmann, Heinrich et Julius Hart ou encore Max Kretzer, qui tous privilégièrent les « études de milieu » à l'étude psychologique, cherchèrent-ils le contact avec les travailleurs. Certains déménagèrent dans les quartiers populaires. Beaucoup avaient le courage personnel d'être solidaires de la classe ouvrière. L'intérêt des naturalistes pour la classe travailleuse, la recherche du contact avec elle, était une des raisons déterminantes qui devait faire se heurter les deux mouvements. Le naturalisme posait le problème de la question sociale et de la situation faite à la classe ouvrière, la social-démocratie de son côté empiétait largement sur le terrain de la lttérature.

Les deux mouvements se réclamaient en outre, pour partie du moins, du même héritage. Le mouvement naturaliste, loin de former un ensemble homogène, se plaçait tout entier dans la filiation du *Vormärz* et de la révolution de 1848. Le jeune mouvement socialiste lui aussi se considérait comme héritier du *Vormärz*, fêtait Heinrich Heine comme un précurseur, et se réclamait de la tradition qui allait de la Révolution française (*die große Revolution*) à la Commune, en passant par les soulèvements qui émaillèrent le XIXe siècle, dont le « Printemps des peuples » de 1848-1849 dans toute l'Europe. Ainsi les deux mouvements partageaient-ils en grande partie le même héritage ; ils se plaçaient dans la même tradition d'opposition.

Au-delà des références partagées et des idées communes, l'élan décisif donné au rapprochement des naturalistes et des sociaux-démocrates fut le coup porté aux derniers par la loi antisocialiste. En France, lorsque Victor Hugo demanda dès 1873 l'amnistie des Communards, ce fut une levée de boucliers, il ne se trouva aucun grand écrivain pour le soutenir. Dans l'Allemagne des lois antisocialistes, ils furent nombreux dès 1878 à trouver le moyen d'exprimer leur compassion, même parmi ceux qui ne partageaient aucune des idées des socialistes. Ce sentiment fut favorisé peut-être par le fait que certains de ces « poètes maudits », comme Karl Henckell, Hermann Sudermann ou Hermann Conradi, eurent eux aussi à faire face à la censure, aux procès, à la prison comme Oskar Panizza – et à la misère presque toujours.

Plus qu'un accord profond, les écrivains avaient pour les socialistes un peu le même sentiment à base de pitié que celui éprouvé envers la classe ouvrière. Pour elle, ils éprouvaient de la sympathie lorsqu'elle apparaissait miséreuse et souffrante, tout comme pour la social-démocratie calomniée et réprimée. Mais ils se sentaient au fond étrangers à la classe ouvrière, craignant ses explosions de colère qu'ils brandissaient comme un mal inévitable; de même ils craignaient la social-démocratie conquérante et balayant les obstacles, se gaussant des coups de griffe de l'État. Ils voyaient dans ses succès le juste châtiment de l'adversaire commun, mais aussi parfois l'avènement du chaos, le règne de la barbarie, l'apocalypse.

Le rapprochement entre naturalistes et socialistes fut donc en partie circonstanciel ; c'est en ce sens sans doute qu'il faut comprendre l'expression de Helmut Scheuer, qui parle d'un « malentendu fructueux » [277]. Fondamentalement, la discipline, la sévérité morale, l'encasernement en un mot de l'État prussien leur étaient insupportables. Jusque tard dans les années 1890, des courants littéraires, théâtraux et artistiques se trouvaient au sein de la social-démocratie ; certains intellectuels sympathisaient ou étaient amis de militants, d'autres adhérèrent pendant un temps, mais tous gravitaient dans son orbite. Dans leurs romans, le SPD était un élément incontournable du paysage et la question d'y adhérer ou non était récurrente chez les héros. Réciproquement, une question qui se discutait dans le parti était celle du rôle des écrivains dans ses rangs. Le fait d'être des intellectuels leur donnait-t-il une clairvoyance politique, donc une légitimité pour jouer un rôle dirigeant ? La direction répondit que cela leur donnait surtout une responsabilité, et d'abord celle de faire profiter de leur culture les moins chanceux.

Surtout, un débat dura des années avec des moments de tension très vive, débat qui englobe une partie des mêmes

277 « *ein fruchtbares Mißverständnis* », in : Helmut Scheuer (éd.), *Naturalismus: Bürgerliche Dichtung und soziales Engagement*, Stuttgart – Berlin, Kohlhammer, 1974, p. 175.

questionnements : celui de la littérature qu'il convient de privilégier. En pleine loi antisocialiste, alors que le parti est réprimé, mais aussi calomnié, vilipendé par ses adversaires, que nombre d'adhérents sont isolés, des écrivains naturalistes arrivent en renfort. C'est un renfort inattendu, bienvenu. La tentation est donc forte de les accueillir à bras ouverts. D'un autre côté, le pouvoir fait l'amalgame entre les uns et les autres, il tire un trait d'égalité entre naturalistes et socialistes, tous assimilés par leurs détracteurs à la subversion, la traitrise, tous indistinctement accusés de se complaire dans la boue, l'ordure et le sexe. Lorsque vos adversaires vous entourent ainsi de la même hostilité, à quoi bon en rajouter en se démarquant les uns des autres ?

Contrairement à la France, en Allemagne l'association « naturalisme et socialisme » n'est pas une reconstruction a posteriori, elle est inscrite dans l'histoire des deux mouvements et l'étroite relation semblait évidente aux contemporains. Au point que jusque dans les deux mouvements, certains défendirent plus ou moins clairement l'idée que le naturalisme était le socialisme de la littérature.

Au grand dam de ceux qui ne s'en sentaient pas le moins du monde, les naturalistes furent donc bien souvent assimilés aux sociaux-démocrates, en particulier par les détracteurs des uns et des autres, qui y voyaient indistinctement la même idéologie subversive, le même danger pour l'ordre établi. Pour l'empereur comme pour le chancelier, les naturalistes étaient aussi dangereux que les socialistes – à moins qu'ils n'aient fait mine seulement de les assimiler les uns aux autres, manière de dire que le socialisme c'était ces mœurs décadentes, c'était se vautrer dans le stupre, pour discréditer les idées et les hommes [278]. Cette commune haine que leur vouaient leurs adversaires n'allait pas les aider à se différencier. Ils les marièrent, de même qu'en France l'Ordre Moral voulait à tout crin faire de Zola un socialiste, tandis que celui-ci, comme Hauptmann un peu plus tard, se récriait – mais en vain.

278 Ainsi, Bismarck affublait systématiquement la presse de gauche du surnom de « presse ordurière berlinoise ».

Tandis que le parti existait au travers de la culture, de son côté la littérature prit un tour politique : puisque le SPD était bâillonné, les écrivains proches du parti et en particulier les petits naturalistes décidèrent de prendre en charge la dénonciation politique et sociale au travers de leurs œuvres. Manifestes naturalistes, essais, pièces de théâtres, romans, étaient publiés par le parti, tirés sur ses presses, jouées dans ses théâtres. Tout cela ne faisait que confirmer l'idée d'une grande proximité, voire d'une identité, entre les deux courants politico-littéraires.

Mais les principaux dirigeants du parti refusaient l'assimilation du naturalisme au socialisme. Et des voix se firent entendre dans le parti pour protester contre ce qui dans l'attitude trop ouverte du SPD pouvait encourager cette assimilation. Le débat entre socialistes « naturalistes » et socialistes « orthodoxes » eut lieu dans la presse sociale-démocrate, lors de congrès du parti (en particulier 1890, 1891, 1896) et dans les *Théâtres Populaires Libres* berlinois (*Freie Volksbühne*). Pour ne pas encourager la confusion des genres, ils décidèrent de faire moins de place aux courants avant-gardistes, expliquant que les publications socialistes ne devaient pas devenir des champs d'expérimentation pour la littérature moderne, ce n'était pas leur rôle, sans compter que les responsables politiques n'étaient pas compétents pour juger de leurs qualités littéraires.

Par rapport aux œuvres naturalistes, l'un des principaux regrets des socialistes était qu'elles ne montraient guère les salariés au travail, à la production [279], mais plutôt là où les écrivains eux-mêmes avaient l'occasion de les rencontrer : dans la rue ou au café. C'est en ce sens qu'il faut lire la critique de Franz Mehring contre « cette sorte de naturalisme qui refuse de voir le prolétaire qui travaille et se bat, et montre uniquement le lumpenprolétaire

279 Samuel Lublinski, dans son essai paru en 1904 qui procède à une rétrospection des années 1890, avait beau prétendre des *Jüngstdeutsche* : « La vérité, c'est le présent, le halètement de nos locomotives, le martèlement incessant de nos machines, notre technique et notre science – voilà sans doute la vérité, et c'est le seul sujet qui soit digne d'un écrivain moderne. » Lublinski avait beau encore écrire de la question sociale : « Elle semblait véritablement devoir être la marque distinctive de la modernité », rien n'y faisait.

dépravé. »[280] Ailleurs, Mehring écrivait même : « La pédagogie populaire des écrivains naturalistes ne voit jamais le travailleur qu'au bordel ou au bistrot, devant une eau-de-vie. »[281] S'il force le trait, il est vrai que leur regard avait tendance à être extérieur et que lorsqu'ils parlaient des mœurs des ouvriers, c'était souvent les aspects qui les préoccupaient eux-mêmes, ceux de la vie privée et intime. Ceux qui décrivirent les conditions de travail furent plus souvent ouvriers que naturalistes, par exemple William Bromme, Paul Göhre ou Alfons Petzold exposèrent les journées de travail interminables auxquelles s'ajoutaient de longues heures de marche pour se rendre à l'usine, l'humiliation de la fouille systématique à la prise de poste et en quittant l'usine, la solidarité qui permettait de tenir et mille détails de la vie ouvrière au quotidien, qui auraient ajouté au réalisme des romans naturalistes[282].

Cette manière de voir allait de pair avec le reproche fait aux naturalistes allemands de se complaire dans le sordide, dans le pessimisme, voire même de mépriser parfois les ouvriers. Sur le plan des mœurs, certains dirigeants semblent bien prudes : dans *Mutter Bertha*, une allusion de l'héroïne à son envie d'uriner les horrifie, qui n'ont pas de mots assez durs pour rejeter ces cochonneries („*Cochonnerien*"!). Cependant ces débats finissent par s'épanouir pour donner naissance à la première occurrence de la longue discussion, dans le mouvement ouvrier, sur la possibilité et l'opportunité d'une littérature prolétarienne. Là aussi, les réponses sont hésitantes, les débats parfois vifs, mais finalement les responsables possédant la plus grande autorité en la matière, en particulier Franz Mehring, critique littéraire reconnu, et Rosa Luxemburg, tranchent : ni littérature prolétarienne ni littérature bourgeoise, la littérature doit être libre et simplement humaine. Tous deux estiment davantage les grands classiques, Goethe,

---

280 « die Sorte von Naturalismus, die den arbeitenden und kämpfenden Proletarier nicht kennen will, sondern nur den verkommenen Lumpenproletarier schildert ». Franz Mehring, *Ein letztes Wort in Sachen der Freien Volksbühne*, 1892, p. 263-264.

281 « Die reine Volkspädagogik der naturalistischen Dichter sieht den Arbeiter stets nur im Bordell und in der Schnapskneipe. » in Franz Mehring, *Zur « Krisis » der Freien Volksbühne*, 1892, p. 255.

282 A. Petzold, *op. cit.*, en particulier p. 184-185 et p. 206.

Tolstoï ou Balzac que, comme l'écrivait déjà Engels « tous les Zola passés, présents et à venir », tant ce qui compte d'abord, indépendamment des opinions politiques de l'auteur, est de donner à voir, de faire vivre des personnages incarnés, nuancés, et non des marionnettes au service d'idées.

Les naturalistes prétendaient pourtant que leur littérature était la meilleure possible pour les couches non cultivées : elle était facile d'accès, partait de leurs préoccupations et usait de leur niveau de langue habituel. Les sociaux-démocrates versés dans les questions littéraires ne partageaient pas ce point de vue, ils désiraient offrir aux travailleurs qu'ils influençaient non pas de l'argot ou un dialecte, mais le plus beau de la langue allemande. Ils considéraient que si les couches populaires parlaient l'argot, c'était non par goût, mais par défaut d'un autre langage, auquel elles aspiraient pourtant, et que si la lecture était souvent instruction, elle pouvait être aussi dépaysement, découverte de nouvelles contrées. C'est ainsi que la social-démocratie fit tout, sans attaquer le naturalisme en tant que courant littéraire, pour promouvoir la littérature classique, celle des « grands » auteurs. Il s'agissait de proposer non pas une littérature au rabais, mais le meilleur de la littérature. Mehring finit de clore le débat lorsqu'en 1897 il prit la direction de la *Freie Volksbühne* à Berlin (Le Théâtre Populaire Libre) et orienta résolument le répertoire vers le classicisme. Loin d'une postérité qu'on connaît, les principaux dirigeants niaient l'idée d'un art au service d'une cause.

Contrairement à une idée reçue, il n'y avait pas dans le domaine littéraire (ni artistique) de « position » du parti. Yves Chevrel parle d'ambiguïté du SPD, qui n'aurait pas su choisir une position claire entre opposition et soutien au naturalisme. De la part des cadres du SPD versés dans les questions littéraires, il s'agissait en réalité plutôt d'un refus de choisir. Refus d'être pour ou contre un courant littéraire, cela ne faisant pas partie de ses attributions. Des rédacteurs socialistes pouvaient à l'occasion d'un article écrire en quoi ils appréciaient le naturalisme, en quoi aussi ils voyaient des limites à cette littérature, mais il n'était pas question d'en faire un instrument de combat. Tant que les écrivains se plaçaient sur le terrain littéraire, les socialistes n'avaient pas de raison d'en dire plus. Ils se devaient naturellement, par solidarité élémentaire, soutenir les naturalistes lorsque ceux-ci étaient attaqués sur le plan de la morale ou traduits pour cela en justice.

Mais plus généralement, il n'y avait pas de théorie marxiste de la littérature. Marx e t Engels avaient livré leurs penchants littéraires personnels ; dans des écrits circonstanciels, ils avaient donné des éléments de réflexion. Sans doute les sociaux-démocrates n'avaient-ils d'ailleurs pas ou guère eu connaissance de ces écrits, souvent des échanges épistolaires qui n'avaient alors pas encore été publiés [283]. De la littérature, ils attendaient qu'elle dévoile les rouages de la société, qu'elle pousse à la réflexion et soit riche d'enseignements. Pour beaucoup, le socialisme était une doctrine politique, économique, philosophique peut-être, mais les autres domaines de la vie et de la pensée ne se jugeaient pas à cette aune.

Le choix littéraire qui se fit néanmoins en faveur du classicisme troubla bien souvent la critique. Quand elle insiste sur les efforts de la social-démocratie pour promouvoir la grande littérature, elle y voit généralement conformisme sinon incapacité à élaborer ses programmes littéraires propres [284]. Elle s'interroge : pourquoi le SPD, parti « prolétarien », s'alignait-il sur les critères « bourgeois » ? Pourquoi appréciait-il la littérature et les auteurs bourgeois ? N'y avait-il pas là défaut d'autonomie ? Ce parti, qui se voulait progressiste en tout, était donc conservateur en matière d'art ; une nouvelle littérature s'offrait mais il préférait des auteurs âgés ou disparus et qui ne parlaient en rien de ses préoccupations. D'ailleurs, ne reprenait-il pas les mêmes arguments contre le naturalisme que les critiques littéraires « officiels » ? Ce

---

283 Par exemple cet extrait, souvent repris aujourd'hui et que nous avons évoqué plus haut, d'une lettre de F. Engels à Minna Kautsky, où il disait préférer largement Balzac « à tous les Zola passés, présents et à venir ».

284 Voir par exemple ce questionnement dans *Was haben Arbeiter gelesen?, op. cit.*, p. 29 : « Dokumentiert wird allerdings auch, wie wenig die Sozialdemokratische Partei in der Lage war, für die Arbeiterbibliotheken eigenständige, sozialistische Literaturprogramme zu entwickeln ».
Aussi bien G. Auernheimer, G. Fülberth que Y. Chevrel s'étonnent également de cet état de fait.

genre de critiques émana jusque des rangs socialistes et naturalistes. Des socialistes partisans du naturalisme s'étonnaient : comment pouvons-nous être progressistes dans tous les domaines, sauf en ce qui concerne la vie artistique?

Ce n'est pas du tout ainsi que les dirigeants posaient les problèmes [285] . Ils ne parlaient jamais de culture « bourgeoise » ou d'auteurs « bourgeois », et le prétendu « progressisme » non plus n'était pas un critère opérationnel selon eux en matière littéraire – sans compter qu'ils ne confondaient pas modernité et progressisme. Ils savaient (ô combien!), que les normes et valeurs de la culture bourgeoise se diffusaient et donnaient le ton dans la société tout entière. Mais d'autre part ils n'avaient pas l'intention d'en laisser la jouissance à une élite, ils souhaitaient dans la plus large mesure possible rendre la culture accessible aux classes défavorisées, et c'est aussi pourquoi ils choisirent de considérer la culture comme une valeur humaine, universelle et non « bourgeoise ».

Cependant nos naturalistes, qui manifestèrent de la sympathie à la social-démocratie tant que celle-ci était réprimée, commencèrent à rompre dès 1891. Il peut paraître surprenant qu'ils se soient éloignés d'elle précisément au moment où elle allait vers ses plus grands succès, alors que les adhérents affluaient en rangs serrés, que d'autres intellectuels décidaient de la rejoindre. Pourquoi la quittaient-ils lorsqu'il devenait plus facile d'y militer ? [286] En réalité, lorsque la social-démocratie retrouva

---

285 Maintenant et par ailleurs, la social-démocratie n'était sans doute effectivement pas capable d'élaborer ses propres programmes littéraires. De ce point de vue, elle s'efforçait simplement de faire lire les grands auteurs, universellement reconnus, sauf naturellement en matière de formation politique (marxiste). Sans compter que selon G. Fülberth, Mehring était bien seul à la fin du XIXe siècle à tenter de maintenir ce cap : ni littérature au service d'un parti, ni art pour l'art. Les rédacteurs pouvaient bien se déclarer socialistes sur le plan politique, cette « option » politique n'avait aucun effet sur leurs idées concernant la littérature. Ils séparaient les choses.

286 Notons d'abord que la plupart rompaient à la fois avec le naturalisme et avec la social-démocratie. D'autres restaient naturalistes tout en s'éloignant du SPD, par exemple des opposants à Bismarck qui ne furent jamais sociaux-démocrates, mais soutenaient le parti par solidarité

une existence légale, elle commença par clarifier son langage et son programme, et tout ce qui les séparait devint plus visible.

Le naturalisme, une forme de littérature prolétarienne ?

Naturalistes et socialistes avaient commencé par voir surtout les affinités qui les liaient les uns aux autres, mais à partir de 1890, de part et d'autre le besoin de prendre ses distances devint de plus en plus fort. Le débat littéraire, les discussions autour du rôle de la culture existaient depuis les débuts du SPD, et comme nous l'avons vu, il était amplifié par l'importance des problèmes culturels dans un parti qui, interdit, animait de nombreux groupes théâtraux, musicaux, littéraires. Ce qui paraît surprenant dans un premier temps, c'est que la majorité de la social-démocratie exclut de son sein les responsables des *Jeunes* naturalistes, à savoir la tendance qui pouvait le plus se rapprocher des conceptions ultérieures de littérature prolétarienne, ce naturalisme littéraire du mouvement ouvrier. Voyons donc plus précisément en quels termes le SPD définissait ses objectifs culturels et comment il les mettait en pratique.

La particularité des écrivains naturalistes allemands, qui étaient souvent des militants sociaux-démocrates, faisait qu'ils mêlaient intimement leurs conceptions artistiques et politiques. En bref, la tendance la plus achevée de ce courant artistico-politique pensait que c'était par l'art, l'éducation artistique, littéraire, théâtrale qu'on pouvait émanciper les prolétaires ou plus exactement que pour que les prolétaires s'émancipent politiquement, il fallait d'abord qu'ils s'émancipent culturellement. Par ailleurs et en conséquence, ils pensaient tout naturellement que c'était à eux, militants éduqués et cultivés, de diriger le parti et c'est ce qu'ils tentaient de mettre en pratique, avec naturel, comme si cela leur était dû – ce qui exaspérait d'autres sociaux-démocrates. Mais qu'est-ce qu'on leur reconnaissait donc dans le SPD, puisque malgré tout le parti

élémentaire face à la répression et parce qu'il incarnait la seule opposition conséquente.

leur faisait une place [287] ? Et la social-démocratie a publié dans sa presse, et fait jouer dans ses Théâtres, les œuvres des plus grands auteurs relevant du naturalisme, parmi lesquels Zola, Daudet, Maupassant, Ibsen, Strindberg, et chez les Allemands Kretzer, Hauptmann, Sudermann.

Dans les années 1880, période de silence forcé en politique mais aussi de vide culturel, l'entrée en scène des jeunes naturalistes allemands avait été accueillie plutôt favorablement dans la social-démocratie. Ces écrivains anticonformistes, qui voulaient rompre avec le passé littéraire, souffraient du manque de liberté d'expression et se déclaraient proches des socialistes, furent reçus avec un certain espoir et avec soulagement. En 1897, W. Bölsche, naturaliste et socialiste, racontait ainsi l'apparition du nouveau courant littéraire :

> « Après une période de transition confuse et qui se prolongea, la littérature sociale surgit subitement, d'abord sombre et pessimiste, toute imprégnée de la critique la plus sévère de la situation politique particulièrement dans notre pays. Après une longue, très longue période, pratiquement depuis la période d'avant 1848 et même plus tôt encore, la littérature allemande se retrouvait enfin dans un courant vraiment oppositionnel qui, politiquement, ralliait de près ou de loin les idées socialistes. Cette littérature empruntait partout sa propre voie pour traiter librement également des questions morales, malmenant bien souvent les conventions. Et en même temps, avec le nouveau contenu idéologique, la forme aussi fut secouée par cette vague que désigne le terme de 'réalisme'... » [288]

---

287 Car il est frappant de voir combien les noms de naturalistes allemands se rencontrent régulièrement dans les organes de presse sociaux-démocrates, y compris les revues les plus prestigieuses, où ils signaient surtout des écrits généraux, théorie et critique littéraire, études politiques, sociales ou autres (plus que pièces de théâtre ou autres œuvres de fiction, qui trouvaient plus facilement à être publiées dans les organes sociaux-démocrates locaux). C'est le cas entre autres de M. G. Conrad (surtout avant qu'il ne crée sa propre revue), de Bölsche pour des articles littéraires ou scientifiques (sur l'origine de l'homme par exemple), de Kampffmeyer, sans oublier les nombreux articles de Paul Ernst encore bien des années après avoir claqué la porte du parti.

288« Nach einer längeren, unklaren Übergangsfrist brach auf einmal dann

Dans son étude, Bölsche insiste ensuite sur le caractère non seulement international, mais aussi internationaliste de la nouvelle littérature, ce qui était encore un point de rencontre avec les sociaux-démocrates. Le nationalisme prenait alors un sens de plus en plus belliqueux et conquérant. Les hauts gradés de l'armée, la noblesse étaient à l'honneur, le petit peuple comptait pour rien. En France aussi, lorsque après la guerre de 1870 et dans les années 1880, le nationalisme montait, la dénonciation de l'armée par l'école naturaliste demandait un certain courage politique contre les républicains et les bonapartistes. *Le Calvaire* de Mirbeau, qui s'attaquait à la guerre, suscita en 1886 une très violente opposition politique [289].

Les naturalistes allemands, à quelques exceptions près, furent des anti-nationalistes plus convaincus que leurs homologues français, d'abord sans doute à cause de leur haine du régime impérial. Détestant son autoritarisme, l'encasernement, la morale pesante, ils avaient quelques bonnes raisons de ne pas céder aux sirènes nationalistes, d'autant que le nationalisme prussien n'était pas le nationalisme allemand. Il faut dire que l'Etat autoritaire, qui les assimilait aux « rouges », le leur rendait bien. Même s'ils étaient au fond davantage antimilitaristes que contre le nationalisme, c'est-à-dire contre l'armée permanente (au sens du vieux programme républicain), contre le militarisme des aristocrates, la parenté de sentiments avec les socialistes allait contribuer à les

---

die soziale Dichtung hervor, zunächst verzweifelt grau in grau, und ganz durchtränkt mit der denkbaren schärfsten Kritik gerade der Zustände bei uns. Seit langer, sehr langer Zeit, beinahe seit den Tagen vor 1848 und noch früher, geriet die deutsche Dichtung endlich wieder in ein ausgesprochen oppositionelles Fahrwasser, das sich politisch an sozialistische Ideen bald im engeren bald im weiteren Sinne anschloss und für die freiheitliche Behandlung moralischer Fragen überall die individuellsten, der Konvention meist direkt ins Gesicht schlagenden Wege sich nahm. Und gleichzeitig mit dem neuen Ideengehalt kam eine Aufrüttelung der Form, jene Welle, die das Schlagwort "Realismus" bezeichnet...»
Wilhelm Bölsche, « *Arne Gaborg* », *Sozialistische Monatshefte*, 1897, p. 135.

289 Que l'on songe aussi aux *Soirées de Médan* et à *Sous-offs* de Lucien Descaves, qui dénonce les mœurs sexuelles régnant à l'armée.

rapprocher les uns des autres, encourageant ensuite certains hommes à voir dans le naturalisme le socialisme appliqué à la littérature.

Sans oublier que les ouvriers étaient un sujet des naturalistes, comme du reste des écrivains socialistes. Pour le coup, certains retrouvaient dans le naturalisme des échos de la littérature prolétarienne. Cette notion de littérature ou de culture prolétarienne, issue du saint-simonisme, a pris depuis lors toute une palette de sens. Mais à l'époque, on entendait par là une littérature dont les auteurs étaient ouvriers et qui était inspirée de leurs conditions de travail et de vie. Idéalisée, elle acquit droit de cité dans l'espace germanophone [290] où elle se développa particulièrement au tournant du siècle [291]. Le naturalisme aussi faisait une large place aux couches laborieuses, c'était même remarquable dans cette Allemagne en plein bouleversement de la fin du XIXe siècle, alors que les écrivains « officiels » se retranchaient dans les romans historiques, les écrits nationalistes ou le conflit entre noblesse et bourgeoisie. Il était donc possible de voir dans le naturalisme un écho de la littérature prolétarienne.

Chez les naturalistes, la classe ouvrière était certes davantage objet des représentations artistiques que sujet agissant : ils rêvaient à la révolution, mais n'imaginaient pas que les ouvriers puissent en être les acteurs. Ils se voyaient eux-mêmes comme les artisans de l'émancipation sociale, alors que la social-démocratie n'avait aucun paternalisme, qui affirmait que les travailleurs devraient se charger eux-mêmes de cette émancipation. Pour les dirigeants du SPD, le fait de prendre exclusivement le point de vue « d'en bas » pouvait amener à croire qu'il s'agissait d'un point de vue socialiste, sans qu'il en soit rien. Car prendre le point de vue d'en bas, n'était-ce pas finalement opposer le quotidien dominant, écrasant, à l'historique, à l'héroïque ? N'était-ce pas rendre les masses pauvres incapables d'histoire et

---

290 Où elle fut utilisée pour la première fois en 1863 dans une anthologie traduite du français par Adolf Strodtmann : *Die Arbeiterdichtung in Frankreich, Hamburg, 1863* (*La littérature ouvrière en France).*

291 Alfons Petzold (voir supra chapitre III) est considéré comme appartenant à ce courant ; il passe même pour le plus important des poètes ouvriers autrichiens (voir postface de *La vie âpre*, *op. cit.*, p. 239).

d'héroïsme ? Et écrire ainsi, sans lier le présent à l'histoire, le présent au passé, n'était-ce pas, loin de combattre le présent, le répudier, le fuir ?

Cependant, dans cette social-démocratie hétérogène, certains pensaient qu'il pouvait exister une culture prolétarienne, qui serait le fait de militants socialistes ou d'ouvriers s'essayant à l'écriture. Ceux-là retrouvaient dans le naturalisme des échos de la littérature prolétarienne et essayaient donc de le promouvoir [292]. Il était d'autant plus difficile de s'y retrouver qu'un certain nombre d'écrivains naturalistes étaient sympathisants, et que même au-delà de ce cercle, les naturalistes pensaient faire œuvre militante par leurs œuvres. Ils considéraient leur littérature comme plus accessible que toute autre aux ouvriers, par le choix des sujets et du cadre, par les personnages mis en scène (l'histoire du militant socialiste, d'origine petite-bourgeoise, qui s'éprend de l'ouvrière d'industrie...), par le niveau de langue enfin (langage familier, simple, emploi de formes dialectales).

Qu'en était-il des romanciers sociaux-démocrates? Le phénomène était tout sauf marginal, puisque entre 1860 et 1914, on compte, chiffre fantastique, environ six cents auteurs sociaux-démocrates facilement identifiables [293] ! Plusieurs centaines de

---

292 Plus tard, Walter Benjamin pointait également les points communs entre naturalisme et littérature prolétarienne. Il rapprochait les écrivains prolétariens russes des années 1920 des naturalistes de la fin du XIXe siècle. Sur le plan littéraire, le mouvement se rattachait au naturalisme, écrivait-il, par « la grossièreté de la matière », « la présence absolue de détails politiques », la « prédominance du contenu » sur la forme (cité in : G. Lukacs, *Ecrits de Moscou*, Ed. sociales, 1974, p. 11). Ainsi, W. Benjamin voyait une filiation directe entre naturalisme et littérature prolétarienne du XXe siècle. Quoi d'étonnant alors à ce qu'une partie de la social-démocratie ait été tentée de faire de même avec la littérature prolétarienne contemporaine, celle du XIXe siècle ?

293 Plusieurs ouvrages critiques décrivent le phénomène. Cf. par exemple la postface d'Ursula Münchow, *Des Morgens erste Röte. Frühe sozialistische deutsche Literatur 1860-1918*. Leipzig, Zentralinstitut für Literaturgeschichte der Akademie der Wissenschaften der DDR, 1982, p. 408. Surtout, Franz Mehring faisait en 1893 la promotion des cinq volumes de *Deutsche Arbeiterdichtung,* qui venait de paraître chez J.H.W. Dietz. Audorf, Frohme, Kegel, Scheu comptaient parmi les dizaines d'auteurs de ce recueil.

personnes, appartenant à un même groupe politique, qui écrivent et publient, c'est un phénomène social. Ce milieu était nécessairement attentif aux productions naturalistes. La réception de Zola, Maupassant ou Hauptmann se faisait donc dans un milieu non seulement politisé, mais littéraire ou versé dans les lettres. Ces écrivains ne l'étaient, pour la plupart, qu'à leurs heures perdues. D'autre part, le SPD ne théorisait pas les possibilités d'un tel art, ne lui accordait pas de vertu particulière, il n'estimait pas que ces écrivains formaient un courant littéraire particulier ou qu'ils allaient rénover ni surtout révolutionner la littérature. Personne n'imaginait que, grâce à leurs idées politiques, ils puissent créer une alternative littéraire à l'art contemporain.

Parmi ces auteurs socialistes, les trois romanciers les plus reconnus étaient Max Kegel, qui resta toujours fidèle au SPD, Robert Schweichel, militant de la première heure, et Minna Kautsky, la mère du futur théoricien et dirigeant Karl, qui fut l'auteur de nombreux romans et nouvelles et était considérée comme le meilleur auteur social-démocrate (son roman le plus connu était *Die Alten und die Neuen, Les Vieux et les Jeunes*).

Robert Schweichel, qui avait dû s'exiler en Suisse pendant plus d'une décennie suite à l'échec de la révolution de 1849-1849, avait fait la connaissance de Wilhelm Liebknecht dès le retour d'exil de ce dernier en 1862 au sein de l'ADAV, le parti lassallien, et ils étaient rapidement devenus des proches, pour une amitié qui serait celle de toute une vie. Il fut en 1869 parmi les fondateurs du SDAP, où même s'il n'a pas joué un rôle politique de premier plan, il milita toute sa vie à un certain niveau de responsabilité. Schweichel resta très actif dans le domaine littéraire et fut un écrivain prometteur. Avec Liebknecht, il devint l'un des principaux critiques des naturalistes allemands. Auparavant, il avait été critiqué par Engels pour des faiblesses idéologiques [294], certains défauts des naturalistes lui étaient reprochés, comme son humanisme bon teint, l'atmosphère vertueuse de ses romans, dans lesquels chacun pouvait trouver son compte. Mais son histoire romancée de la guerre des paysans, *Um die Freiheit*

294 Et pour certains « défauts antirévolutionnaires » (littéralement : *Antirevolutionäre Untugenden).*

(*Pour la liberté*) eut un retentissement important ; les paysans y jouent le rôle principal, ce qui était une raison supplémentaire de le privilégier au *Franz von Sickingen* de Lassalle.

Paul Lafargue également s'essaya au récit, par exemple avec la satire *Ein verkaufter Appetit*, et Liebknecht à la poésie. Max Kretzer était souvent compté parmi les écrivains socialistes, Julius Hart également. Les écrivains socialistes, souvent d'origine ouvrière, se comptaient donc par centaines, de Jacoby à Lavant, de Otto-Walster à Geib ou de Greulich à Audorf et Henckell. John Peter Nettl, auteur d'une importante biographie de Rosa Luxemburg, prétend cependant de cette amoureuse des lettres qu'elle ne s'intéressa guère à ces diverses tentatives :

> « On ne peut pas dire que Rosa Luxemburg ait nié l'existence d'une culture prolétarienne autonome : le concept lui était simplement étranger. Elle ne prêtait aucune attention aux timides tentatives de certains cercles du SPD de créer des chansons et des poèmes ouvriers, de produire un art délibérément 'populaire'. » [295]

Si R. Luxemburg ne ressentait pas davantage le besoin de nier l'existence d'une culture prolétarienne, c'est également que jusque dans les années 1920, de telles idées rencontraient peu d'écho dans la social-démocratie : il n'était pas nécessaire de les combattre. Des ouvriers découvraient la poésie ou le théâtre et s'y essayaient, c'était tout. La direction ne poussait pas des bravos pour autant, personne ne théorisait le fait. Il n'était pas faux d'encourager les ouvriers à faire de la musique ou à écrire des poèmes et des romans. Mais il n'y avait aucune ambition théorique là-derrière, et certainement pas l'idée que le prolétariat pourrait créer une littérature supérieure.

---

295 « Man kann nicht sagen, dass Rosa Luxemburg die Existenz einer eigenständigen proletarischen Kultur geleugnet hätte: der ganze Begriff war ihr einfach fremd. Sie nahm überhaupt keine Notiz von den zaghaften Versuchen bestimmter SPD-Kreise, Arbeiterlieder und -gedichte zu schaffen, eine bewusst "volkstümliche" Kunst hervorzubringen. »
J.P. Nettl, *Rosa Luxemburg*, Köln – Berlin, Kiepenheuer u. Witsch, 1968, p. 43.

P. Lafargue pensait d'ailleurs que pour écrire un véritable roman social, qui rende pleinement compte des évolutions économiques et de leurs effets sur les hommes, l'auteur devrait avoir vécu dans le voisinage immédiat d'un colosse économique, « senti dans sa propre chair les griffes et les morsures du monstre », il devrait « avoir frémi de colère à la vue des horreurs dont il est la cause »[296]. L'existence d'un tel auteur lui semblait toutefois inimaginable :

> « Les hommes pris dans l'engrenage et le mécanisme de la production sont tombés, par suite de l'excès du travail et de la misère, à un degré si bas, ils sont tellement abrutis qu'ils ont seulement la force de souffrir, mais non pas la faculté de raconter leurs souffrances. [...] Le roman social est forcément écrit par des gens qui ne participent pas à la vie des ouvriers salariés, et ne la voient que de l'extérieur. »[297]

C'était assez dire l'impossibilité d'une littérature prolétarienne. Pour écrire un bon roman social, il fallait donc, d'après lui, avoir expérimenté personnellement la condition ouvrière et pourtant ne pas subir le poids de l'oppression, y être extérieur... Il était difficile de remplir les deux conditions. Dans le parti, des ouvriers écrivains étaient, comme Minna Kautsky et Robert Schweichel, suffisamment lucides pour ne pas tirer de conclusion théorique au sujet de leur activité littéraire ; ils espéraient être lus, mais n'imaginaient pas pour autant révolutionner la littérature. Dans leurs romans, ils parlaient naturellement de ce qui les préoccupait, de ce petit peuple qu'ils connaissaient et aimaient, mais ne théorisaient pas pour autant. La direction du parti pensait qu'il ne pouvait y avoir de littérature prolétarienne, que la culture était inévitablement l'apanage des couches aisées, qui seules en avaient les moyens (disponibilité, culture, préoccupations, moyens matériels). La culture de l'avenir serait humaine, sans connotation de classe.

---

296 « er müsste in seinem eigenen Fleisch des Ungetüms Klauen und Zähne gefühlt, er müsste vor Zorn über die Greuel, deren Urheber es ist, gezittert haben ». Paul Lafargue, « Das Geld », *Die Neue Zeit*, X, 1891-1892.

297 Paul Lafargue, *Critiques littéraires*, p. 185 & 186.

Par contre, l'idée que la culture serait le vecteur de l'épanouissement du prolétariat, combattue par la direction, refaisait régulièrement apparition. Vers la fin du siècle, une génération après le *Macht ist Wissen* de Liebknecht, Mehring renouait avec la tradition ouverte par lui dans le SPD et prenait en charge la lutte contre cette idée [298]. Lui, le passionné de littérature, affirmait « Le dernier poète ne quittera notre bonne vieille terre qu'avec le dernier être humain ». Mais il ajoutait que pour le prolétariat, il ne pouvait être question de s'épanouir que lorsque « les traces honteuses de l'asservissement » auraient disparu [299]. Il niait toute possibilité d'art ou de littérature du prolétariat tant que celui-ci était occupé à combattre. C'est là-dessus que porta le débat avec les opposants issus des couches moyennes, dont en particulier les *Jeunes* dans les années 1880 et 1890.

Mais l'autre raison essentielle du débat entre socialistes et naturalistes était que la littérature des derniers était profondément politique, par les thèmes développés et les idées véhiculées. À travers elle, les écrivains portaient des jugements de fond. C'était déjà vrai des naturalistes français. Ainsi *La Fille Elisa* n'est pas une dénonciation de l'enfermement, ce qu'une lecture actuelle peut faire croire, mais une critique du silence imposé en prison, débat qui partageait la société. Et si Taine, Renan, Flaubert, les Goncourt, Feydeau aussi bien que Barbey d'Aurévilly voyaient dans l'instruction primaire et le suffrage universel des causes de la défaite de 1870, Zola avait tendance à faire l'apologie du travail ou de l'idéal domestique [300]. Les naturalistes allemands, eux, allaient plus loin en se revendiquant ouvertement de la politique

298 Voir par exemple l'article : F. Mehring, « *Kunst und Proletariat* », Die *Neue Zeit*, XV, 1896-1897 et *Anfänge der materialistischen Literaturbetrachtung in Deutschland*, p. 98-99.

299 « Der letzte Dichter wird erst mit dem letzten Menschen das Erdhaus verlassen »... « wenn die beschämenden Spuren der Dienstbarkeit verschwunden sind ».

300 Voir même d'une certaine soumission. *La Débâcle* choisit entre le soldat versaillais et le Communard (bien évidemment, ce roman n'est pas que cela), *La Terre* dénonce le mauvais ouvrier socialiste, dans *L'Assommoir* le personnage le plus déconsidéré moralement est socialiste, la grève de *Germinal* est manipulée... Se rebeller ne mène à rien de bon.

(cependant les sociaux-démocrates jugeaient qu'il y avait un monde entre les conceptions politiques de ceux-ci et les leurs).

Un article paru en 1892 dans la Neue Zeit sous une plume anonyme, qui signe J. H., intitulé « L'art bourgeois et les classes non-possédantes » (*Die bürgerliche Kunst und die besitzlosen Klassen*), illustre bien les relations entre politique et littérature dans la social-démocratie [301]. Dans son article, le rédacteur, visiblement un militant, critique un livre d'Emil Reich portant ce même titre. L'idée essentielle est que l'art et la littérature n'ont aucune mission à remplir, qu'ils ne doivent pas chercher à démontrer, à prouver quoi que ce soit. Au nom du socialisme, J. H. exprime l'idée que l'art ne doit être au service d'aucune cause, à plus forte raison d'aucun parti. Que ceux qui souhaitent défendre une cause fassent donc directement de la politique, dans l'intérêt de l'art d'abord : le prosélytisme lui nuit, et dans l'intérêt de leurs idées politiques : ils seront plus efficaces. Il ne fait pas de cela une vérité absolue, mais pense qu'à son époque en Allemagne, les intellectuels ont le choix de faire directement de la politique [302]. Le rédacteur critique la surestimation de l'art par E. Reich, selon lequel l'art peut changer la société. Il reprend enfin l'idée fondamentale de *Macht ist Wissen* [303]. Il conclut son long article en combattant une idée chère aux naturalistes, aux *Jeunes* et plus généralement à bon nombre d'artistes, selon laquelle l'art est au-dessus de la politique, eux-mêmes au-dessus des partis, qu'enfin il vaut mieux, au nom de l'objectivité, rester en-dehors du SPD. Ils s'imaginent, écrit-il, être supérieurs parce qu'ils n'osent adhérer à aucun parti, alors qu'être forts serait justement prendre conscience qu'ils doivent adhérer au SPD [304].

---

301 J. H., „*Die bürgerliche Kunst und die besitzlosen Klassen*", *NZ*, XI, 1892/93. Cit. In: *Zum Kulturprogramm des deutschen Proletariats*, p. 247-255.

302 Il ajoute d'ailleurs : « Man kann wohl annehmen, dass, wenn jetzt jemand mit der Begabung eines Voltaire aufstände, er wahrscheinlich zum politischen Agitator würde. »
J. H., *Die bürgerliche Kunst und die besitzlosen Klassen* , *op. cit.*, p. 249.

303 « Das ist es eben ; erst wenn das Volk politisch und ökonomisch zur Herrschaft gelangt ist, dann erst gehört ihm auch die Kunst. » J. H., *op. cit.*, p. 254.

304 « Aber der « stärkste » Mann ist nicht derjenige, der « allein steht »,

Un autre aspect de l'ouvrage d'Emil Reich a retenu notre attention. Il se plaignait en effet de ce qu'écrire sur un sujet social soit devenu très périlleux en raison de la politisation du public [305]. Il demandait donc aux lecteurs ou spectateurs de bien vouloir faire abstraction de leurs options personnelles. Une fois de plus, quand un auteur (dont le succès dépendait de l'accueil social-démocrate) réclamait la neutralité du lecteur (ou l'autonomie pour lui-même), c'était non pas en général, mais par rapport aux socialistes. Reich, qui réclamait le droit de défendre des idées dans ses œuvres, aurait souhaité que lecteurs et spectateurs se défassent des leurs !

Toutefois certains parmi les sociaux-démocrates, minoritaires, créditaient la littérature naturaliste de sympathie à l'égard des ouvriers. R. Saitschik, lui, écrivait à propos du sentiment anti-étatique d'Ibsen que le fond de sa pensée était sain (« *trägt einen gesunden Kern in sich* »), formule qui semble neutre, peu digne de susciter l'émoi, mais qui lui valut de la part de la rédaction de la *Neue Zeit* le commentaire suivant inséré en fin d'article, pour le moins peu nuancé : « L'individualisme d'Ibsen est diamétralement opposé aux idées fondamentales de la social-démocratie » [306]. Lorsque des rédacteurs taxaient un écrit du qualificatif d'anti-capitaliste ou de révolutionnaire, la rédaction commentait que tout ce qui l'était n'était pas pour autant prolétarien ou progressiste [307].

---

sondern der, welcher Gedankenklarheit und Kühnheit genug hat, die Wahrheit ganz und entschieden anzuerkennen und sich mit den Leuten zu vereinen, die sie mit ihm anerkennen – zur Partei. » (« L'homme « le plus fort » ce n'est pas celui qui est seul, mais celui qui a assez de courage et de clairvoyance pour reconnaître la vérité sans hésitation et pour s'unir avec ceux qui la partagent – avec le Parti. ») *Ibid.*, p. 255.

305 *Ibid.*, p. 251. « Er [Reich] meint, die Behandlung sozialer Stoffe sei dem Künstler sehr erschwert, weil er von vornherein auf ein parteiliches Publikum rechnen muß. Er fordert, der Zuschauer oder Leser soll « alle Privatgefühle » ausscheiden bei Betrachtung eines Kunstwerkes… »

306 « Ibsens Individualismus steht in diametralem Widerspruch zu den Grundsätzen der Sozialdemokratie »

307 Au début du vingtième siècle, Rosa Luxemburg écrivait en ce sens à propos du culte de Schiller dans le SPD :
« Das Feiern Schillers als eines revolutionären Dichters par excellence verrät an sich einen Rückfall von der durch die Marxsche Lehre, durch den dialektischen Geschichtsmaterialismus vertieften Auffassung vom

C'est que le pas était vite franchi, ensuite, de faire du naturalisme un socialisme littéraire. Ces commentaires paraissent laconiques, secs. Si l'on ne connaît pas les débats qui agitaient alors l'Europe intellectuelle, dont la social-démocratie tentait de se démarquer, ils peuvent sembler injustifiés. Dans d'autres notes, les rédacteurs de la *Neue Zeit* déclinaient l'idée que chez Ibsen ou Hauptmann, il y avait autant de « mysticisme réactionnaire » que de « matérialisme révolutionnaire ».

Yves Chevrel souligne le « recours fréquent au procédé de la « note de la rédaction », dans la *Neue Zeit,* note qui avertit le lecteur que l'article doit être lu avec précaution et qu'il ne reflète pas la position « correcte » [308]. Il en évoque quelques-unes, ainsi celle de l'article sur Ibsen de R. Saitschik dont il a été question, note qui précise que l'individualisme à la Stirner et l'anarchisme ne sauraient être rapprochés du socialisme. De même l'article de G. Landauer consacré à G. Hauptmann, où l'écrivain est considéré comme l'héritier qui joint aux qualités de Zola celles d'Ibsen, est agrémenté d'une note qui signale que Hauptmann est ici, de l'avis de la rédaction, surestimé. D'autres contributions de la *Neue Zeit* montrent qu'elle répondait là à la manière des naturalistes de se complimenter entre eux, ne sachant garder le sens de la mesure. Y. Chevrel signale une troisième note, où la *Neue Zeit* reproche à E. Schlaikjer d'identifier « anticapitaliste et prolétaire » au profit d'un naturalisme qui représenterait « la tendance artistique du socialisme ». Justement, ici encore c'est la rédaction sociale-démocrate qui reproche aux naturalistes leur conception utilitariste de l'art.

Il lit ces notes de la *Neue Zeit* comme si le reproche fait aux romanciers était de ne pas avoir embrassé la philosophie révolutionnaire. On peut effectivement se méprendre sur ces courtes notes rédactionnelles et penser que la rédaction en avait

---

'Revolutionären' in jene spiessbürgerliche Auffassung, die in jeder Auflehnung gegen die bestehende gesetzliche Ordnung, also in der Äusseren Erscheinung der Auflehnung eine 'Revolution' sieht, ungeachtet ihrer inneren Tendenz, ihres sozialen Gehaltes ».
Rosa Luxemburg, *Gesammelte Werke*, vol. I, Livre 2, 1905, p. 534.

308 Y. Chevrel, *Le Roman et la nouvelle naturalistes français en Allemagne (1870-1893), Thèse (non publiée)*, p. 877.

contre Ibsen, Hauptmann ou les naturalistes en général. On peut se méprendre y compris sur les intentions des dirigeants, alors que ce qu'ils attendaient de l'art et de la littérature, c'était d'être instructifs ou distrayants. Ils n'en avaient pas contre Ibsen ou Hauptmann, ils essayaient de répondre à certains courants intellectuels autour du SPD, qui l'influençaient de l'extérieur.

Ainsi les *Jeunes* et autres naturalistes s'étaient fait peu à peu leur propre idéologie, à base du socialisme de Saint-Simon, de celui de Dühring, de l'anarchisme de Fourier, de l'individualisme de Ibsen ou de Nietzsche, tout en baptisant l'ensemble de « socialisme ». Les théories, les programmes se suivaient, ajoutant un peu d'un ingrédient, en retirant un autre. Hermann Bahr par exemple, plus connu pour son *Dépassement du naturalisme (Überwindung des Naturalismus)*, avait tenté, dans son étude de 1890 sur Ibsen, de fondre individualisme et socialisme. C'est à ce genre de conceptions que les notes de la rédaction répondaient, non pas à Ibsen ni Hauptmann, qui étaient de grands écrivains et à qui il n'y avait aucune raison de reprocher leurs convictions politiques. Le SPD avait d'ailleurs à maintes reprises eu l'occasion de dire son estime pour eux et leurs œuvres. La *Neue Zeit*, qui avait coutume de mettre en avant les aspects progressistes d'Ibsen, choisissait de ne pas faire de même sur une étude qui louait sa conception de l'État. Dans un sujet si fondamental pour les socialistes, il ne fallait pas laisser place aux amalgames, en particulier lorsque les rédacteurs prétendaient jouer un rôle politique. Lorsque de jeunes intellectuels utilisaient Ibsen pour parler de politique, il s'agissait de ne pas laisser dire n'importe quoi.

La remarque concernant l'anticapitalisme et la mystique est du même ordre : bon nombre de naturalistes faisaient du prosélytisme autour de ces idées. Ils rêvaient de revenir en arrière, à ce qui était pour eux l'âge d'or... Les sociaux-démocrates avaient donc un besoin vital de se démarquer de tous ces courants qui influençaient une partie de l'intelligentsia. C'est justement pour lutter contre la confusion des idées qu'ils avaient décidé, vingt ans auparavant, de mener une existence séparée de la bourgeoisie libérale. Lorsqu'une courte note en fin d'article a l'air de répondre à Saitschik sur un problème littéraire, il s'agissait en fait d'une réponse politique à des idées politiques qui avaient cours [309]. Ces remarques de la rédaction à l'air banal étaient chargées d'un sens à côté duquel on peut facilement passer aujourd'hui, loin de débats qui ne font plus rage.

Évidemment, la réalité n'était pas toute en noir ou toute en blanc. Il n'y avait pas d'un côté des militants sociaux-démocrates très conscients de lutter contre la pénétration dans leur parti d'idées étrangères, de l'autre des naturalistes allemands voulant à toute force y faire pénétrer, par leur littérature, ces idées politiques très éloignées. Mais malgré les divergences des naturalistes entre eux, une idée émergeait : celle qu'eux-mêmes et leur art étaient au-dessus de la société. Cela n'avait rien à voir avec le socialisme, mais dans leurs romans, les naturalistes reprenaient aussi nombre de revendications sociales-démocrates. Reich par exemple revendiquait la journée de huit heures « pour des raisons esthétiques », niant que l'on puisse se cultiver et apprendre lorsque l'on est épuisé par une trop longue journée de travail [310]. À l'inverse, il arrivait que des rédacteurs sociaux-démocrates fassent des concessions et louent en Zola l'ami des pauvres et des opprimés. Avec des hauts et des bas, des moments de plus ou moins grande conscience, l'attitude générale était de conseiller aux écrivains de séparer littérature et politique. Lorsque Schweichel ou Minna Kautsky écrivaient un roman, ils racontaient une histoire, ils ne faisaient pas de propagande ; lorsqu'ils faisaient des tournées d'agitation, le sujet n'était pas leurs romans. Le SPD estimait que ces jeunes qui choisissaient la littérature avaient le tort d'être trop didactiques, de trop vouloir défendre des idées. S'ils voulaient prouver, qu'ils écrivent directement des tracts ou des revendications politiques ! Surtout, les sociaux-démocrates s'opposaient à l'assimilation du naturalisme au socialisme. Non, le naturalisme n'était pas le socialisme appliqué à la littérature.

309 Sans connaître l'histoire de la social-démocratie, beaucoup des critiques et remarques de la *NZ* sont devenues absolument inintelligibles.

310 *Zum Kulturprogramm des deutschen Proletariats, op. cit.*, p. 252.

Entre art et politique : les intellectuels et le socialisme

Prenant la mesure de l'important travail culturel réalisé par la social-démocratie, nombre d'historiens ont tendance à relativiser son rôle politique, considérant que la culture avait le rôle prédominant. Gustav Auernheimer par exemple va jusqu'à faire de la culture le principe général, unificateur, qui chapeaute les autres domaines d'intervention de la social-démocratie. Il finit par désigner le SPD par l'expression « mouvement culturel » [311].

> « Il serait complètement faux de penser que le mouvement ouvrier ait été un mouvement politique, syndical, coopératif, etc., et à côté de cela, quasiment comme donnée supplémentaire, également un mouvement culturel.
> Concernant le mouvement ouvrier, l'expression « mouvement culturel » représente bien plutôt un principe général et unificateur, préposé à tous les autres efforts. » [312]

Nous sommes d'avis que la réussite culturelle de la social-démocratie, aussi remarquable soit-elle, ne permet pas de dévaluer son importance politique, ni même de la relativiser. C'est une tendance de la recherche actuelle, qui en notre époque de déconsidération du politique, tend à faire du SPD un mouvement essentiellement culturel. Mais une originalité de ce parti fut de ne pas se préoccuper que de victoires circonstanciées et immédiates ; il avait l'ambition de transmettre le goût de s'organiser aux travailleurs qu'il influençait, de leur donner la confiance en leurs propres capacités, sur les plans politique, syndical et culturel. Ces

311 C'est le titre d'un des derniers chapitres : « *Die Arbeiterbewegung als Kulturbewegung und die Akademiker* ».

312 "Es ist keineswegs der Fall, dass die Arbeiterbewegung eine politische Bewegung gewesen wäre, eine gewerkschaftliche, eine genossenschaftliche usw. und daneben, quasi als Restgrösse, auch noch eine kulturelle. Vielmehr meint der Begriff "Kulturbewegung" in Bezug auf die Arbeiterbewegung ein durchgängiges, einigendes Prinzip, allen anderen Bestrebungen übergeordnet. »
Gustav Auernheimer, *Genosse Herr Doktor, op. cit.*, p. 94-95.

aspects n'étaient pas contradictoires, ils étaient les différentes facettes d'une seule politique. Au-delà des circonstances liées à la loi antisocialiste, l'apparente prédominance de la culture vient du fait que les dirigeants socialistes étaient persuadés ne pas pouvoir, en cette époque, remplir un rôle bien différent de celui de médiateurs culturels et politiques – rôle que nul autre ne remplirait à leur place auprès des prolétaires, et auquel il convenait donc d'apporter tout le soin possible.

Au début des années 1880, la social-démocratie existait au travers de sa presse, de la vie parlementaire et de l'activité culturelle. L'organisation de fêtes et de banquets, les sociétés éducatives et sportives, les bibliothèques, voilà parmi les principaux moyens que le parti se donna pour exister. Son problème était de trouver l'oreille des masses. Quel moyen se révélerait le plus approprié ? Les conférences, la littérature, le sport ou des écoles, ou encore tout cela à la fois ? Et en littérature, quelle forme privilégier ? Littérature actuelle ou classique ? Les réponses étaient importantes pour eux, cela pouvait contribuer à leur ouvrir les portes de l'avenir.

Depuis sa création le SPD avait toujours à la fois subi la répression et participé à la vie de la plus haute instance élue du pays, le *Reichstag*. Des militants étaient emprisonnés, expulsés d'un État à l'autre, ils se réunissaient sous couvert de clubs de chant ou de quilles pour déjouer l'attention de la police, et à d'autres moments, les mêmes hommes, comme Liebknecht ou Bebel, siégeaient parmi les notables. Situation contradictoire s'il en est ! Avoir des élus comptait pour le parti social-démocrate, cela lui donnait du crédit, des possibilités d'intervention ; de bons résultats électoraux étaient une mesure de l'état d'esprit de l'opinion et pouvaient se traduire par une audience accrue. De même que l'activité des députés était une partie de la politique globale du parti, le travail culturel était intégré à ses objectifs généraux.

Le SPD et ses associations prirent un tel essor qu'on se mit à parler de « contre-culture » ouvrière, tant ils marquaient la vie sociale en prenant le contre-pied des institutions bourgeoises, dans les petites choses et dans les grandes. Le terme est resté, comme une évidence. Il est exact que le contenu culturel transmis par le parti, ou que le parti cherchait à transmettre, était en permanence fort éloigné des idéaux des classes dominantes, même lorsque le vecteur, l'objet semblait être le même. Nous avons évoqué les sociétés de chant, mais c'est vrai pour toutes les autres activités culturelles : gageons que même pour apprendre à lire, un ouvrier ne l'apprenait pas de la même manière à l'école communale ou à l'école du parti. Dans les clubs de sport, ce qui était valorisé était le sens de l'entraide et du collectif. En cyclisme par exemple, les compétitions étaient des figures collectives, et si on faisait la course, ce pouvait être par exemple une course... de lenteur : être le dernier à franchir la ligne d'arrivée, n'était-ce pas témoigner d'une grande maîtrise de l'engin ?

Qu'il se soit créé de fait, dans une certaine mesure, ce qu'on peut appeler (abusivement) une contre-culture, à savoir une culture mise au service de valeurs opposées à celles communément admises, c'est peut-être vrai, mais ce n'était absolument pas le but, ce fut tout au plus parfois un effet secondaire. Depuis le texte de W. Liebknecht de 1872 dans lequel il analyse les rapports entre le pouvoir et le savoir, il n'a jamais été question dans la social-démocratie de créer une culture alternative, une « culture ouvrière ». L'ambition était plus modeste : tenter d'assimiler le meilleur de la culture existante.

Mais d'autres historiens ont choisi d'utiliser ce concept de « contre-culture » [313] pour définir à l'inverse l'activité culturelle impulsée par le pouvoir afin de contrebalancer l'influence sociale-démocrate. Dans la lutte contre les socialistes, l'une de ses armes a été la propagande. En 1887, dans son essai destiné à la Chancellerie et intitulé *École et Social-démocratie* (*Schule und Sozialdemokratie*), F. Graf évoquait déjà une « réforme profonde de l'école comme moyen le plus rationnel pour extirper les idées

313 „Gegenkultur" ou „Kulturelle Gegenbewegung", en particulier chez Alex Hall et Gerhard Schneider, „Politische Sozialisation im Kaiserreich: Geschichtsunterricht versus Sozialdemokratie beim Übergang von der Ära Kaiser Wilhelms I. zu Kaiser Wilhelm II", in Angela Schwarz (Hg.), *Politische Sozialisation und Geschichte,* Margit Rottmann, Hagen, 1993, p. 175-192.

de la social-démocratie à la racine ». Les lois d'exception ayant échoué autant que les lois d'assurance sociale à diminuer l'influence du SPD, le jeune Empereur décida de trouver d'autres moyens, et commença à penser à l'éducation de la jeunesse et donc à l'école.

En 1888, quelques mois après sa prise de pouvoir, il annonça par décret, sans ambages, qu'il s'agissait de « se servir de l'école à chaque niveau d'études pour lutter contre la propagation des idées socialistes et communistes » [314]. Guillaume II exposa ensuite à plusieurs reprises et très clairement sa vision de l'école, explicitement mobilisée pour dresser les enfants contre le SPD. Après 1890, une agitation antisocialiste de grande ampleur est mise en place : les écoles, l'Église, l'armée doivent devenir des armes idéologiques au service de l'État, et surtout... des associations sportives et de gymnastique sont créées tout exprès pour cela ! Le raisonnement est le suivant : il faut créer d'en haut des associations culturelles ouvrières, avec une large offre de loisirs et dotées de moyens matériels importants, de manière à concurrencer efficacement ces associations culturelles socialistes qui font le succès de la social-démocratie. Il faut passer à une contre-agitation offensive, dans tous les domaines de la vie sociale [315].

Le « contre-mouvement bourgeois » [316] créa alors des clubs qui au matérialisme cherchèrent à opposer la religion, à l'internationalisme, des cérémonies célébrant la grandeur nationale et l'armée, à la division de la société en classes, la communauté nationale... Les chorales, pour répondre aux chants engagés des socialistes, mettaient au répertoire des chants populaires et patriotiques. Ces

---

314 „die Schule in ihren einzelnen Abstufungen nutzbar machen, um der Ausbreitung sozialistischer und kommunistischer Ideen entgegenzuwirken“, in Gerhard Schneider, „Politische Sozialisation...“, *op. cit.*, p. 176.

315 “With the perpetual reminders in the 1890s of the growing strength of the socialist movement came the first attempts to operate a system of mass public education, through schools, churches and social groups of all kinds, as well as during the periods of compulsory military service, designed essentially to rekindle patriotic feeling within the 'estranged' masses.” in A. Hall, *op. cit.*, p. 14.

316 G. Schneider, *op. cit.*, p. 190, parle de *„bürgerliche Gegenbewegung“.*

associations proches du pouvoir tentèrent même une contre-agitation par voie de tracts, ce média le plus élémentaire des opposants ! Dans ces conditions, il semble finalement légitime de caractériser aussi la culture des associa-tions bourgeoises, créées après 1890 pour tenter de faire contre-poids au socialisme, comme une forme de contre-culture.

De son côté, si la social-démocratie déploya une intense activité artistique et littéraire, c'est aussi qu'elle était entravée dans ses mouvements, et cela explique pourquoi ses débats littéraires étaient en général des débats politico-littéraires. La lecture de ces critiques est parfois déroutante aujourd'hui, mais la compréhension de cette situation particulière éclaire certains articles, comme par exemple *La légende de Victor Hugo* que Paul Lafargue écrivit pour la *Neue Zeit* en 1885. Sa critique était plus politique que littéraire, mais l'événement qui déclencha sa rédaction, un demi-million de personnes à l'enterrement de Victor Hugo avec la participation de tous les partis socialistes, était lui-même politico-littéraire. À cette époque dans la social-démocratie, l'art et la littérature étaient nécessairement politiques. Et du fait de la censure qui sévissait en Allemagne, les oppositions sociales et politiques à l'intérieur même de ce parti prenaient souvent un tour littéraire ou culturel.

C'est ainsi que la social-démocratie devint le seul parti à défendre des idées générales dans les domaines de la littérature et de la science, avant d'élaborer peu à peu, laborieusement parfois, des conceptions théoriques en ces domaines. Jean Jaurès vient à l'esprit, lui qui fit œuvre de critique littéraire, mais le violon d'Ingres d'un seul individu, si talentueux fût-il, n'a pas la même signification que lorsque, comme ici, il s'agit des efforts de dizaines de milliers d'individus, de toute une organisation de masse.

Dans les années 1880 et 1890, la demande culturelle de la part des milieux populaires et les associations culturelles socialistes eurent la chance de se rencontrer et de s'encourager l'une l'autre. Il y avait un intérêt immédiat à promouvoir la culture : maintenir au moins ce genre de formes organisationnelles ; un intérêt plus général : pour les socialistes du XIXe siècle, la tâche essentielle, la seule pleinement accessible, était de cultiver le plus largement possible les travailleurs. Il y avait un goût certain pour toutes les connaissances humaines et d'autres raisons, dont celle de faire connaître ses idées, d'influencer, de gagner des adhérents, et sans doute enfin celle de laisser entrevoir d'ores et déjà, dans une certaine mesure, son idéal d'une société différente dans laquelle chacun aurait accès à la culture.

Conclusion

Au moment où nous laissons la social-démocratie, au seuil du XXe siècle, ses fondements idéologiques, programmatiques, organisationnels semblent solidement posés. Dans les années qui suivent, elle sera traversée par des débats, parfois vifs, sur ces différentes questions, mais il n'y aura guère de changement perceptible, et ce qui sera visible surtout, c'est le développement numérique du parti lui-même et des organismes qui en dépendent. Le changement se fera à une autre échelle et sera d'abord économique. Avec l'expansion industrielle et l'exploitation des colonies, les classes travailleuses connaissent en effet en une génération une amélioration de leur niveau de vie, modeste au fond mais qui marque un vrai progrès par rapport aux conditions de vie et de logement qui avaient cours autour de 1890. Ces avancées incitent nombre de contemporains (y compris certains dirigeants socialistes) à penser qu'ils entrent dans une ère pacifique de progrès continu, jusqu'à théoriser la fin de ces crises qui périodiquement avaient secoué les pays industrialisés et à présager même l'impossibilité de guerres entre États européens : ces calamités désormais surmontées appartenaient au passé. Au même moment, différents signes annonçaient la plus terrible des guerres modernes, qui allait balayer d'un coup tous ces espoirs, ruiner tous les rêves de prospérité universelle, ensevelis dans la boue et le sang des tranchées. Le vieux monde entraîna dans sa chute la social-démocratie : le parti qui avait vaillamment su résister à la pression nationaliste en 1870 fut incapable d'agir de même en 1914.

Mais c'est une autre histoire. Et justement, ce qui importait dans cet ouvrage, c'est naturellement l'histoire en elle-même du jeune mouvement socialiste, mais aussi d'en restituer la dynamique, donc de lire l'histoire avec les yeux des contemporains, avec l'état d'esprit de ses protagonistes. Cela signifie reconstruire leurs hypothèses des années 1870 et 1880, imaginer leurs doutes et leurs rêves, sentir leurs hésitations et leurs élans. L'un des dangers qui guettent l'historien n'est-il pas d'écrire « en connaissant la suite », et de transformer une histoire qui était ouverte pour ses contemporains en une période fermement orientée vers sa conclusion ? Si l'on oublie le caractère incertain, indéterminé de ces années, n'y a-t-il pas le risque que l'accumulation des documents, des raisonnements et des textes « des vainqueurs » pousse peu à peu dans l'oubli tout ce qui appartenait aux « vaincus » ?

Par exemple, l'histoire officielle a complètement oublié qu'en 1890, avec l'échec de la loi antisocialiste, la radicalisation ouvrière et la chute de Bismarck, la révolution sociale était dans tous les esprits en Allemagne. Redoutée ou souhaitée, la révolution remplissait des colonnes et des pages dans les journaux et revues, fournissait le sujet de nombre d'ouvrages et occupait l'esprit des hommes politiques, de savants, d'artistes ainsi que d'une grande partie de l'opinion. L'épisode des *Jeunes* eut un retentissement important aussi parce qu'il se déroula à cette date charnière de l'histoire allemande, et révéla les tensions et enjeux du moment. Le problème était nouveau, la situation était nouvelle. Qui pouvait dire si ces socialistes auxquels l'histoire semblait donner la clef de la société sauraient apporter des réponses justes aux interrogations du moment ? Était-il concevable que les ouvriers socialistes sachent mieux organiser la société que les hobereaux prussiens ou les entrepreneurs bourgeois ? La société qui se créait se posa beaucoup de questions et attendit fébrilement les réponses des uns et des autres.

Par exemple encore, on tente souvent d'expliquer l'essor du socialisme par les phénomènes d'industrialisation et d'urbanisation sauvages. Mais le lien n'est pas direct. L'industrialisation avait certes pour conséquence la prolétarisation montante, mais ce qui importe aussi, c'est qu'à l'époque, derrière l'urbanisation proprement dite, chacun voyait la concentration des prolétaires dans les lieux de pouvoir. La question sous-jacente était : qui va diriger la société ? Chacun assistait à la montée des grèves, chacun voyait que la répression et l'interdiction du parti socialiste étaient impuissantes à enrayer ses succès organisationnels et électoraux. Le contexte industriel et urbain n'était pas qu'un décor de théâtre. Il était chargé de sens, de souffrances et d'espoirs, de rêves et de combats. Il était la vie, non seulement pour les hommes qui y menaient leur existence, ouvriers et citadins, mais aussi pour tous ceux qui y voyaient autre chose qu'un environnement : la source de leurs richesses ou de leurs misères, les raisons de leurs espérances, de leurs tourments ou de leur accablement.

L'urbanisation et l'industrialisation extrêmement rapides ne sont pas seulement une donnée sociologique mais davantage, pour les hommes et femmes de ce temps, une donnée politique. L'énorme inquiétude à la fin de ces années 1880, qui s'exprimait dans l'ensemble de la presse au moment du congrès de Halle du SPD en 1890, permet de se faire une idée de ce que signifiait humainement l'industrialisation forcenée et l'urbanisation galopante. À l'époque tout ce qu'on lisait, des statistiques industrielles ou urbaines aux informations démographiques, des comptes rendus de médecins hygiénistes sur l'insalubrité des logements aux annonces de hausses des prix, tout était reçu par des contemporains qui avaient également à l'esprit les statistiques sur les grèves, les manifestations de rue, les résultats électoraux du parti social-démocrate et les prophéties apocalyptiques que généraient ces événements.

Les phénomènes d'urbanisation et d'industrialisation en tant « qu'environnement » restèrent dans la mémoire institutionnelle des hommes, mais sans les combats, les interrogations humaines, les peurs ou les rêves qui les accompagnaient, sans le mouvement socialiste qui leur donnait une âme particulière.

Ne l'oublions pas, le parti social-démocrate à cette époque faisait peur. Il était le parti de la révolution, celui qui avait soutenu la Commune, qui avait été interdit pendant des années, celui dont les membres honnis furent pourchassés, emprisonnés, exilés, et qui pourtant se développait au même rythme que l'industrie et les villes. 1890 marqua la fin des lois antisocialistes et la preuve éclatante de leur inefficacité. Le congrès de Halle, le premier de la social-démocratie autorisée, allait-il mener à la révolution ? La Prusse qui avait vaincu le Danemark, l'Autriche et la France, qui venait d'unifier l'Allemagne et devint en quelques années la grande puissance politique, militaire, industrielle et commerciale, semblait avoir trouvé plus fort qu'elle, sur son propre sol. Les ouvriers risquaient de faire basculer l'Allemagne et derrière elle toute l'Europe dans le socialisme.

À ceux qui sincèrement craignaient que le socialisme soit le triomphe de la barbarie et la fin de la civilisation, comme ils l'avaient tant entendu dire, Edgard Milhaud, professeur d'économie politique à l'Université de Genève, qui en 1896-1897 venait de passer une année auprès de la social-démocratie allemande, répondait de la manière suivante :

> « Dans les groupes politiques, dans les syndicats, dans les cercles d'études, nous trouvons plus encore que la passion de la science, — le culte de toutes les choses qui relèvent de l'intelligence, le goût des concepts philosophiques, des questions littéraires, des problèmes d'art. Et dans les villes, ces préoccupations de culture supérieure ont pu se manifester par des institutions dont la portée, à titre d'indice, ne saurait être exagérée. Je pense à *L'École ouvrière* de Berlin, aux *théâtres libres populaires.*
> Certains adversaires du socialisme ont affecté de voir en lui le gouffre dans lequel s'engloutiraient les biens suprêmes de la civilisation : la science, l'initiative intellectuelle, l'art ; ils ont appelé les socialistes « les barbares du dedans ». Que l'on songe aux extraordinaires efforts faits par le prolétariat allemand pour conquérir, réduit à ses seules ressources, sa part de vérité et de beauté. La cause de la civilisation, sous toutes ses formes, sous tous ses aspects, est la sienne. » [317]

On ne saurait mieux dire. Auparavant, jusqu'à la naissance des deux partis ouvriers, l'idéal socialiste vivait dans l'esprit de philosophes et de quelques audacieux, qui avaient assez de grandeur ou de générosité pour imaginer que la société pourrait s'arranger alors que pas grand-chose autour d'eux ne les encourageait à penser ainsi. Quand les masses commencèrent à

---

317 Edgard Milhaud, *La Démocratie socialiste, op. cit.*, p. 585.

s'emparer de cet idéal, à en faire un outil de lutte et à le hisser bien haut comme un étendard, le phénomène changea de nature. Le mouvement ouvrier et les idées socialistes, qui jusque-là existaient indépendamment l'un de l'autre, s'étaient trouvés. Le mouvement de masse avait rencontré les idées qui lui permettraient d'agir le plus efficacement, tandis que les idées pouvaient devenir force agissante.

Les protagonistes de cette aventure, ceux dont l'histoire a retenu le nom et aussi la foule anonyme de femmes et d'hommes dont beaucoup se distinguèrent par le dévouement et l'abnégation, étaient habités de sentiments divers. Ce qu'ils partageaient, c'était un idéal, un certain enthousiasme, la fierté d'appartenir à ce parti et de ne pas faire que subir, de n'être plus opprimés dès lors qu'ils étaient combattants. Leur patriotisme n'allait pas à leur patrie, mais à leur parti. Ces milliers d'anonymes aspiraient à un monde meilleur et quand ils s'engagèrent, ce fut avec l'espérance d'en hâter la perspective.

RÉFÉRENCES BIBLIOGRAPHIQUES

Bibliographie historique

August Bebel, *Ausgewählte Reden und Schriften,* 14 vol., Dietz, Berlin.
- *t. 1 (1863-1878),* Dietz, Berlin, 1970.
- t. 2 (1878–1890), Dietz, Berlin, 1978.
- *t. 6 : Aus meinem Leben*, rééd. Dietz, Berlin, 1946.

—, *Die Frau und der Sozialismus* [1879], Dietz, Berlin, 1976.

—, « Akademiker und Sozialisten » [Conférence tenue à l'université de Berlin le 14/12/1897], rééd. *Ausgewählte Reden und Schriften*, t. 4, Dietz, Berlin, 1906, p. 234-254.

Joseph Belli, *Die rote Feldpost unterm Sozialistengesetz* [1912], Dietz, Berlin-Bonn, 1978.

Otto Brahm, « Naturalismus und Sozialismus » , *Freie Bühne für modernes Leben* [revue publiée par O. Brahm], Berlin, II, 1891, Cahier 10, p. 241-243.

Georg Brandes, *Berlin als deutsche Reichshauptstadt (Erinnerungen aus den Jahren 1877-1883),* Colloquium Verlag, Berlin, 1989.

Brandes und die Deutsche Rundschau**,** *Unveröffentlichter Briefwechsel zwischen Georg Brandes und Julius Rodenberg*, éd. Klaus Bohnen, Wilhelm Fink, Kopenhagen – München, 1980.

Georg Brandes und Arthur Schnitzler, ein Briefwechsel, édité par Kurt Bergel, Francke, Bern, 1956.

Lily Braun, *Memoiren einer Sozialistin* [2 vol., 1e éd. 1908 et 1911], R. Piper, München, 1986.

Theodor Fontane, *Sämtliche Werke*, Carl Hanser, München, 1963.

Paul Frölich, *Autobiographie. Parcours d'un militant internationaliste allemand : de la social-démocratie au Parti communiste (1890-1921)*. Éditions Science Marxiste, Paris, 2011.

Karl Kautsky, *Das Erfurter Programm [1891],* J.H.W. Dietz, Bonn-Berlin, 20e éd., 1980.

—, *Der Weg zur Macht,* Vorwärts, Berlin, [2e éd. revue] 1910. Pour l'édition française : *Le Chemin du Pouvoir*, Éd. Anthropos, Paris, 1969.

Ferdinand Lassalle, *Ausgewählte Reden und Schriften 1849-1864*, Dietz, Berlin, 1991.

Wilhelm Liebknecht, *Erinnerungen eines Soldaten der Revolution,* Dietz, Berlin, 1976.

—, *Wissen ist Macht – Macht ist Wissen!* [discours prononcé par W. Liebknecht le 5 février 1872 à l'association culturelle de Dresde, 1e éd. Berlin, 1894] *und andere bildungspolitisch-pädagogische Schriften*, textes choisis par Hans Brumme, Berlin, 1968.

Protokolle über die Verhandlungen der Parteitage der Sozial-demokratischen Partei Deutschlands, 1890-1899, Online-Edition der Bibliothek der Friedrich-Ebert-Stiftung.

Rosa Luxemburg, *Schriften über Kunst und Literatur*, édité par Marlen M. Korallow, Dresden, 1972.

—, *La crise de la social-démocratie (Brochure de Junius)* [1916], Les amis de Spartacus, Paris, 1993.

Karl Marx & Friedrich Engels, *Werke*, Dietz, Berlin, 39 vol., 1957-1967 [Dorénavant: MEW].

—, *Über Kunst und Literatur*, 2 volumes, Choix des textes par Manfred Kliem, Dietz, Berlin, vol. 1, 1967, et vol. 2, 1968. Traduction très partielle en français : *Sur la littérature et l'art. Textes choisis de K. Marx et F. Engels*, choisis, traduits et présentés par Jean Fréville, Éditions sociales, 1954.

Karl Marx & Friedrich Engels, *Correspondance*, Publiée sous la responsabilité de Gilbert Badia et Jean Mortier, Éditions sociales, 1976-1992 (Messidor).

—, *La social-démocratie allemande*, trad. et introduction de Roger Dangeville, UGE, 1975 (Coll. 10/18).

Franz Mehring, *Gesammelte Schriften*, éd. par Hans Koch, Dietz, Berlin-Stuttgart,
- t. 1 : *Geschichte der deutschen Sozialdemokratie*, « Von der Julirevolution bis zum preußischen Verfassungsstreite, 1830 bis 1863 », 1922.
- t. 2 : *Geschichte der deutschen Sozialdemokratie*, « Von Lassalles Offenem Antwortschreiben bis zum Erfurter Programm, 1863 bis 1891 », [1897-1898], 1922.
- t. 5 : *Zur deutschen Geschichte*, 1910-1911.

—, *Histoire de la social-démocratie allemande (1863-1891),* Les Bons Caractères, Paris, 2013.

Edgard Milhaud, *La démocratie socialiste*, Alcan, Paris, 1903.

Naturalismus: Bürgerliche Dichtung und soziales Engagement, édité par Helmut Scheuer, Kohlhammer, Stuttgart – Berlin, 1974.

Naturalismus-Debatte, 1891-1896. Dokumente zur Literaturtheorie und Literaturkritik der revolutionären deutschen Sozialdemokratie, édité par Norbert Rothe, Akademie-Verlag, Berlin [DDR], 1986.

Alfons Petzold, *Das rauhe Leben, [1920],* Aufbau, Berlin – Weimar, 1985. Pour la version française : *La vie âpre,* Publication de l'Université de Rouen, 1996.

A. H. Theodor Pfannkuche, *Was liest der deutsche Arbeiter? Auf Grund einer Enquête beantwortet,* Tübingen, Leipzig, 1900.

Adelheid Popp, *Jugend einer Arbeiterin* [1915], Dietz, Bonn-Bad Godesberg, 1978 . Pour la version française : *La jeunesse d'une ouvrière*, F. Maspero, Paris, 1979.

Wilhelm Schröder, *Handbuch der sozialdemokratischen Parteitage*, t. 1 : 1863-1909, G. Birk, München, 1910.

Clara Zetkin, *Über Literatur und Kunst,* textes choisis et édités par Emilia Zetkin-Milowidowa, Berlin, 1955.

—, « Dem Proletariat die beste sozialistische Literatur ! » [Discours tenu le 5 octobre 1897 lors du congrès du SPD à Hambourg], in : Clara Zetkin, *Ausgewählte Reden und Schriften*, vol. 1 : 1889-1917, Berlin, 1957, p. 118-120.

Zum Kulturprogramm des deutschen Proletariats im 19. Jahrhundert, édité par Helmut Barth, VEB, Verlag der Kunst, Dresden, 1978.

Articles parus dans la presse socialiste, classés par ordre chronologique :

Karl Kautsky, « Der Alkoholismus und seine Bekämpfung », *Die Neue Zeit, IX,* 1891, vol. 2, p. 1-8, p. 46-55, p. 77-89 et p. 105-116.

[Franz Mehring], « Der Kapitalismus und die Kunst », *Die Neue Zeit, IX,* 1891, vol. 2, p. 649-653 et p. 686-690.

C[onrad] S[chmidt], « Literatur und Sozialdemokratie », *Die Neue Welt,* 1892, N°1, p. 5-6.

Franz Mehring, « Etwas über Naturalismus », *Die Volksbühne, Eine Monatsschrift von Franz Mehring,* Berlin, I, 1892-93, cahier n°2, p. 7-11.

—, « Der heutige Naturalismus », *Die Volksbühne, I,* 1892-93, cahier n°3, p. 9-12.

Karl Kautsky, « Die Intellektuellen und die Sozialdemokratie », *Die Neue Zeit, XIII,* 1895, vol. 2, p. 10-16, 43-49 et 74-80.

Edgar Steiger, « Das arbeitende Volk und die Kunst », *Leipziger Volkszeitung,* III, N° 221 (23/9/1896), p. 2, et N° 223 (25/9/1896), p. 1-2.

Franz Mehring, « Kunst und Proletariat », *Die Neue Zeit*, XV, 1896-97, vol. 1, p. 129-133.

R. Bérard, « Das arbeitende Volk und die Kunst », *Hamburger Echo*, X, N° 230 (01/10/1896), p. 2.

Edgar Steiger, « Kunst oder Traktätchen? », *Leipziger Volkszeitung*, III, N° 229 (02/10/1896), p. 2.

Franz Mehring, « Ästhetische Streifzüge » , *Die Neue Zeit,* XVII, 1898/99, vol. 1, p. 281-288, p. 314-320, 348-352, 379-384, 410-448, 506-512, 538-544, 569-576 et 637-640.

A. Holz, « ‚Meine' neue Lyrik », *Die Neue Zeit*, XVII, 1899, vol. 2, p. 16-22, réimpr. in: A. Holz, *Werke*, 7 vol., éd. par W. Emrich et A. Holz, Neuwied – Berlin, 1961-1964.

Rosa Luxemburg, « Freiheit der Kritik und der Wissenschaft », *Leipziger Volkszeitung*, N° 214, 15/09/1899.

Bibliographie moderne

Gustav Auernheimer, « *Genosse Herr Doktor* ». *Zur Rolle von Akademikern in der deutschen Sozialdemokratie 1890-1933*, Focus-Verlag, Giessen, 1985.

Gilbert Badia, *Rosa Luxemburg. Journaliste, polémiste, révolutionnaire. Essai de biographie intellectuelle.* Éditions sociales, Paris, 1975.

—, *Clara Zetkin, féministe sans frontières*, Les Éditions Ouvrières, 1993.

—, *Histoire de l'Allemagne contemporaine,* Éditions sociales, Paris, 1987, 2 t.

Bibliographie zur geschichte der deutschen Arbeiterbewegung, Friedrich-Ebert-Stiftung, Bonn, 1976-2009.

Hans Chrisoph Buch (Ed.), *Parteilichkeit der Literatur oder Parteiliteratur? Materialien zu einer undogmatischen marxistischen Ästhetik*, Rowohlt Taschenbuch, Reinbeck bei Hamburg, 1972.

Walter Barton, Jürgen Kühnel, Peter Marchal, Karl Rika (ed.), *Was haben Arbeiter gelesen?* Gesamthochschule Siegen, 1979.

Pierre Bourdieu, *La Distinction*, Ed. de Minuit, 1979.

—, *Questions de sociologie*, Ed. de Minuit, 1980.

Werner Conze et Dieter Groh, *Die Arbeiterbewegung in der nationalen Bewegung : Die deutsche Sozialdemokratie vor, während und nach der Reichsgründung*, E. Klett, 1966.

Anne Deffarges, *De la naissance du naturalisme sous la Troisième République à sa réception dans la social-démocratie allemande (1865-1897),* Thèse en Littérature générale et comparée, Paris III - Sorbonne Nouvelle, 2003.

—, « La social-démocratie allemande : l'éducation par la littérature », in Anne Bandry (dir.), *Éducation, Littérature, Culture*, Presses Universitaires de Strasbourg, 2009, p. 387-400.

—, « La social-démocratie allemande sous les lois antisocialistes : prendre le parti de la culture », in Dominique Herbet, *Culture ouvrière, Arbeiterkultur. Mutations d'une réalité complexe en Allemagne du XIXe au XXIe siècle,* Presses Universitaires du Septentrion, Villeneuve d'Ascq, 2011.

—, *« Bismarck part en guerre contre l'ennemi intérieur : la social-démocratie »*, in Jean-Claude Caron, *L'identification de l'ennemi*, Siècles, Clermont-Ferrand, 2012, p. 81-93.

Claude Digeon, *La crise allemande de la pensée française (1870-1914),* Presses Universitaires de France, Paris, 1959.

Jacques Droz, *Le socialisme démocratique (1864-1960),* A. Colin, Paris, 1966.

—, *« La social-démocratie allemande (1875-1914) », in Histoire générale du socialisme, PUF, vol. II : 1875-1918, 1974, p. 21-73.*

Jacques Droz (dir.), *Dictionnaire biographique du mouvement ouvrier international. Allemagne,* Éditions ouvrières, Paris, 1990.

Jean-Numa Ducange, *La Révolution française et la social-démocratie. Transmissions et usages politiques de l'histoire en Allemagne et Autriche (1889-1934).* Presses Universitaires de Rennes, 2012.

Ernst Engelberg, *Bismarck. Das Reich in der Mitte Europas*, Siedler, Berlin, 1990.

Georg Fülberth, *Proletarische Partei und bürgerliche Literatur. Auseinandersetzungen in der deutschen Sozialdemokratie der 2. Internationale über Möglichkeiten und Grenzen einer sozialistischen Literaturpolitik,* Neuwied – Berlin, 1972.

—, *Sozialdemokratische Literaturkritik vor 1914. Die Beziehung von Sozial-demokratie und bürgerlich ästhetischer Kultur*, Marburg, Phil. Dissertation (thèse), 1970.

Manfred Görtemaker, *Deutschland im 19. Jahrhundert. Entwicklungslinien.* Bundeszentrale für politische Bildung, Bonn, 1994 (N° 274).

Jacques-Pierre Gougeon, *La social-démocratie allemande, 1830-1996. De la révolution au réformisme.* Aubier, Paris, 1996.

Helga Grebing, *Geschichte der deutschen Arbeiterbewegung. Von der Revolution 1848 bis ins 21. Jahrhundert*, Vorwärts, Berlin, 2007.

Dieter Groh, *Negative Integration und revolutionärer Attentismus. Die deutsche Sozialdemokratie am Vorabend des Ersten Weltkrieges,* Frankfurt /M. – Berlin, 1973 (rééd. Propyläen Verlag, 1984).

Karl-Ludwig Günsche, Klaus Lantermann, *Verbieten, Aussperren, Diffamieren. Hundert Jahre Sozialistengesetz und verwandte Praktiken,* Europäische Verlagsanstalt, Köln, 1978.

Alex Hall, "The War of Words: Anti-Socialist Offensives and Counter-Propaganda in Wilhelmine Germany, 1890-1914", *Journal of Contemporary History,* Vol. 11, No. 2/3, Special Issue: *Conflict and Compromise: Socialists and Socialism in the 20th Century* (1976).

Richard Hamann & Jost Hermand, *Gründerzeit*, München, 1971.

—, *Deutsche Kunst und Kultur von der Gründerzeit bis zum Expressionismus*, Nymphenburg, München, t.*2* : *Naturalismus,* [1959] 3e éd., 1976.

Georges Haupt et Jean Maîtron (dir.), *Dictionnaire biographique du mouvement ouvrier international. L'Autriche,* Éditions ouvrières, Paris, 1971.

Werner Hegemann, *Das steinerne Berlin. Die Geschichte der größten Mietskasernenstadt der Welt*, [1930] rééd. F. Vieweg und Sohn, Braunschweig – Wiesbaden, 1988.

Eric John Hobsbawm, *The age of capital, 1848-1875*, New York, 1976.

—, *L'Ère des empires 1875-1914*, Fayard, 1989.

—, *Nations et nationalisme depuis 1780,* Gallimard, 1992.

Karl Heinrich Höfele, *Geist und Gesellschaft der Bismarckzeit (1870-1890),* Göttingen-Zürich-Berlin-Frankfurt /M., 1967. (Quellensammlung zur Kulturgeschichte, 18)

Hartmut Kaelble, *Nachbarn am Rhein. Entfremdung und Annäherung der französischen und deutschen Gesellschaft seit 1880,* C.H. Beck, München, 1991.

Kurt Koszyk, *Deutsche Presse im 19. Jahrhundert,* Colloquium, Berlin, 1966.

Sandrine Kott, *L'État social allemand. Représentations et pratiques,* Belin, Paris, 1995.

Annie Lacroix-Riz, *Industrialisation et sociétés (1880-1970), L'Allemagne.* Ellipses, 1997.

Annemarie Lange, *Das wilhelminische Berlin*, Dietz, Berlin, 1967.

—, *Berlin zur Zeit Bebels und Bismarcks,* Dietz, Berlin, 1972.
Thomas Nipperdey, *Deutsche Geschichte 1866-1918,* C.H. Beck, München, 2 t., 1991-1992.

Parteilichkeit der Literatur oder Parteiliteratur ? Materialien zu einer undogmatischen marxistischen Ästhetik, édité par Hans Chrisoph Buch, Rowohlt Taschenbuch, Reinbeck bei Hamburg, 1972.

Harry Pross, *Literatur und Politik. Geschichte und Programme der politisch-literarischen Zeitschriften im deutschen Sprachgebiet seit 1870,* Walter-Verlag, Olten – Freiburg /Br., 1963.

Jacques Le Rider, *L'Allemagne au temps du réalisme. De l'espoir au désenchantement (1848-1890),* Albin Michel, Paris, 2010.

Gerhard A. Ritter, Klaus Tenfelde, *Arbeiter im deutschen Kaiserreich : 1871 bis 1914, Dietz,* Bonn, 1992.

Gerhard Ritter (éd.), *Arbeiterkultur,* Athenäum, Hain, Königstein /Ts., 1979. (Coll.: Neue wissenschaftliche Bibliothek)

Joseph Rovan, *Histoire de la social-démocratie allemande,* Seuil, 1978.

—, *Histoire de l'Allemagne des origines à nos jours,* Seuil, 1994.

Günther Roth, « Die kulturellen Bestrebungen der Sozialdemokratie im kaiserlichen Deutschland », in : H.-U. Wehler (éd.), *Moderne deutsche Sozialgeschichte* [1966], Köln, 1976, p. 342-365 et 530-540 (notes).

Pierre-Paul Sagave, *1871, Berlin-Paris. Capitale du Reich et capitale du monde.* Albin Michel, Paris, 1995.

Herbert Scherer, *Bürgerlich-oppositionelle Literaten und sozialdemokratische Arbeiterbewegung nach 1890. Die "Friedrichshagener" und ihr Einfluß auf die sozialdemokratische Kulturpolitik,* J.B. Metzler, Stuttgart, 1974.

Gérard Sandoz, *La Gauche allemande. De Karl Marx à Willy Brandt,* Julliard, Paris, 1970.

Aloïs Schumacher, *La social-démocratie allemande et la Troisième République. Regard de la revue* Die Neue Zeit, 1883-1914, CNRS, 1998.

Angela Schwarz (Hg.), *Politische Sozialisation und Geschichte,* Margit Rottmann, Hagen, 1993.

Jutta Seidel, *Internationale Stellung und internationale Beziehungen der deutschen Sozialdemokratie, 1871-1895/96*, Dissertation [Thèse], Dietz, Berlin, 1982.

Frank Oliver Sobich, *« Schwarze Bestien, rote Gefahr ». Rassismus und Antisozialismus im deutschen Kaiserreich*, Campus Forschung, Frankfurt / M., 2006.

Ludwig August von Rochau, *Grundsätze der Realpolitik. Angewendet auf die staatlichen Zustände Deutschlands (1853-1869*), éd. et prsté par H.-U. Wehler, Ullstein, Frankfurt /M. – Berlin – Wien, 1972.

Hans-Ulrich Wehler, *Das deutsche Kaiserreich, 1871-1918* [1973], Vandenhoeck & Ruprecht, Göttingen, 7e éd. 1994.

Index des noms

T

V

W

Z

Table des matières

Chapitre II

La social-démocratie devient l'ennemi à abattre

Chapitre III

Un moyen de contourner les lois répressives : les associations culturelles

Chapitre IV

Entre art et politique, la voie étroite

L'histoire aux éditions L'Harmattan

Dernières parutions

MENSONGES (LES) DE L'HISTOIRE
Monteil Pierre
Chaque génération hérite des *a priori* et des idées reçues de la génération précédente. Ainsi, nombreux sont les mensonges de l'Histoire qui ont survécu jusqu'à nos jours. Nos ancêtres les Gaulois ? Napoléon était petit ? Au Moyen Age, les gens ne se lavaient pas ? Christophe Colomb a découvert l'Amérique ? Ce livre revient sur 80 poncifs considérés par beaucoup comme une réalité...
(Coll. Rue des écoles, 28.00 euros, 282 p.)
ISBN : 978-2-336-29074-4, ISBN EBOOK : 978-2-296-51351-8

FLAVIUS JOSÈPHE – Les ambitions d'un homme
Cohen-Matlofsky Claude
Quelles furent les ambitions cachées de Flavius Josèphe, historien Juif de l'Antiquité ? Il prône, à travers ses écrits, le retour à la monarchie de type hasmonéen, à savoir d'un roi-grand prêtre, comme réponse à tous les maux de la Judée. La question fondamentale est la suivante : comment les élites locales ont-elles géré leurs relations avec la puissance romaine et quel rôle les membres de l'élite ont-ils assigné à leurs traditions et constitution politique dans cet environnement d'acculturation ?
(Coll. Historiques, série Travaux, 15.50 euros, 152 p.)
ISBN : 978-2-336-00528-7, ISBN EBOOK : 978-2-296-51387-7

MER (LA), SES VALEURS
Groupe «Mer et valeurs» Sous la direction de Chantal Reynier – Préface de Francis Vallat
La mer, plus que jamais, est la chance des hommes et la clef de leur avenir. Elle leur apprend la responsabilité, suscite l'esprit d'initiative, mais elle oblige tout autant à rester humble devant ses forces naturelles. Le groupe de réflexion «Mer et Valeurs», réunissant navigants et universitaires, examine l'influence de ces valeurs rapportées à toutes les activités humaines. Des références historiques et géographiques illustrent le développement intellectuel et économique des pays qui se sont tournés vers la mer.
(21.00 euros, 188 p.) *ISBN : 978-2-336-00836-3, ISBN EBOOK : 978-2-296-51412-6*

MÉTAMORPHOSES RURALES
Philippe Schar : itinéraire géographique de 1984 à 2010
Sous la direction de Dominique Soulancé et Frédéric Bourdier
Philippe Schar était convaincu que la géographie ne saurait exister sans la dimension du temps et la profondeur de l'histoire, seules capables de mettre pleinement en lumière le présent et de le restituer dans toutes ses dimensions. On retrouve en filigrane dans ses recherches concises et pointues la volonté de replacer les opérations de développement à l'interface des logiques promues par les décideurs d'un côté et par les populations de l'autre. Cet ouvrage présente une sélection de ses écrits.
(33.00 euros, 320 p.)
ISBN : 978-2-296-99748-6, ISBN EBOOK : 978-2-296-51501-7

POUVOIR DU MAL – Les méchants dans l'histoire
Tulard Jean
L'Histoire n'est pas une magnifique suite d'actions héroïques et de gestes admirables. Sans le Mal pas d'Histoire. Et il faut l'avouer, les méchants sont les personnages les plus fascinants de

la saga des peuples. En voici treize, présentés à travers des dramatiques interprétées jadis sur les ondes. Treize portraits où l'on retrouve méchants célèbres comme Néron ou Beria et héros insolites comme Olivier Le Daim ou le prince de Palagonia. Ils illustrent le pouvoir du Mal.
(Coédition SPM, 25.00 euros, 270 p.)
ISBN : 978-2-917232-01-9, ISBN EBOOK : 978-2-296-51010-4

VIES (LES) DE 12 FEMMES D'EMPEREUR ROMAIN
Devoirs, intrigues et voluptés
Minaud Gérard
Grâce à un méticuleux travail de recherche se redéploie ce que furent les vies de 12 femmes d'empereur et leur influence, non seulement sur leur mari mais aussi sur le destin de Rome. Les pires informations se mêlent. Un amour maternel allant jusqu'à l'inceste, un amour conjugal virant au meurtre, un amour du pouvoir justifiant tout. D'un autre côté, un sens du devoir exceptionnel, une habileté politique remarquable, un goût du savoir insatiable.
(34.00 euros, 332 p.) *ISBN : 978-2-336-00291-0, ISBN EBOOK : 978-2-296-50711-1*

MONDE (LE) DES MORTS
Espaces et paysages de l'Au-delà dans l'imaginaire grec d'Homère à la fin du Ve siècle avant J.-C.
Cousin Catherine
Ce livre propose d'étudier l'évolution des conceptions que les Grecs ont pu se former des espaces et des paysages de l'au-delà, jusqu'à la fin du Ve siècle avant J.-C. Monde invisible, interdit aux vivants, mais sans cesse présent à leur esprit, les Enfers relèvent pleinement de l'imaginaire. Une comparaison entre productions littéraires et iconographiques enrichit cette étude et laisse entrevoir l'image mentale que les Grecs se forgeaient du paysage infernal.
(Coll. Kubaba, série Antiquité, 39.00 euros, 402 p.)
ISBN : 978-2-296-96307-8, ISBN EBOOK : 978-2-296-50624-4

CORPS ET ÂMES DU MAZDÉEN – Le lexique zoroastrien de l'eschatologie individuelle
Pirart Eric
Selon les conceptions mazdéennes, l'individu possèderait plusieurs types d'âmes. Est-ce vrai ? Et qu'advient-il de telles âmes au-delà de la mort ? De quel sexe sont-elles ? Et le corps ? Pour répondre à de telles questions, Éric Pirart analyse les textes zoroastriens des diverses époques anciennes ou médiévales et y décrypte le lexique de l'eschatologie individuelle.
(Coll. Kubaba, 29.00 euros, 294 p.)
ISBN : 978-2-296-99286-3, ISBN EBOOK : 978-2-296-50580-3

3000 ANS DE RÉVOLUTION AGRICOLE
Techniques et pratiques agricoles de l'Antiquité à la fin du XIXe siècle
Vanderpooten Michel
De la Grèce et la Rome antiques à l'Andalousie arabe, des campagnes gauloises à la France des Lumières et de la Révolution industrielle du XIXe siècle, l'évolution des connaissances et des pratiques agricoles est ici retracée à travers l'étude de près de 4000 documents. Les étapes de la production agricole, à différentes époques, sont étudiées, ainsi que l'entrée de l'agriculture dans l'ère de la chimie et du machinisme.
(Coll. Historiques, série Travaux, 34.00 euros, 332 p.)
ISBN : 978-2-296-96444-0, ISBN EBOOK : 978-2-296-50329-8

ANTIQUITÉ (L') MODERNE
Wright Donald
Ce livre étudie le regard que l'homme de la Belle Époque porte sur l'Antiquité. Il analyse la modernité de la Troisième République et ce que celle-ci doit à une interprétation systématique et scientifique des apports grecs et romains. Au travers des textes littéraires et scientifiques ainsi que de nombreux documents ensevelis puis retrouvés dans les archives françaises, ce livre est une étude sociologique d'une époque moderne par excellence qui se veut «classique».
(Coll. Historiques, série Travaux, 27.00 euros, 274 p.)
ISBN : 978-2-296-99168-2, ISBN EBOOK : 978-2-296-50407-3

GRANDEUR ET SERVITUDE COLONIALES
Sarraut Albert - Texte présenté par Nicola Cooper
Albert Sarraut fut l'un des maîtres-penseurs du colonialisme de la période de l'entre-deux-guerres. Cet ouvrage de 1931 est l'un des meilleurs exemples de la justification du colonialisme français : il touche à tous les impératifs coloniaux de la France, du tournant du siècle aux débuts de la décolonisation. C'est essentiellement Sarraut qui façonna le langage avec lequel les Français parlaient de leur empire colonial.
(Coll. Autrement mêmes, 24.00 euros, 200 p.)
ISBN : 978-2-296-99409-6, ISBN EBOOK : 978-2-296-50121-8

HOMO SAPIENS (L') ET LE NEANDERTAL SE SONT-ILS PARLÉ EN RAMAKUSHI IL Y A 100000 ANS ?
Paléontologie génétique et archéologie linguistique
Diagne Pathé
Cet ouvrage présente les découvertes qui permettent pour la première fois d'éclairer de manière factuelle la révolution culturelle et linguistique, qui a planétarisé avec l'avènement de la parole de Sapiens, voire de Néandertal, le monothéisme et les cultes bachiques de bonne fortune et de fécondité, à partir de 300000 et 200000 ans av. J.-C. Les faits qui rendent compte de manière précise de cette révolution sont portés par le ramakushi et son vocabulaire comme langage datable matériellement entre 8000 et 10000 ans av. J.-C.
(Editions Sankoré, 14.50 euros, 138 p.)
ISBN : 978-2-296-99334-1, ISBN EBOOK : 978-2-296-50189-8

HISTOIRE DES PEUPLES RÉSILIENTS (Tome 1)
Traumatisme et cohésion VIe-XVIe siècle
Benoit Georges
Ce livre revient sur l'histoire de communautés éparses qui, surmontant le traumatisme de leur naissance improbable, firent preuve de résilience collective. Histoire particulière, marginale, de rescapés et de fuyards qui se prirent en charge pour se sauver, trouvant en eux-mêmes, dans leur cohésion intime, cette énergie qui les hissa au-dessus de l'ordinaire. Histoire de petites sociétés horizontales qui, vivant en périphérie du continent européen, irradièrent au loin jusqu'à se poster en économies-monde, quand la société médiévale, toute pétrie de verticalité hiérarchique, clouait la population au sol.
(Coll. Historiques, série Essais, 23.00 euros, 222 p.)
ISBN : 978-2-296-99201-6, ISBN EBOOK : 978-2-296-50168-3

HISTOIRE DES PEUPLES RÉSILIENTS (Tome 2) – Confiance et défiance XVIe-XXIe siècle
Benoit Georges
Au XVIe siècle, la Contre-Réforme déclara le meilleur de la bourgeoisie *persona non grata* et, poussant des communautés entières à l'exil, elle les contraignit à se réfugier dans une Eglise plus sociétaire, à tramer du lien social - source de cohésion et de puissance, à faire preuve de cette résilience collective qui fit la fortune de l'Amérique puritaine. Dans ce second tome, cette histoire dit aussi ce que - privées d'une aventure commune - l'Inde des castes et l'Italie du Mezzogiorno ne furent pas ; ce que - par esprit de défiance - l'Amérique des temps modernes pourrait ne plus être.
(Coll. Historiques, série Essais, 23.00 euros, 224 p.)
ISBN : 978-2-296-99200-9, ISBN EBOOK . 978-2-296-50167-6

VAGABOND (LE) EN OCCIDENT. SUR LA ROUTE, DANS LA RUE (Volume 1) – Du Moyen Age au XIXe siècle
Sous la direction de Francis Desvois et Morag J. Munro-Landi
Les textes ici réunis se proposent de fixer une image du vagabond dans les cultures occidentales. Du Moyen Age à nos jours, les sociétés occidentales ont hésité entre fascination et répulsion pour le nomadisme, enviable quand il est choisi, détestable et harassant quand il est imposé. Ces contributions reviennent sur l'histoire de ce phénomène, son accueil et sa pénalisation, ainsi que sur ses représentations dans la littérature et les arts plastiques.
(38.00 euros, 378 p.) *ISBN : 978-2-296-99153-8, ISBN EBOOK : 978-2-296-50110-2*

VAGABOND (LE) EN OCCIDENT. SUR LA ROUTE, DANS LA RUE (Volume 2)
Sous la direction de Francis Desvois et Morag J. Munro-Landi
Ce volume s'interroge sur l'esthétisation progressive et simultanée, partout en Occident, du vagabond. Bohème et poète, on le voit dériver lentement d'une recherche d'identité plus ou moins consciente et assumée vers la désagrégation personnelle et le désenchantement incarnés par les bandes de voyous et les punks. Le vagabondage retrouve alors sa fonction première de quête de la survie, mais avec un horizon beaucoup plus sombre désormais.
(35.00 euros, 346 p.) *ISBN : 978-2-296-99154-5, ISBN EBOOK : 978-2-296-50111-9*

BALEINES (LES) FRANCHES
Soulaire Jacques
Véritable encyclopédie richement illustrée, ce livre nous plonge dans les mers froides, à la découverte de l'univers passionnant des baleines franches. Un premier volet détaille l'anatomie et la physiologie de ces géants du monde animal, un second déroule l'histoire de leur pêche par pays de manière chronologique, ce qu'aucune histoire de la chasse à la baleine n'avait fait auparavant.
(SPM, 39.00 euros, 560 p.) *ISBN : 978-2-901952-93-0, ISBN EBOOK : 978-2-296-50078-5*

HISTORIQUE DE L'ARTILLERIE DE MARINE ET DE LA COLONISATION FRANÇAISE
Laloire Jean-Claude - Préface du général de brigade Bertrand Noirtin
Cet ouvrage présente les *Bigors*, les Artilleurs de Marine, engagés hors du territoire métropolitain, en particulier sur les continents africain et asiatique, depuis leur création officielle en 1692. Ils ont apporté une contribution décisive à la constitution des empires coloniaux successifs, et à leur gestion. L'artillerie de Marine constitue aujourd'hui une armée d'excellence face aux menaces actuelles.
(11.50 euros, 94 p.) *ISBN : 978-2-296-99254-2*

HISTOIRE NAVALE HISTOIRE MARITIME
Mélanges offerts à Patrick Villiers
Textes réunis par Christian Borde et Christian Pfister
Ces contributions traitent de l'histoire navale et maritime de l'Antiquité romaine à la période contemporaine. Transgressant la frontière entre marine de guerre et de commerce, P. Villiers a ensuite mené des travaux sur l'archéologie du vaisseau de guerre à l'Âge classique, la bataille navale, les dynamiques portuaires, le commerce colonial et la traite des esclaves, les convois atlantiques et la guerre de course, sans oublier la marine de Loire.
(SPM, 21.00 euros, 210 p.) *ISBN : 978-2-901952-92-3*

ROYAUMES (LES) NÉO-HITTITES À L'ÂGE DU FER
Les Hittites et leur histoire
Freu Jacques, Mazoyer Michel
Ce livre présente l'époque dite néo-hittite et fait une conclusion globale sur l'histoire et la civilisation hittites. L'histoire des États «néo-hittites» débute après l'effondrement, vers -1180, du grand royaume de Hatti. Elle a connu plusieurs phases : l'âge d'or, celui des contacts réguliers avec les Assyriens et les rois d'Urartu, d'Israël et de Phrygie ; la période finale et la conquête assyrienne, de la seconde moitié du VIIIe siècle à la fin du VIIe siècle avant JC.
(Coll. Kubaba, série Antiquité, 36.00 euros, 366 p.) *ISBN : 978-2-296-99244-3*

SOLEIL (LE) ET LA LUNE DANS LE PAGANISME SCANDINAVE DU MÉSOLITHIQUE À L'ÂGE DU BRONZE RÉCENT (DE 8000 À 500 AV.J.-C.)
Ettighoffer Patrick
Le Soleil et la Lune jouent un rôle déterminant dans les structures mêmes du paganisme nordique. Les deux luminaires sont indissociablement liés sous le terme de «cycle vital», autrement dit l'alternance vie-mort-renouveau. Voici un exposé historique, archéologique et iconographique, enrichi de recours à l'ethnographie, la tradition littéraire, la linguistique, l'étymologie et la toponymie.
(Coll. Kubaba, série Antiquité, 36.00 euros, 348 p.) *ISBN : 978-2-296-96990-2*

L'HARMATTAN ITALIA
Via Degli Artisti 15; 10124 Torino

L'HARMATTAN HONGRIE
Könyvesbolt ; Kossuth L. u. 14-16
1053 Budapest

L'HARMATTAN KINSHASA
185, avenue Nyangwe
Commune de Lingwala
Kinshasa, R.D. Congo
(00243) 998697603 ou (00243) 999229662

L'HARMATTAN CONGO
67, av. E. P. Lumumba
Bât. – Congo Pharmacie (Bib. Nat.)
BP2874 Brazzaville
harmattan.congo@yahoo.fr

L'HARMATTAN GUINÉE
Almamya Rue KA 028, en face du restaurant Le Cèdre
OKB agency BP 3470 Conakry
(00224) 60 20 85 08
harmattanguinee@yahoo.fr

L'HARMATTAN CAMEROUN
BP 11486
Face à la SNI, immeuble Don Bosco
Yaoundé
(00237) 99 76 61 66
harmattancam@yahoo.fr

L'HARMATTAN CÔTE D'IVOIRE
Résidence Karl / cité des arts
Abidjan-Cocody 03 BP 1588 Abidjan 03
(00225) 05 77 87 31
etien_nda@yahoo.fr

L'HARMATTAN MAURITANIE
Espace El Kettab du livre francophone
N° 472 avenue du Palais des Congrès
BP 316 Nouakchott
(00222) 63 25 980

L'HARMATTAN SÉNÉGAL
« Villa Rose », rue de Diourbel X G, Point E
BP 45034 Dakar FANN
(00221) 33 825 98 58 / 77 242 25 08
senharmattan@gmail.com

L'HARMATTAN TOGO
1771, Bd du 13 janvier
BP 414 Lomé
Tél : 00 228 2201792
gerry@taama.net

652522 - Mai 2016
Achevé d'imprimer par